O trabalho na Idade Média

Dados Internacionais de Catalogação na Publicação (CIP)
(Câmara Brasileira do Livro, SP, Brasil)

Fossier, Robert
   O trabalho na Idade Média / Robert Fossier ; tradução de Marcelo Berriel. – Petrópolis, RJ : Vozes, 2018.

   Título original : Le travail au Moyen Âge
   Bibliografia.

   1ª reimpressão, 2019.

   ISBN 978-85-326-5745-9

   1. Europa – Condições econômicas – Até 1492
2. Europa – Condições sociais – Até 1492 3. França – Condições sociais – Período medieval, 987-1515
4. Idade Média – História 5. Ocupações – Europa Ocidental – História 6. Trabalho – História
7. Trabalho e trabalhadores I. Título.

18-13225   CDD-944.02

Índices para catálogo sistemático:
1. História do trabalho : Idade Média   944.02

Robert Fossier

O trabalho na Idade Média

Tradução de Marcelo Berriel

© Librairie Arthème Fayard / Pluriel, 2010
© Hachette Littèratures, 2000

Título do original em francês: *Le travail au moyen âge*

Direitos de publicação em língua portuguesa – Brasil:
2018, Editora Vozes Ltda.
Rua Frei Luís, 100
25689-900 Petrópolis, RJ
www.vozes.com.br
Brasil

Todos os direitos reservados. Nenhuma parte desta obra poderá ser reproduzida ou transmitida por qualquer forma e/ou quaisquer meios (eletrônico ou mecânico, incluindo fotocópia e gravação) ou arquivada em qualquer sistema ou banco de dados sem permissão escrita da editora.

CONSELHO EDITORIAL

Diretor
Gilberto Gonçalves Garcia

Editores
Aline dos Santos Carneiro
Edrian Josué Pasini
Marilac Loraine Oleniki
Welder Lancieri Marchini

Conselheiros
Francisco Morás
Ludovico Garmus
Teobaldo Heidemann
Volney J. Berkenbrock

Secretário executivo
João Batista Kreuch

Editoração: Flávia Peixoto
Diagramação: Sheilandre Desenv. Gráfico
Revisão gráfica: Nilton Braz da Rocha / Nivaldo S. Menezes
Capa: Ygor Moretti
Ilustração de capa: ©Photo. R.M.N. / R.-G. Ojéda | Wikipedia

ISBN 978-85-326-5745-9 (Brasil)
ISBN 978-2-8155-0274-7 (França)

Editado conforme o novo acordo ortográfico.

Este livro foi composto e impresso pela Editora Vozes Ltda.

Sumário

Prefácio, 7

Parte I – O trabalho, 11

1 A ideia de trabalho, 13

2 Os tipos de trabalho, 23

3 Os instrumentos do trabalho, 65

Parte II – Os trabalhadores, 117

1 Todos os homens, 119

2 O homem dos bosques e o homem dos campos, 128

3 O homem das minas e o homem da água, 164

4 O homem da oficina e o homem do mercado, 188

5 O homem da espada e o homem da pena, 209

Conclusão, 233

Referências, 239

Índice, 261

Prefácio

Todo indivíduo, gozando de uma resistência física suficiente, está apto a trabalhar. Para isso ele possui os meios corporais e mentais. Se ele não o faz, é antes resultado das circunstâncias econômicas e sociais do que vontade de evitá-lo. Do mesmo modo que, acreditamos, tanto um pregador quanto um operário de linha de montagem "trabalham", cada um segundo as modalidades de seu estado. Intelectual ou manual, o trabalho realizado – e sob todas as roupagens que ele pode carregar – tem como objeto produzir um bem material ou obter um resultado moral. O lucro que daí resulta será pessoal ou coletivo; por conseguinte, o esforço empreendido será de natureza privada ou pública. Essas evidências fazem parte de nossa visão de mundo; não está claro, porém, que a equação homem = trabalho tenha sido sempre assim ou que não aceita alguma nuança. Para além disso, quando os nossos porta-vozes dizem "trabalhadores" ou "o mundo do trabalho", eles não englobam toda a sociedade; referem-se, claramente, aos "trabalhadores braçais", aqueles que um economista classificaria nos setores da produção e da indústria de transformação.

Estudar a evolução dos sistemas de trabalho no tempo é, pois, um objeto de pesquisa delicado. E quando se trata de um objeto milenar ou, mais do que isso, da história humana (limitando-se apenas a uma determinada região), a tarefa não é fácil. Os teóricos dos sistemas sociais, no fim do século XVIII e até metade do XIX, se valeram, seja se refugiando atrás da imprescritível vontade do Todo-poderoso, seja dando às condições de vida explicações de ordem exclusivamente moral. Assim será feito em relação ao período medieval (e eu a isto retornarei): os mecanismos econômicos ou as relações sociais não são analisadas como parâmetros determinantes da história do trabalho. Está claro que as dificuldades crescentes da vida cotidiana entre os mais desfavorecidos – e no momento no qual se desvanece o papel consolador e lenitivo da religião – estão na origem de uma tomada de consciência da noção e das contingências do trabalho. A segunda metade do século XIX, o tempo de Proudhon, de Stuart Mill ou de Marx, viu esboçarem-se os esquemas explicativos. Mas a maioria dos pensadores preocupa-se primeiro com os problemas de seu tempo; apenas Marx elaborou um quadro evolutivo da história do trabalho e, mais tarde, esta construção audaciosa impregnou fortemente a reflexão dos historiadores.

Desde o século XX – e durante quase os seus dois terços iniciais – os historiadores medievalistas confrontaram-se com duas tentações que explicam largamente o progresso da pesquisa erudita durante esse período. De uma parte, os acelerados progressos técnicos aos quais eles assistiam orientaram sua curiosidade em torno desta parte "mecânica" da história medieval; basta citar o grande sucesso de obras como as de Lefebvre des Noettes, sublinhando os efeitos da atrelagem racional sobre o desenvolvimento agrícola (1931), ou as de Roger Dion demonstrando que a variedade de solos superficiais condicionava o progresso da agricultura (1939). A outra atração provém, ao menos até 1940, de um surgimento de textos atualizados, publicados e comentados, que esclareciam com eficácia o enquadramento regulamentar do trabalho. Assim, suas condições materiais e jurídicas estavam mais bem-delimitadas. Mas, por outro lado, nem as estruturas mentais do trabalho nem o trabalhador em sua vida cotidiana foram abordados.

Nesse setor, como em outros, o impulso novo, surgido no tempo de Marc Bloch na França, fez sentir seus efeitos no pós-Segunda Guerra Mundial. Passados os anos de 1960-1970, juntou-se a isso uma curiosidade urgente pelos resultados da arqueologia ou por um olhar mais atento direcionado às fontes literárias. Mais recentemente ainda, a antropologia histórica dotou o pesquisador de um conjunto de ferramentas capazes de dar conta das estruturas mentais da sociedade medieval. Convém, aliás, lembrar que se a renovação da percepção histórica, de uma parte, e a antropologia histórica, de outra, receberam seus títulos de nobreza na França, foi na Inglaterra e nos Países Baixos que a arqueologia de campo começou, desde 1935.

Apresentar uma história do trabalho em ligação com a vida cotidiana, como o deseja este livro, pode parecer ausência de originalidade. Considerando somente a literatura histórica em língua francesa, surgiu entre a *Histoire générale du travail* em 1960 e *Le travail au Moyen Âge* em 1990 um grande número de ensaios, de artigos ou de sínteses nos quais eu contribuí abundantemente. Entretanto, a leitura desses trabalhos me colocou um problema de exposição. Se dividimos os mil anos da Idade Média ocidental em períodos nos quais se segue o rastro de determinada figura de trabalhador, nos expomos à repetição ou, ao contrário, às lacunas, pois estamos na presença de fontes heterogêneas e capciosas. Eu poderia também escolher tratar, um após outro – como um geógrafo apaixonado por economia –, os "setores" de produção e aquisição, de transformação e articulação, de gestão e de trocas. Nesse caso, o risco seria descrever um tipo de quadro da economia medieval bastante atemporal e certamente muito amplo para o tema. Eu tentei um outro caminho: circunscrever as noções e as palavras, revelar as semelhanças e as contingências. Eu compreendo muito bem os inconvenientes desta escolha: a evolução cronológica se dissolve nos esquemas de conjunto, mesmo sendo possível injetar aqui e ali uma referência temporal; a apresentação teórica e um tanto abstrata do contexto mascara as nuanças e até as discordâncias que tecem toda a Idade Média. Enfim, a necessidade da síntese aniquila os casos regionais e os exemplos dos detalhes. O leitor julgará a utilidade deste ensaio e sua contribuição para um estudo da "vida cotidiana" da Idade Média. Todavia, uma última observação geral se faz necessária.

A preguiça é "a mãe de todos os vícios"; é um pecado capital, uma ofensa aos desígnios de Deus. Mas os homens a percebem e não sofrem. Conforme a necessidade, eles encontrarão explicações, até desculpas. Por outro lado, a "ociosidade" é pior, pois ela contém uma recusa em agir naturalmente; nesse caso, é uma ofensa aos homens, ela lhes prejudica como uma espécie de traição do destino comum. A menos, evidentemente, que ela seja involuntária, que se trate do desempregado, "*au calme*"[1] como o quer a etimologia, "desocupado" como se diz mais precisamente na Itália. Mas esse estado é, em princípio, provisório e acidental, e não implica reprovação. Todos os outros são "trabalhadores": sua função é produzir um objeto ou uma criança, pois se o homem está "no trabalho" com o suor em seu rosto, a mulher está "em trabalho" quando ela vai parir. A coisa nos parece tão natural que após ter edificado um *direito do* trabalho, nós estamos convencidos que todo homem tem *direito ao* trabalho.

Ora, os séculos medievais possuem uma visão inversa. A ociosidade aqui é "santa"; é "a melhor parte" respondeu Jesus a Marta, que se indispõe ante a inatividade de Maria. Quanto ao "trabalho", a palavra nem sequer existe: o *tripalium*, conhecido na baixa Antiguidade, é um tripé onde se coloca o cavalo

---

1. No sentido de aspirar a uma vida calma. Optou-se aqui em manter a expressão francesa original, visto que o autor referencia o termo *calme* associando-o com a etimologia. Se escolhêssemos uma expressão equivalente em português desvirtuaríamos a intenção do autor.

para pôr a ferradura; portanto, uma espécie de cavalete de tortura. E sua evolução semântica (que revelador!) no sentido de "trabalho" (árduo evidentemente) – desde o século XII – só triunfará no século XVI. Será, portanto, pura convenção de estilo se eu a utilizar, aliás, como todos fazem.

As duas observações precedentes evidenciam, pois, toda uma série de interrogações: Qual ideia se faz do trabalho durante todos esses séculos? Quais objetivos ele possui? Em quais contextos ou sob quais formas procurá-lo?

PARTE I

O TRABALHO

1

A ideia de trabalho

Toda pesquisa de um fenômeno instável, como este, ao qual se mesclam níveis técnicos, condições locais e apreciações de contemporâneos, exige uma abordagem segundo a qual o objeto delimite o campo de estudo. Do que se fala e através de quais testemunhos?

1.1 As palavras

O primeiro campo de investigação é uma questão de vocabulário e estamos longe de possuir toda a gama de dados para concluir. Ainda não foi preparado um atlas linguístico dos vocábulos comuns utilizados numa dada região e num momento escolhido, única ferramenta de comparação adequada. Certamente, fala-se muito de ferramentas, de técnicas, de relações de trabalho, mas a natureza deste escapa da linguagem de quem possui a pena: um regulamento de ofício, um estatuto de vila, um contrato de locação, evocam os custos, as sanções, os lucros, mas eles não qualificam o tipo de atividade. Esta é liberal, austera ou até mesmo simplesmente real? Apenas em casos – raros, como veremos – nos quais se esforçaram para caracterizar a estrutura jurídica ou econômica de um trabalho, o aspecto solene da prescrição ou, mais frequentemente, sua antiguidade, exigiram o emprego do latim. Nesse caso, dispomos de uma bagagem respeitável.

Tomaremos, em primeiro lugar, diversas precauções. Sobre uma trama tão longa de tempo, o sentido dado a uma palavra certamente variou; a pressão das contingências do momento é suficiente para tanto. Todavia, se podemos dispor – ao menos em uma região homogênea – de exemplos dispersos no tempo, o obstáculo poderá ser vencido e as correções feitas. Aliás, esses textos são frequentemente "autoridades" e os homens desse tempo repugnavam desnaturá-los; mas, sem dúvida, a compreensão que eles tinham disto deveria evoluir. Não é menos importante lembrar que os escribas de muitos desses séculos manejam uma língua que eles não usam em sua vida cotidiana; eles nem sempre têm certeza de seu latim e disfarçam uma palavra por pedantismo ou ignorância. Há poucos meios para descobrir esses erros mais de fundo do que de forma. Mas essas fragilidades permanecem raras quando se trata de textos de tipo público, confiados a homens experientes que empregam com discernimento a palavra certa. O ceticismo será, pois, exagerado sobre esse ponto e convém pesquisar, sob a pena do escriba, as razões pelas quais ele escolheu um termo.

Três campos semânticos se abrem. O primeiro não contém nenhuma apreciação qualitativa; ele é neutro. *Opus, operare, operatio*, trata-se da execução de uma atividade, uma "obra"; simplesmente "agir", "fazer", por exemplo, tanto uma caridade (*opus pium*) quanto uma corveia (*co-opera*). Esses conceitos-chave poderão, assim, se aplicar a toda forma de trabalho. A busca de um resultado, lucrativo ou não, não se inclui aqui; para esclarecê-la é necessário um qualificativo, mas que permanecerá apenas descritivo: *opus manuale, opus divinum, opus mechanicum*. Isto significa que o emprego da palavra e sua família, adaptando-se em tudo, prevalece em toda parte, sem que nós saibamos o que pensava aquele que a empregou.

Se o que se quer é, pelo contrário, dar algum relevo à ação, sublinhar o cuidado a ela necessário, a habilidade que ela revela, o serviço que renderá aos outros, dir-se-á, certamente, *cura, industria, ministerium*, mas sobretudo *ars*, "arte". Ocupar-se das almas, preparar um tecido, exercer um ofício, só pode ser a atividade de um "homem de arte", o mesmo que ensinar a gramática ou construir uma igreja. O que está no horizonte do trabalho do *artifex*, do artesão, é o resultado de sua atividade, a princípio sempre feliz e desejada. Portanto, nos serviremos dessas palavras quando for preciso falar do que é espiritual ou intelectual, mas também para evocar a regra, a organização, o que servirá à coletividade para seu "benefício comum". Sacerdote, "industrial", ofício ou ministério, eclesiástico ou judiciário, artista ou arquiteto. Seria longa a lista de termos – a princípio aduladores – que recobrem o "bom trabalho".

"Bom"? Sem dúvida, mas certamente penoso. Obter um resultado, adquirindo, assim, satisfação, diz-se, em latim, *laborare*. *Labor* é, portanto, a palavra que qualifica a produção pelo trabalho, mas uma produção fruto de um esforço, de uma pena, da qual a Bíblia já bem sublinhara o caráter desagradável: antes do Pecado, no Éden, Adão *operat*, depois, punido, *laborat*. Naturalmente, é sempre o significado de "lavra", portanto "labuta" no sentido de "trabalho ao sol" apenas se concentra sobre esta acepção no século XIV. Anteriormente, os *laboratores* eram os trabalhadores em geral e não apenas os que possuíam arados no campo. E se o escriba usa, enfim, palavras mais rudes – *poena*, *tribulatio* – não resta dúvida sobre sua intenção de trazer a lume o esforço difícil que impõe o trabalho do qual ele fala.

Portanto, estejamos certos de pesar bem a carga emocional e medir com precisão o quadro circunstancial que acompanham o vocábulo, sobretudo se possui, ao longo dos séculos, significações diversas. Um bom exemplo poderia ser dado pelo termo latino *ministerium*: "ofício", certamente, mas ao serviço de Deus ou do príncipe, constitui-se, então, na função de um sacerdote ou de um oficial. A atividade artesanal constitui-se no que nela se aprende ou no que a estrutura, mas é também o conjunto dos homens que a praticam, o bairro onde eles residem, e até o instrumento do qual eles se servem. Esta polissemia não deve nos assustar ou nos desencorajar. Ela apenas testemunha uma flexibilidade da língua que demonstra a riqueza do campo a percorrer.

1.2 As fontes

A abundância das palavras é um problema. A proveniência extremamente desigual de nossa documentação é outro, pois, no momento de penetrar nesse mundo do trabalho medieval, percebe-se que aí reina muito de obscuridade. Como saber, de fato, nem tanto os mecanismos de um trabalho, mas sua natureza econômica ou suas dimensões sociais? Naturalmente, nós dispomos de contratos de trabalho, de acordos de compensação, de obrigações de serviço, mas esses documentos – aliás, distribuídos e conservados irregularmente – dão indicações sobre os efeitos reais ou esperados do trabalho: salários no *atelier*[2], obrigações sobre a cota paga ao dono do bosque, corveias de manutenção ou de transporte. Aqui e ali uma alusão a uma ferramenta a ser manejada, a uma

---

2. *Atelier*, no sentido medieval do termo, faz referência à oficina de um determinado ofício, na qual, além do mestre, trabalham aprendizes e assalariados. Não possui a acepção contemporânea que referencia um local de trabalho solitário, tal como o do pintor, escultor etc. Doravante, traduzir-se-á como *oficina*, a não ser que o contexto exija outro termo.

duração que se deve respeitar ou à substituição de um servo[3]. Mas nada sobre o lugar desse trabalho no direito, na família ou no sistema econômico. Somente processos, julgamentos da corte senhorial ou dos *bans* proclamados na cidade, permitiriam acessá-los. Aliás, todos esses documentos, mais abundantes nas margens do Mediterrâneo do que nos países do norte, nas cidades mais do que nos campos, estão agrupados consideravelmente depois do século XIII; antes, eles estavam dispersos e pouco acessíveis.

Não estaremos muito mais satisfeitos percorrendo o domínio literário. O romance, um gênero muito admirado durante os séculos medievais, vai do pio relato hagiográfico à fábula satírica, passando pela canção de gesta ou pelo ideal cavalheiresco. Nele se encontram descritos os "trabalhadores", guerreiros no combate, pregadores no púlpito, tecelões ou viticultores. Ele possui um "relevo" pessoal mais acessível do que o encontrado nos contratos da vida prática. Ele fala conforme a necessidade, tal os camponeses de Verson ou as fiandeiras de Yvain, no século XIII, mas estes intervêm como atores de passagem, como silhuetas fugidias; nada é dito sobre seu ambiente ou sua consciência de trabalhador. Para conhecer esses aspectos de seu mundo é preciso recorrer a textos específicos, por exemplo, essas "cartas de remissão" que narram cem episódios da vida cotidiana, mas que se relacionam apenas aos condenados.

Assim, somos conduzidos a interrogar os documentos normativos, esses que fixam as condições de trabalho e suas modalidades de aplicação: serão os escritos de inspiração religiosa como as Escrituras, os cânones conciliares, mas também as decisões sinodais diocesanas, os decretos papais, os sermões e os penitenciais. Serão também as ordenações organizadas, os ofícios, estatutos, proclamações, usos, ou ainda as formas de intervenção da autoridade pública. Mas todos esses documentos pecam por fraquezas muito graves: primeiro, como todos os textos regulamentares, eles são somente a intenção do (ou dos) legislador, um quadro sobre o qual não se sabe o que realmente ele cobre. Além disso, eles não possuem um claro objetivo econômico ou ambição técnica; são declarações morais e religiosas ou disposições de polícia – no sentido antigo dessa palavra. Associemos a isto o fato de que a pobreza da reflexão teológica ou social medieval é extremamente desesperadora. Enfim, infelizmente, tais documentos são muito concentrados sobre faixas cronológicas características: longos períodos nos quais os textos religiosos formam uma

---

3. *Corvéable*, no original francês, ou seja, aquele que está submetido à corveia. Na ausência de uma palavra exata em língua portuguesa, optou-se em traduzir como *servo*.

base de *auctoritates*, de referências que não se ousa ou não se pode moldar; regulamentações urbanas ou principescas dos últimos séculos medievais, do século XIII ao XV. A tomada de consciência dos problemas do trabalho só começará após circunstâncias difíceis, depois de 1350, quando a conjuntura levará os legisladores a se interrogarem.

Os calendários pintados ou esculpidos que nos chegaram do mundo antigo ou dos primeiros séculos cristãos se fundam sobre símbolos piedosos ou profanos. Mas no primeiro terço do século IX – e cada vez mais durante o desenvolvimento do gosto pela imagem – os "trabalhos do mês" serão a base dessas representações. Nelas se mostram os estágios da produção, o que explica que o sexo feminino, bastante ligado à transformação, aí não aparece. O homem está presente com suas ferramentas e registrado em seus gestos cotidianos. Mas, como as outras vias de acesso por mim propostas, esta também não esclarecerá a estrutura e a finalidade do trabalho. De modo que por um tipo de paradoxo que se achará talvez provocante, eu diria que se os textos são ilusórios, se a imagem é fluida, talvez o mais carregado de valor probatório seja o próprio objeto. A viga ou o alicerce que o operário concebeu e que a escavação encontrará, isto, não o resto, esclarecerá sua relação com o homem.

1.3 O trabalho maldito

Nos dias atuais, onde aquele que não trabalha é suspeito ou marginalizado, por sua culpa ou pelas circunstâncias, o que trabalha se diz quase sempre "cansado" pelo trabalho de suas mãos ou de sua reflexão. O senso comum nisso vê a inevitável consequência do esforço físico: o trabalho despedaça o corpo. Os séculos medievais não puderam ignorar; assim, os monges, os religiosos em geral, sabiam que o *opus manuum*, o "trabalho das mãos", dirigido até os limites das forças de cada um, é o único que podia vencer as tentações da carne, as do sexo e as da *gula*, a "embriaguez dos bens materiais". Conforme era preciso, o esforço e a privação dissipavam os vapores nocivos da introspecção que dificultam um olhar que deveria ser voltado unicamente a Deus. São Bernardo, que direcionou a convicção para isso até sua morte, professava que o verdadeiro cristão é casto e submisso porque ele tem fome e frio. Naturalmente, eu apenas abriria aqui uma querela, tão vã atualmente quanto no tempo do abade cisterciense, para julgar a melhor via de acesso a Deus. Por outro lado, eu noto que há poucos traços, nas biografias como nos romances, de "heróis" fatigados pelo trabalho. Certamente, nós somos muito ignorantes acerca da saúde ou do comportamento físico dos homens desse tempo para descobrir algo sobre o cansaço, mas o príncipe ou o prelado viaja sem parar, o guerreiro não cede, o pregador é incansável e os camponeses ou trabalhadores "mecânicos" estão de pé desde a aurora. Melhor ainda: os milagres curadores, que são uma boa fonte médica para nós, evocam deformações, afecções orgânicas. Mas apenas uma em dez fraturas registradas foram provocadas por um "acidente de trabalho" e nenhuma pela "fadiga". Provavelmente, tanto ou mais penoso como atualmente, o trabalho, contudo, não aparece como uma pena insuportável.

Por outro lado, ele é moralmente desprezível. É uma punição, aquela que o Criador infligiu ao primeiro casal depois do pecado. Esta maldição que aflige o gênero humano se encontra, evidentemente, reforçada durante os séculos pelas práticas generalizadas do escravismo. Os que trabalham – e quase unicamente em benefício de outros – são seres submissos, rebaixados, desprezíveis; seus senhores não trabalham e seu poder sobre outrem é ainda maior quando eles têm mais escravos sob suas ordens. Ademais, como esses homens inferiores, se são ou muito jovens, ou muito velhos, ou doentes, representam um *déficit* (pior ainda, uma carga inútil), o rebanho humano de seres alienados se divide em trabalhadores submetidos a todos os constrangimentos e em não trabalhadores condenados a perecer. Disto isto, procurar-se-á, todavia, algumas variantes importantes para esse cenário negro. A Bíblia enaltece certos ofícios e glorifica os protetores: ferreiros, filhos de Tubal; pastores, principalmente. Mas o trabalho ao sol, aquele de Caim, continua maldito. Na sociedade judia dos tempos evangélicos, é sempre o mesmo estado de espírito que prevalece; também se tem o cuidado em fazer de Jesus um *filius fabri*, um carpinteiro, e seus discípulos pescadores, artesãos ou tesoureiros. A vontade de sublinhar assim a extrema humildade de sua condição social é bastante evidente.

Este trabalho, aviltante e forçado, assim poderá aparecer aos olhos dos primeiros cristãos ávidos de pureza, como uma via estreita, mas louvável, para se aproximar de Deus, abater seu corpo, rebaixar seu orgulho. A recompensa que disto se espera no Além explica sem dúvida a quantidade de escravos que figuram entre os primeiros convertidos. E, ao lado desses seres involuntariamente submetidos, o monge dará o exemplo de um encontro – agora, voluntariamente – com o trabalho das mãos. *Ora et labora*, "ore e trabalhe", as duas prescrições de São Bento às primeiras comunidades de religiosos, desde o século VI, não dizem outra coisa. Igualmente, para Isidoro de Sevilha, seu contemporâneo, o trabalho permanece uma ascese e uma obrigação. Entretanto – e esta articulação é fundamental –, trabalhar em conjunto na oficina de um senhor ou sobre seus campos, numa vinha da Igreja ou num ambiente de escrita criado entre aqueles que estão submetidos a uma coesão, uma "associação" solidária, é primeiramente uma utilidade, mas pode tornar-se uma resistência.

1.4 O trabalho salvo

Se há santos "profissionais" que protegem os trabalhadores de um ofício, ou mesmo que o exerceram antes de serem confessores ou bispos, é porque Deus não pode condenar cegamente Caim e sua atividade manual. É o "momento carolíngio" no qual a consciência aponta que trabalhar é o destino natural do cristão. Eu falei anteriormente sobre as mais antigas representações de calendários pintados ou esculpidos que abandonam os símbolos antigos dos meses, em meados do século IX – a partir de então, é o homem quem cava, quem lavra, quem vindima, quem semeia, quem colhe – e que ilustram daí em diante os "trabalhos dos meses", como signos indiscutíveis que cumprem a vontade de Deus: o trabalho é "próprio do homem". É o momento no qual os intelectuais e moralistas renunciam à classificação dos seres entre castos e casados, ou entre monges, clérigos e laicos, para fixar o projeto divino segundo um esquema que prevê três grupos de trabalhadores: os que se consagram à oração e à pastoral, os *oratores*; os que manejam a espada e defendem os outros contra as armadilhas do mal, os *bellatores*; e o resto, os que trabalham somente com suas mãos, os *laboratores*, livres ou escravos, não importa.

Deixemos de lado as apreciações morais que suscitam facilmente esta tripartição do trabalho, para apenas reter a essência do tema: a ordem desejada por Deus aqui embaixo é a base do equilíbrio social; é um ideal mental estritamente ligado à *necessitas*, quer dizer, à busca e à obtenção do que forma o cimento do grupo humano. Busca de salvação para uns, manutenção da paz para outros, produção do material para os últimos. De modo que se vê bem que o "esquema trifuncional", este das "três ordens" que atormenta constantemente os pensadores da Igreja após o ano 1000, depois do estabelecimento de uma sociedade nova, constitui-se na base da noção de trabalho "que agrada a Deus". Uma base também para se aplicar no mundo das virtudes cardinais: a concórdia, a sabedoria, a justiça, a temperança.

Mas é igualmente – por uma evolução mental que a Reforma religiosa do século XI não fez mais do que acelerar – o reconhecimento de que o trabalho era uma forma natural de obediência ao Criador e contribuiria para elevar o fiel até Deus. Seu esforço é, portanto, fonte de libertação individual, fundamento de uma responsabilização do homem. Os pecados que a Igreja sanciona duramente são os que pesavam sobre o trabalho e o desnaturavam: a falta de caridade (a *avaritia*) nos *oratores*, o orgulho da força bruta (a *superbia*) nos *bellatores*, a embriaguez dos bens materiais (a *gula*) nos *laboratores*. Se o trabalhador agrada a Deus, eleva-se na escala dos valores, produz e ganha, sua atividade não pode mais ser aquela de um ser escravizado. Entre o livre e o não livre, não é mais a ociosidade de um e a atividade servil de outro que separam os estatutos; serão outros critérios e não os do trabalho. Talvez seja esta a ruptura essencial entre a escravidão antiga e a servidão medieval.

Esta noção do trabalho produtor de liberdade e de riqueza introduz naturalmente o fator econômico. A Igreja estabelecida continuou a olhar com alguma suspeita o trabalhador isolado, o lenhador na floresta, o pregador itinerante ou o cavaleiro aventureiro. Essas individualidades, cujo controle lhe escapa, poderiam ser fonte de desvio ou armadilhas do demônio. Por outro lado, os trabalhadores em grupo cuja atividade pode ser examinada pelas reuniões dos ofícios, ou enquadradas pelas regras, tornaram-se o objeto de seus cuidados. São os cistercienses que mais contribuíram para esse olhar de "promoção" do trabalho manual. O sistema de gestão de seus enormes domínios lhes conduziu, desde meados do século XII, a contratar em seus celeiros trabalhadores agrícolas permanentes ao lado dos "semimonges" que são os conversos. Com o número destes últimos decaindo sem solução, a Ordem dos Monges Brancos erigiu o assalariado agrícola ou artesanal em método de exploração econômica. Quando se considera os resultados notáveis obtidos nos campos, nos bosques ou nas forjas, graças a esse processo pode-se dizer que esta etapa é essencial no reconhecimento do trabalho manual.

As exigências da natureza puderam, evidentemente, limitar ao campo esta reabilitação. Ela teve, na cidade, uma outra face. Com esse quadro dinâmico, à espera da oportunidade, ávido de aprender e ganhar, ao mesmo tempo individualista e atraído pelo bem comum – ou pela "boa mercadoria" –, os riscos de desvio aumentaram no mesmo tempo em que as cidades pesariam cada vez mais sobre a atividade econômica geral. Naturalmente, uma certa moral coletiva evitava eventuais deslizes condenáveis: o contrato a respeitar, tanto por boa vontade quanto por interesse; as recusas de uma concorrência fonte de necessidades e de conflitos; a convicção de que a crença provinha de um investimento mais no trabalho do que no proveito; a lembrança constante de que o modelo de trabalhador a seguir era o próprio Deus, esse *Deus artifex* que fabricara o mundo antes de descansar. Todas essas noções fariam obstáculo ao pecado. Infelizmente, os pensadores dos séculos X e XI não haviam detalhado o que eles chamavam os *laboratores*. Era preciso nisto incluir ou excluir aqueles que, não sendo camponeses nem artesãos, faziam, pela astúcia ou pela sorte, frutificar o esforço dos outros, porém a seu proveito? Eu retornarei aos problemas colocados para a Igreja pela "mercadoria"; mas, para além do que ela mesma provocou, esse setor econômico do trabalho não podia ser ocultado. Foi necessário procurar como justificar esse "labor". O século XIII encontrará a solução, um pouco discutível. Assim como o salário é a compensação pelo serviço prestado ao bem comum, do mesmo modo o lucro será o prêmio pelo risco corrido pelo mercador, ameaçado pelos perigos de sua atividade (*periculum sortis et ratio incertitudinis*) e pelos riscos da perda ou do dano (*domnum emergens et lucrum cessans*). Desse modo, o mercador – assim como seu "trabalho" – será salvo. Em 1198, Inocêncio III canonizará um comerciante de Cremona, um "homem bom" (*Homo bonus*).

1.5 O trabalho preservado

Eis, pois, a evolução concluída: longe de ser punição, abjeção, esterilidade impotente, o trabalho é honrado, indispensável, produtivo. Após 1250, Jacques de Vitry lança no púlpito a maldição: "Quem não trabalhar, não comerá!" Esta bela fórmula se abre ainda para uma dificuldade capital que não cessará de crescer no momento dos problemas econômicos posteriores a 1265-1290: ninguém trabalha. Alguns são inativos por vontade (voltarei a tratar disso); outros não possuem do que viver, seja porque se deixaram levar pela mendicância, seja porque não encontraram nenhum emprego. São os "miseráveis", os "pobres" (no sentido mais antigo, o de "frágeis"). A Igreja exibe um espírito igualitário: o rico enriquece o pobre e o pobre, o rico; evidentemente, é um equívoco. Eu analisarei o penoso nascimento, no século XIV, de um certo espírito de compreensão social, verdadeiramente o esboço de uma regulamentação do trabalho. Mas, ao olhar dos miseráveis, o qual geralmente não compreende o mecanismo econômico que lhes afastou do mundo do trabalho, existe apenas duas atitudes: a da compaixão, aliás pintada com medo por si mesma, que a Igreja – mas nem sempre ela – buscará orientar com as medidas de caridade; e a do desprezo, pois o pobre é responsável pelo seu estado, culpado de não trabalhar, suspeito de preguiça e de rebelião contra a sociedade estabelecida.

Os problemas sociais, que nosso tempo conhece tão bem, postos pelo desemprego ou pelo subemprego, são difíceis de conhecer após 1350 porque nossas fontes, desesperadamente vazias em dados numéricos sobre esta questão, apenas registraram as medidas de controle urbano ou as sentenças de justiça concernentes aos homens desafortunados: expulsão para as galés, pastagem em ruas controladas, punição para vagabundagem, roubo ou algo pior, cujas cartas de remissão, por exemplo, são muito ricas. Mas o volume dessa população excluída nos escapa – mil homens em Montpellier durante 1350? Acrescentar-se-á também que, apesar dos preceitos reiterados da Igreja, os próprios trabalhadores parecem manifestar a mais viva hostilidade acerca dos desempregados, que eles desconfiam de ameaçar seus empregos e nas cidades, de resto, desprezam quando se trata, como frequentemente ocorre, de homens rurais sem qualificação, refugiados. Medidas autoritárias são tomadas para forçar os desempregados ao trabalho, como em 1367 nos Países Baixos onde, sob ameaça das galés, são enviados a reparar os muros; mas são apenas, evidentemente, medidas circunstanciais.

Ante os miseráveis e excluídos involuntários se levanta o conjunto dos verdadeiros "ociosos". Pratica-se, nesse caso, a "santa ociosidade", que aproxima de Deus porque ela permite a meditação e a prece, enquanto que em outros lugares reina a atividade que disto é a negação, o *neg-otium*. Portanto, a Igreja foi levada a tolerar, realmente a favorecer, esta recusa de trabalho interessada. Ela se encontrava, de fato, entre duas versões de sua doutrina: de um lado, ela defendia o valor da gratuidade, a falta de previdência "ignóbil", não nobre, a necessidade de se desfazer pelo dom, pela esmola, dos bens adquiridos ou recebidos. Mas, por outro lado, ela julgava que o trabalho não remunerado e a beneficência são uma provocação para os desempregados – Francisco de Assis, porque os exaltou, esteve sempre nos limites de uma condenação. Quanto ao mundo laico, este aceitava o *otium*, seja porque os ociosos se consagravam ao tempo sagrado, como os monges ou os ascetas, seja porque sua condição social lhes colocava acima das vulgaridades do trabalho. Todavia, tomemos cuidado: é nosso racionalismo moderno que nos faz considerar os sacerdotes ou os guerreiros como "ociosos", no pior sentido da palavra, sob pretexto de que eles não trabalhavam com suas mãos. Para os tempos medievais, pregar, ensinar ou combater são trabalho. A santa ociosidade é, portanto, de uma minoria ínfima, absorvida no tempo divino, aquele que não se pode contar nem pagar.

2

Os tipos de trabalho

O agricultor que conduz seu arado, o cavaleiro que ataca um forte, o mestre em teologia que prega em Oxford, todos "trabalham", como a mulher na roda de fiar, o doméstico selando um cavalo ou o padre batizando um nascituro. Mas organizá-los em meio a desordem existente no mundo do trabalho é pura ficção. Nem seu papel a desempenhar, nem seu equipamento, nem seu objetivo são os mesmos. Portanto, é preciso, antes de seguir cada um no contexto cotidiano onde se encontra, tentar identificar a natureza ou o tipo de trabalho que lhes é próprio.

Em primeiro lugar, as diferenças não saltam aos olhos; todos esses "trabalhadores" possuem um mesmo objetivo: produzir uma coisa ou um efeito. É o sentido das palavras *agere, actio, actum* que indica uma noção de esforço, de objetivo, "empurrar", "fazer avançar", palavras bem mais dinâmicas que todas as que decorrem de *facere*, "executar", sem noção de progresso. Pois o resultado do trabalho é, de fato, um progresso, em relação ao estado anterior da ação; é um resultado, uma recompensa de esforço, um tipo de salário, com ou sem contrapartida material, *merces*, "agradecimento". Bem entendido, esse resultado pode ser julgado contrário ao interesse de um homem, de um grupo, ou mesmo de todos; condenar-se-á os efeitos, mas não o trabalho que lhes provocou. Se, ao contrário, o resultado é bom e útil, não se limitará a louvar o autor, o próprio objeto receberá uma espécie de signo de qualidade. Quando se desenvolveram, no século XI, os textos destinados a proteger os frágeis dos abusos dos fortes, o manto da paz não cobrirá apenas os humanos, mas também suas charruas, seus moinhos, bem como os vasos sagrados ou os relicários (*vasa et ferramenta*) das igrejas. E isso não somente por interesse econômico, mas porque se trata dos objetos e dos resultados do trabalho dos homens. Nesse tempo (E somente nesse tempo?) destruir uma porta é, certamente, uma ofensa à ordem pública, um atentado ao direito do povo e à propriedade, mas é também um dano trazido à obra humana, ainda mais deplorável do que o custo.

Contudo, em segundo lugar, as oposições são evidentes. Não se confunde um guerreiro que ataca e uma jovem que fia. Cada um destes pertence a um grupo original de ativos, cujos contornos são desenhados por toda uma série de contingências, de parâmetros. Enumerar-lhes seria antecipar o estudo, que eu farei mais adiante, das categorias de trabalhadores – reunir-se-á aí os contrastes de natureza jurídica, econômica, social, próprios a cada grupo, assim, ver-se-á uma maior ou menor liberdade de agir, um equipamento mais ou menos eficiente, uma autoridade, até um carisma, mais ou menos eficientes. Tudo isto basta para fazer separar em estratos, às vezes antagonistas, cada categoria humana.

Entretanto, estudaremos a partir de agora o lugar das soluções morais que se aplicam a todos. A primeira, a mais limitante, é o empreendedorismo ou o seu contrário, a rotina. É a oposição entre esses dois sentimentos que forma a fratura mais visível entre o mundo das cidades e o mundo dos campos na Idade Média (ainda hoje, às vezes). Essa divergência está longe de ser assim, clara, sobretudo porque ela se envolve, conforme a necessidade, no manto da oportunidade econômica. Na verdade, o camponês inglês que repugna o uso do cavalo sob pretexto que ele é muito caro, o tecelão flamengo que destrói os tanques de tinta na aldeia porque, diz ele, seu emprego está ameaçado, tanto quanto o doutor da Sorbonne que se recusa a ensinar Aristóteles, considerado pernicioso para o espírito, ou o guerreiro a cavalo que ataca na frente dos arqueiros porque ele os despreza: todos são trabalhadores agarrados aos "benefícios adquiridos", como se diz atualmente, ao hábito, ao costume, essa palavra mestra do mundo medieval. Eles não veem – ou não querem ver – evoluir a agricultura de tradição, a tecelagem rural, o pensamento escolástico ou a estratégia militar. Compreendamos bem, no entanto: essas atitudes obsoletas não são forçosamente absurdas, mesmo se elas freiam o progresso. São terras onde a força do boi e certamente a ferramenta manual serão mais eficientes; cidades onde o desemprego dos companheiros provoca mais problemas do que o conservadorismo dos "ofícios"; escolas onde o abuso do "novo" desorganiza o pensamento e o arruína; combates onde o engajamento da cavalaria decidirá sozinho o sucesso.

Atribuir-se-á, por outro lado, muita importância às considerações espirituais. O trabalho talvez agrade a Deus e não importa qual trabalho. Mesmo entre aqueles mais louváveis que não teriam nenhuma necessidade de justificativa sobrenatural, a preocupação de se mostrar fiel – às vezes com alguma estreiteza – à mensagem evangélica, pesa sobre o trabalho e modifica o objetivo: se o camponês ceifa o trigo muito em cima, na altura da espiga, tornando penosa a colheita com a foice e difícil a jornada no campo, não o faz tanto pela palha que se poderia recuperar de outra maneira, é para deixar algo aos coletores famintos que buscam um pouco de grão retido pelos caules; se o mestre da oficina suspende uma tecelagem em curso, apesar da urgência ou interesse, é porque trabalhar à luz de vela após o horário de descanso incitaria a concorrência, além de ser desleal, seria fonte de inveja. E o que dizer do guerreiro que renuncia a pilhar na Quaresma, ou do clérigo atado ao ritual?

Enfim – mas não é evidente? – a dimensão dada ao trabalho introduz não apenas uma hierarquia nos resultados obtidos, mas também uma desigualdade nos esforços fornecidos. A extensão de uma propriedade ou de um rebanho, as exigências de uma clientela distinta, o volume e o nível de um contingente armado ou de uma audiência erudita, resultam em atitudes ou sofrimentos antagônicos. Porém, nem nessa ocasião nem naquelas evocadas mais acima, a natureza fundamental – eu diria epistemológica – do trabalho é alterada. É preciso examiná-la.

2.1 O trabalho gratuito

Trabalhar sem esperar um proveito, ao menos material, ou seja, sem fazer progredir seu estado, aproxima-se evidentemente da beneficência, do "bem-querer", da cortesia que se faz a Deus e aos homens. É uma forma de esforço, em princípio desinteressado, gratuito, no qual não se tem nada de palpável a esperar, uma atitude de abnegação, de esquecimento de si mesmo, de abertura aos outros, aquela de Epicuro, de Jesus, de Francisco de Assis. O tempo que a ela se consagra não pode (e nem deve) ser remunerado, pois, diz Jacques de Vitry em meados do século XIII, o serviço aos outros não tem preço e o tempo só pertence a Deus.

Eis o que satisfaz os filósofos de todos os tipos, de Sêneca a Tomás de Aquino. Estamos longe, porém, do princípio da contingência. É verdade que muitos gestos aí encontram suas raízes: esses peregrinos que carregam as pedras em Compostela, esses camponeses que carregam materiais para os canteiros de Vézelay, de Saint-Trond ou de Monte-Cassino, fazem obra pia e não aguardam nada, apenas um benefício no Além, nem mesmo um copo de cerveja ou uma oração por sua alma. Eles são poucos, e esta atividade piedosa é acidental em suas vidas. Mas outros praticam, e constantemente, um trabalho gratuito – é deles que tratarei aqui. Eles se encontram na parte inferior ou na parte superior da escala social.

2.1.1 Os escravos

A considerar somente a estrutura teórica de seu trabalho, os escravos entram no grupo dos que fornecem um esforço sem nenhuma remuneração e sem nenhuma contrapartida, porque eles nem mesmo possuem a garantia de serem alimentados e alojados. São coisas, objetos que se "tem em mãos", *mancipia*, uma palavra de gênero neutro.

A história da escravidão é bem-conhecida, ou, ao menos, seu lugar nas sociedades antigas e mediterrâneas foi largamente traçado: invasões e tráfico, subjugação de povos vencidos tem largamente sustentado o funcionamento dessas sociedades que se obstinam em se acreditar democráticas. Sêneca dissertava seriamente sobre a liberdade ao lado das jaulas onde definhava o rebanho humano. A situação é outra nos séculos medievais e, desse modo, bastante difícil de discernir. Poderíamos traçar algumas características bem-aceitas atualmente.

Primeiramente, a escravidão não desapareceu junto com o controle romano. Os povos germânicos, também celtas talvez, usavam igualmente uma mão de obra totalmente submissa. Pode-se, pois, estabelecer que a escravidão durou pelo menos até aproximadamente o ano 1000, a metade da era medieval. Certamente, o volume do gado humano se ameniza, porque as guerras de conquista diminuem e o comércio da carne africana cessa no Mediterrâneo. Mas os príncipes carolíngios muito cristãos e o "Grande Imperador" Carlos multiplicaram as incursões na Europa Central ou no Báltico para procurar esses trabalhadores gratuitos, poloneses, tchecos, eslavos, esses *esclavons* que ganharão enfim um nome, o de escravo, espécie de homem submisso, subserviente (os *servi* do mundo latino). Bizâncio e Islã os utilizam e os conduzem, em miseráveis caravanas, até Verdun, depois Veneza ou Barcelona. Um tráfico de boa relação que o pudor ou a hipocrisia deixa aos judeus; mas, por exemplo, de passagem em Coire, na Suíça, no início do século X, muitos cristãos se servem dele e o bispo cobra sua taxa.

Eis o segundo traço: a Igreja cristã não tem parte no retorno da escravidão. Antigamente, contudo, foi sobre esses sub-humanos que ela fundara seu progresso. Há que se considerar, todavia, que se ela condena, desde Santo Ambrósio no século IV, a escravização de um homem, é pura hipocrisia. Primeiro porque é a escravização de um cristão que é condenada, não a de um "infiel", que tem apenas que se converter se quiser mudar sua sorte. Depois, porque a mão de obra gratuita é cômoda. Desde que não se vive mais nas catacumbas, os bispos e os monges possuem grande necessidade de trabalhadores de baixo custo. E os textos dos séculos X e XI, tal como os polípticos, abundam em menções exortando a sofrer aqui em baixo antes de ser recompensado mais tarde.

Um terceiro elemento, entretanto, irá nuançar um pouco essa imagem sombria. O escravo medieval não é a besta da Antiguidade, mesmo se ele não for batizado. O Direito Romano humanizara um pouco o destino dos miseráveis: desde 338 não se podia mais matar os velhos, os enfermos, os doentes ou os lactantes por causa da não rentabilidade; não se separava os casais; autorizava-se até mesmo o escravo a acumular um pequeno pecúlio para tentar comprar sua liberdade. Mas o trabalho sem limite, os castigos cruéis, as condenações capitais para delitos modestos, ainda continuarão por um longo tempo.

Foi a evolução da economia de produção que desempenhou o primeiro papel na desintegração desse tipo de trabalho. A escravidão, por si só, não é rentável: primeiro há a necessidade de renovar regularmente esse "gado", caso contrário mulheres grávidas, crianças e homens de idade de nada servirão; por outro lado, mal-alimentados, golpeados e insultados, os escravos trabalharão mal ou, até mesmo, sabotarão sua tarefa. Já no fim dos tempos antigos, fornecera-se comodidades aos mais seguros e aos mais capazes: tornaram-se pastores a cavalo nos *latifundia*, os imensos domínios dos ricos, com cabana e ferramentas; domésticos ligados ao serviço dos senhores, incumbência que ia da cozinha à cama; preceptores de crianças ricas, para aqueles que possuíam cultura. Os primeiros séculos medievais deram continuidade em todos esses domínios. Naturalmente, as barreiras permanecem: sem acesso ao corpo eclesiástico, sem função de tipo guerreiro (ou, ao menos, serão apenas exceções).

A novidade capital, de data incerta (talvez desde os séculos V e VI), consistiu em instalar o escravo e os seus em um pedaço de terra que ele cultivará para o senhor: é-lhe fornecida uma casa[4]; torna-se "casado" (*casatus*). Aliás, o sistema de exploração do solo dos grandes domínios exigia esse processo. Os

---

4. Aqui, o autor grafou no original da seguinte maneira: *il est porvu d'une maison*, casa; *il est "chasé" (casatus)*. Devido à particularidade do francês, faz sentido inserir o termo latino *casa* após *maison*, em seguida grafar entre aspas o termo *chasé* para realçar a etimologia. Porém, em português, optou-se em suprimir o termo latino *casa* para evitar uma redundância desnecessária, da mesma forma que *chasé*, para cumprir a intenção do autor, foi traduzido como "casado".

escravos "domésticos" permanecem à disposição do senhor em sua habitação, suas oficinas e suas áreas comuns; outros trabalham a terra (mas como os primeiros, além de sua segurança, recebem responsabilidade e dons, que os segundos guardam, para sua subsistência, uma parte do que tiraram do solo ou do rebanho). O princípio do trabalho gratuito e sem limites (que conduz a lhes colocar aqui) não existe mais. Doravante, eles pertencem a um outro grupo de trabalhadores. Assim, não haverá razão para estacionar-se no problema da formação do mundo dos servos a partir, ou independentemente, da escravidão. Esta questão – a propósito, mais de ordem jurídica – que divide muito os historiadores, não tem lugar em minha proposta.

Por fim, eu evocarei duas questões; uma importante, outra secundária. A primeira toca no número desses homens, casados ou não. Como se pode temer, a resposta é decepcionante: as raras luzes que temos, por exemplo para os séculos IX e X, sobre os grandes domínios da Igreja indicam, como em Saint-Bertin, 262 *mancipia* contra 1.243 homens presumidamente livres; e o *Domesday Book* no fim do século XI contabiliza vinte e cinco mil em um milhão e meio de habitantes recenseados na maior parte da "Grande Ilha". Quanto à segunda questão, o tráfico continuou além desses tempos nas franjas da Europa cristã, da Irlanda ao Báltico, e sobretudo no contorno do Mar Tirreno, Catalunha e Provença incluídas. Tem-se, no entanto, o sentimento de que esses "escravos", frequentemente muçulmanos, utilizados nas habitações aristocráticas, laicas ou não, não representam a continuidade das massas aviltadas da Antiguidade – jardineiros e escudeiros, serventes e concubinas, guarda-costas e tesoureiros, eles participam na domesticidade do senhor e seu trabalho é de uma outra natureza.

2.1.2 A família

O escravo executa o que exige o senhor porque a isto ele é obrigado, e sua desobediência – pior ainda, sua rebelião – é assimilada a um crime de sangue. Mas o filho ou o sobrinho não são constrangidos à submissão ao pai ou ao tio; é uma lei da natureza, uma obrigação espiritual que lhes empurram e sua insubmissão assumirá mais uma condenação moral do que um castigo corporal. Ora, o laço familiar é anterior a toda organização social ou econômica, à mais forte razão política. No interior do grupo de mesmo sangue, trabalha-se para si e para os outros sem proveito pessoal além do afetivo, portanto inalienável, sem contrapartida além da proteção e da reciprocidade. Mesmo se o trabalho demandado desagrada ou prejudica, ele não é menos gratuito.

O estudo jurídico da estrutura familiar põe diversas questões ao historiador do trabalho. Primeiramente – e isto é pura banalidade –, trabalhar em família possui apenas o objetivo de prover as necessidades alimentares do grupo: comer, se guardar dos humores do clima, se proteger contra o mundo animal e os outros homens. Esses objetivos são pré-históricos e são igualmente de nosso tempo. Soma-se a isto, para os que são orgulhosos, a preocupação de ressaltar os méritos do sangue, a glória do nome ou a fortuna do grupo. Trata-se apenas de uma superestrutura que não pode constituir um objetivo. Inevitavelmente, para alcançar a estabilidade da família, cada um deve concorrer, segundo seus meios, ao resultado global. Há, portanto, divisão do trabalho; todavia, o velho axioma afirmando que na Idade Média "não importa quem faz o que" guarda aqui sua parte de verdade; a idade, o talento, a energia de cada um, podem estabelecer degraus no trabalho, mas não no resultado buscado: ajudar para o bem de todos. Pelo menos, isto é o ideal; embora não dê conta dos conflitos de geração, nem dos ciúmes (ou o ódio) opondo dois rivais, dois irmãos por exemplo, nem dos caprichos temperamentais. Mas então tratar-se-á de traços comuns à espécie e constantes ao longo do tempo e os encontraremos tanto fora da família quanto em seu seio.

Se existe uma integração na intenção, ela não existe na execução. A idade é o primeiro elemento que introduz esse contraste. Atualmente, época em que se aumenta a longevidade da espécie, não se ignora a impotência dos idosos, ou, pelo menos, o declínio de seu vigor corporal; mas, como resultado do prolongamento de sua experiência pessoal, seu peso é maior – economicamente – na sociedade. Nos tempos medievais, a situação é outra: após os sessenta anos, às vezes até antes, o homem de idade – mas nem sempre a mulher – é descartado da vida ativa; contudo, sua autoridade moral não para de se reforçar: é o pai que comanda e que castiga – o destino semântico de *senior*, "senhor", mais velho, seria uma certa evidência. Sem dúvida, desde o século IV, a *patria potestas* romana perdeu o direito de vida e de morte sobre os membros da *gens*, do clã, do grupo de sangue. Mas em todos os grupos sociais persistirá, bem depois da Idade Média, a autoridade dos "anciãos conselheiros". São eles que conduzirão as "estratégias matrimoniais", as devoluções fundiárias, as discussões "sob o ulmeiro"[5]; eles que falarão nas assembleias da aldeia que perseveram diante

---

5. Na Idade Média, *orme* (ulmeiro, olmo etc.) se relacionava à justiça: julgar sob o ulmeiro. A audiência da corte feudal se dava ao ar livre. Conferir o verbete *orme* em *TLFi: Trésor de la Langue Française informatisé*. Atilf-CNRS/Université de Lorraine [Disponível em http://www.atilf.fr/tlfi].

do senhor local, ou testemunharão num julgamento. Se a estrutura do grupo familiar permanece larga, e assim será até os séculos XI e XII, o ancião permanece o árbitro superior dos conflitos familiares – mesmo os que ocorriam nas células conjugais sobre as quais ele exercia controle direto. Dir-se-á que não existe aqui um "trabalho", mas somente um poder, mas ele pode ser exercido no momento de decidir uma tarefa. Nas comunidades aldeãs organizadas, e mais ainda se estamos em regiões fechadas, como nas montanhas, por exemplo, são os "velhos" que fixam, após debaterem, uma data de vindima ou um turno de vigília no rebanho comunitário.

Após a idade, os sexos. As aptidões físicas e as disposições mentais de cada um introduzem, em todos os seres vivos, desigualdades naturais de atividade. Primeiramente, a procriação da espécie cria funções complementares – mas com consequências quase opostas – para as fêmeas e para os machos. As condições da vida sexual medieval acarretam efeitos importantes. Quase anualmente grávida, portanto afetada pela impotência física por longos meses, a mulher estará como que acorrentada em casa e predisposta aos trabalhos domésticos. O homem, liberado após o ato carnal, dispõe de suas forças fora da casa. Trata-se de uma evolução psicológica deplorável e, em suma, recente que estabelece uma hierarquia de valor entre esses dois tipos de trabalho – a Bíblia não dizia nada a respeito. Por outro lado, as aptidões dos sexos lhes destinarão a tarefas diferentes, mas igualmente indispensáveis ao grupo: assegurar em reunir, preparar e distribuir os víveres, a roca de fiar e a amamentação do bebê, são coisas de casa, trabalho de mulher. Cuidar, domar o mundo vegetal ou o mundo animal é obra do homem. Não há nenhuma razão antropológica que justifique uma discriminação simplista. Dentro da casa, o homem pode ostentar seus méritos, mas, de fato, ele só pode obedecer; fora de sua habitação, a mulher estará nos campos confinada a tarefas extras. É somente porque são os homens que possuem a pena para falar deles – e somente deles – que se exaltou ou se lamentou uma "Idade Média dos Homens"; interessante problema etnológico, esta rivalidade entre o caldeirão e a enxada. De resto, os antropólogos têm, há muito tempo, oposto os trabalhos de reprodução – parto, alimentação, colheita –, a parte das mulheres, àqueles dos homens, concepção, defesa e lavoura.

Enfim, a própria estrutura do grupo de sangue trará um terceiro elemento de diferenciação no trabalho familiar. A história do trabalho preservará quanto a isto alguns aspectos jurídicos e demográficos. Primeiramente, quanto mais fortes e frequentes forem as formas de auxílio ou de intervenção no interior da família, maior será seu núcleo. Os variados problemas postos pela direção do

conjunto do clã, por exemplo o que se chamará de *frérage*[6], ou pelas dificuldades e reticências que traz uma herança, ou ainda pelas rivalidades entre irmãos
que resultam do desenvolvimento da primogenitura, do "direito de nascença" – e não somente nas famílias aristocráticas –, tudo isso leva a relações que
não serão conciliadoras nas quais a idade, o sexo e o estado de espírito pesam
sobre o comportamento. "Trabalhar" para pôr um sobrinho na direção de uma
abadia – o "nepotismo" em sua essência – é um ato gratuito em sua manifestação, mas os interesses familiares do grupo são o objetivo pretendido.

A situação é muito mais clara se descemos ao nível do casal, ao nível do
"fogo". Este pequeno grupo é o mais simples quadro do trabalho gratuito – a
"casa", vista do interior, está nas mãos da esposa que alimenta e educa, ensina
as crianças e economiza as reservas; o exterior é o domínio do marido que
cultiva, serra, trata, ceifa, cassa. Certamente, ver-se-á a mulher levar o grão ao
moinho e o homem ensinar a criança uma habilidade manual, mas todos os
dois se reencontram em torno do forno que a mulher alimenta e onde o homem conta suas histórias repousando, enfim, em sua almofada.

2.1.3 O verbo e a espada

O escravo está na base da escala do trabalho. A família engloba todos os homens. Mas, as duas "ordens" donas da sociedade alimentam – elas também – um
trabalho gratuito, pelo menos em princípio. Pois rezar e fornecer o saber para
os homens de Deus – no caso dos *oratores* que devem assegurar a salvação dos
laicos – não traz proveito perceptível, a não ser a satisfação de ter enriquecido o
coração e o espírito dos homens. E os que protegem e combatem, os *bellatores*
do esquema social que os intelectuais descrevem, obtêm, em primeiro lugar,
prestígio e honra do combate, mas ainda da cruzada. Mas todos são membros
do mundo do trabalho, é nosso espírito racionalista que vê nisto somente o
exercício de um poder sem freio, aquele da persuasão ou aquele da força.

Todavia, muitas nuanças são necessárias. O exercício dessas atividades, se
não traz nenhum retorno, é, ao contrário, altamente oneroso. O armamento de
um cavaleiro exige rendas de 150ha no século XII, 500 no século XIV, e faz-se
necessário obtê-las. O *Opus Dei* dos homens da Igreja resulta em edificações e
mobiliário, equipamento e mesa, indispensáveis ao exercício correto do minis-

---

6. Nome dado ao costume de dividir um feudo entre irmãos e irmãs.

tério pastoral ou do ensino. Todas essas obrigações materiais que então pesam sobre os "dominantes" – e que eu tratarei mais tarde – freiam realmente o impulso do trabalho livre; especialmente porque a própria natureza dessa atividade – ou seja, manifestar seu poder para si e para os outros – tornar-se-ia ilimitada. Viver "nobremente" significa ultrapassar o necessário, agir sem limite, não se deter ante o dinheiro – que é "ignóbil" – nem ante a *moderatio* – que é somente um ideal. É esta gratuidade aparente que está na origem dos preconceitos que a opinião comum alimenta ao olhar para esses "privilegiados" – suas mãos não trabalham e ainda desperdiçam. Sem se dar conta do risco corrido pelo combatente, nem de seu papel de soldado de Deus (*miles Christi*) o homem comum condena o guerreiro. Por outro lado, o homem da Igreja conseguiu fazer prevalecer os méritos de sua caridade, as distribuições aos necessitados, a transmissão do saber. Como aquele que detém a pena, ele não deixa de valorizar esse lado pastoral de sua missão. Será preciso aguardar pelo menos o fim do século XIII, o momento no qual "nasce o espírito laico", para perceber-se que as aparências enganam.

Portanto, o trabalho, a princípio sem lucro – mas custoso e difícil – não se beneficia somente de uma contrapartida espiritual ou moral. Ele é pago, somente porque é muito necessário manter a fortaleza ou a igreja. Evidentemente, o laico poderá impor dias de corveia a seus homens e o monge solicitar os benefícios eclesiásticos. Ocorre também que os súditos ou os fiéis se transformam em exércitos de paz benévolos ou em "construtores de catedrais", mas isto não se constitui em uma contrapartida regular. Deve haver algo além disso. Esta face oculta do trabalho dos dominantes se esclarece rapidamente quando se trata do guerreiro; pesando, primeiramente, a edificação do castelo, o custo do armamento, as despesas contratadas para os festins rituais que acompanham os elementos de força da vida senhorial, como o torneio, a investidura cavaleiresca de um filho, o casamento de uma filha, a cruzada para Jerusalém. Para lidar com isto, o guerreiro pode, certamente, solicitar outros homens de seu meio social, parentes, vassalos; de fato, no fim dos tempos medievais, o príncipe que concede as pensões, de qualquer maneira, reflete uma parte de suas necessidades sobre seus homens, sob pretexto de que os defende (adiante, voltarei a esta punção senhorial). Além disso, as obrigações feudais admitiram rapidamente – em torno de 1170 ou 1180 – que os serviços de guerra, a hoste distante, a cavalaria próxima, serão pagas por aquele que deu a ordem, a convocação, pelo menos depois de um certo número de dias gratuitos; ou ainda na Terra Santa, sob a forma de reembolso de despesas: armas perdidas ou um cavalo "desolado". Mas, antes de tudo, o guerreiro pilha. O clima de violência permanente, que dá aos tempos medievais uma péssima reputação, é, na verdade, uma sucessão de golpes de alguns dias, uma *werra* e, se existe vingança, uma *faida* entre duas famílias: por um rebanho vagando fora de seu espaço, por um insulto a um primo ou uma filha recusada, os jovens cavalgam, saqueiam e roubam; se necessário, eles incendeiam os moinhos, cortam os trigos, capturam uma mulher, mas raramente matam. São os mais fracos que pagam as despesas de tais excessos. Se o conflito se torna grave, o que implica a presença de condes e reis, ou quando se está numa cruzada, serão os mais velhos – aqueles que possuem a experiência e a constância – que irão combater (capturando mais do que matando) para obter resgate. Nunca se começa uma guerra (desta vez, o *bellum*) sem estar convencido de que ela será vitoriosa e proveitosa. Nessa ocasião, a espada paga aquele que a serve. E a guerra repercutirá tanto que o butim e as capturas não cobrirão as despesas. Mas esta permanece rara.

Pelo menos, a situação é clara. Não falaremos tanto acerca do mundo dos clérigos. Em primeiro lugar, devemos recordar que um certo número de trabalhos que eles realizam é remunerado – um mestre de escola recebe pagamento, um pregador recolhe garantias, um estudante tem sua pensão. Além disso, a maioria desses clérigos vive dos produtos de um bem fundiário que lhes foi atribuído, legado ou vendido. É o caso do monge, cuja abadia possui milhares de hectares, do pároco que recebe o dízimo de suas ovelhas, do cônego ao qual é destinada uma rica "prebenda", do estudante ou do capelão que possui um pequeno "benefício". Essas formas modestas de remuneração, em troca pelos serviços prestados, passam por legítimas e introduzem esses "trabalhadores" em categorias diferentes. Porém, isto resultava em adulterar as condições prévias associadas à realização de obras piedosas pelo pároco. Os sacramentos, que são, porém, de origem divina, e os sepultamentos, especialmente na igreja – chamamos *ad sanctos* –, que são um rito desejado pela divindade, são pagos. Os monges são pobres, mas não sua comunidade que aguarda o momento de arrancar dos moribundos, no terror da "passagem" que se descortina, alguma vinha próspera ou um bosque bem-localizado. O bispo e seu capítulo abrem hospícios, mas a severidade de sua gestão fundiária é sem comparação. Todos dizem que "se vive melhor sob a cruz", mas esta apreciação elogiosa não possui nenhum fundamento.

Por fim, o escravo não saberia ser feliz e, por definição, é cativo de seu estado. O filho obedecerá ao pai que lhe ordena um trabalho, mas ele bem poderia se considerar forçado ou incompreendido. O guerreiro encanta os amantes do romance cortês, mas trata-se de um bruto, às vezes um ladrão. O clérigo faz a encenação aos olhos do público, mas o que ele lhe distribui é o que, antes, já lhe havia tirado. De modo que esses trabalhos gratuitos justificam o conhecido senso comum: todo esforço merece salário.

2.2 O trabalho dominial

Esta série de descrições encontra sua unidade na ausência estrutural de lucro material. As contrapartidas recebidas – a esmola recolhida pelo clérigo, o resgate exigido pelo cavaleiro e até mesmo o modesto pecúlio servil, fruto de uma pequena economia – são compensações, senão fortuitas, ao menos secundárias. Pode-se, portanto, dizer que o indivíduo trabalhou sobretudo para os outros – mas também para si próprio – sem um lucro imediato, mas não sem um "contradom".

Para o historiador do trabalho, não se trata, evidentemente, de categorias imediatamente visíveis; para ele, o trabalho é o que se produz essencialmente para os outros e que traz a compensação normal do esforço fornecido e do objeto oferecido, um salário (*salarium*), que – no que pese ser uma carga de sal como quer a etimologia – constitui seu valor ou o que permitirá comprá-lo. Portanto, existe aqui uma relação econômica simples, acessível sem dificuldade na história de uma sociedade. Não se trata mais, como para os dominantes, de tomar para dar, mas de estabelecer uma troca entre duas partes, o trabalho como remuneração e o trabalhador como empregado. Quem não veria aparecer aqui a própria essência de uma troca de poderes, obedecendo às "leis" que são, por exemplo, as das relações estabelecidas entre a oferta e a procura, seja no mercado dos homens ou no das coisas, ou ainda entre o lucro e o armazenamento, ou o reinvestimento e a poupança?

Naturalmente, todos os "parâmetros" evocados acima – o espírito de iniciativa, a aptidão física, o nível do equipamento, a variedade da clientela – provocam estratificações, desigualdades inevitáveis. Mas outros traços, próprios dessas relações sociais, merecem uma atenção particular; este tipo de trabalho conhece, de fato, duas especificidades. Em primeiro lugar, ele comporta, quase sempre, uma divisão do esforço, uma interdependência entre níveis sucessivos de atividade. Pode ser, por exemplo, uma sequência de etapas numa fabricação. Assim, a venda de um tecido conhecerá, do pastor ao selador, umas duas dezenas de estados que só possuem valor em relação àqueles que precedem ou sucedem; o mesmo ocorre da salina ao coletor da *gabelle*[7], do semeador ao cozinheiro ou do

---

7. Termo usado para nomear, no reino de França, o imposto indireto cobrado sobre o sal.

lenhador ao banqueiro patrocinando um navio. São banalidades apenas na aparência, pois, para julgar a posição de um trabalhador na escala dos salários ou do lucro, a análise desses que constituem os "intermediários" é capital.

Trata-se, de qualquer maneira, do segundo traço distintivo desse setor. Não será o senhor de um domínio quem pagará o pedreiro, nem o rei o seu bailio: serão os tesoureiros e os coletores. Mesmo no nível mais humilde, pagar um vindimador por jornada ou um vigia noturno implica, ou pode implicar, a intervenção de um despenseiro, um preboste, um oficial de armas. Mas estes últimos, como os agentes reais, são todos membros do grupo que cerca o empregador; eles são da *familia*, eles são da casa, de seu *domus*. Isto porque o adjetivo "dominial" pode caracterizar esse tipo de relação produtiva. Ele é ambíguo, certamente, e poderíamos preferir "assalariado", mas este incute certa noção de ligação entre empregador e empregado que é contratual e não circunstancial. É preciso, todavia, estabelecer várias nuanças.

2.2.1 *O ministerial*

Esta palavra, cujo significado não é compreendido pela maioria dos leitores, ainda é preferível a palavras, como, por exemplo, "ministro" ou "oficial", cujas acepções atuais gerariam confusões. Do mesmo modo, a palavra "doméstico", que é igualmente conveniente, poderia cobrir todo o grupo, sublinhando um aspecto de dependência, ou ainda de humildade, que não existia na Idade Média. No entanto, para nos atermos à etimologia, *minister* contém um *minus*, implicando subordinação, como *magister* um *magis* de sentido oposto. Não podemos perder de vista que a palavra, utilizada pelo escriba, implica, em seu espírito, um estado inferior a um outro. Portanto, esse termo será mais pejorativo do que o de "oficial", aquele que tem uma função em geral, um *officium*, de *opus-factum*, trabalho concluído, sem conotação preparatória.

Assim colocados, por palavras que designam uma situação mais ou menos subalterna, o homem ou a mulher que têm "ofício" encontram-se em todos os níveis da sociedade. São as condições materiais, relacionadas às suas atividades, que permitem aproximá-los. Em primeiro lugar, as suas vidas cotidianas desenvolvem-se dentro da habitação pertencente àquele que lhes paga. Se estão em outro lugar, como residentes, como inspetores ou como viajantes, estão sob ordens daquele que lhes emprega e de forma provisória. Eles fazem parte da *familia* de um senhor, podem ter laços consanguíneos, um primo necessitado ou um sobrinho rendeiro, mas, em geral, são parentes por afinidade – *dei*

Doria como se dirá em Gênova para todos os servidores em serviço para essa família. Isso conduz a um segundo aspecto. Como eles são *do* castelo, *da* oficina, *da* família, eles são abrigados e mantidos às expensas do empregador. Às vezes, tais custos correspondem a um dos elementos da remuneração deles, como, por exemplo: a doação de tecidos, de banquetes, em ocasiões festivas, parte do dízimo para o cavaleiro do castelo, do servidor em viagem, do vigário da paróquia. Há, então, algo de incerto, de mutável, na situação deles. Eles não possuem nenhuma garantia na concessão de um salário, quer seja em dinheiro, quer seja em produto: o bailio pode ser cassado, a atribuição do servidor pode ser revogada, o cavaleiro pode ser "desafiado". Essa incerteza traz consequências, positivas ou não, segundo a vontade do senhor ou do administrador. Como a desgraça ameaça, é necessário agradar aqueles que lhes pagam, e esses ministeriais são, frequentemente, eficazes e zelosos. Mas esse zelo exerce-se às custas daqueles que os ministeriais são encarregados de controlar, de dirigir, de taxar e de julgar. Isso é secular, os agentes do poder são os primeiros a sofrerem a fúria popular, apesar de que, frequentemente, eles apenas aplicam fortemente as decisões dos seus senhores.

Ainda nesse contexto, uma outra questão se coloca. Como eles trabalham sob ordens, mas sem um contrato prévio, era-lhes solicitado qualquer tipo de serviço. No entanto, a área de atuação do seu ofício não era demasiadamente extensa: um preboste não julgará sobre sangue, e um funcionário do notário não autenticará um ato. Mas essa flexibilidade pode ajudar alguns audaciosos que fundaram fortunas em torno de um rei através da hábil utilização das funções judiciais como nos casos de Tanguy du Châtel ou Jacques Cœur em torno de Carlos VII.

Se esses elementos estruturais permitem aproximar indivíduos que, inicialmente, teríamos a tendência de separá-los, eles não autorizam a comparação do senescal de Beaucaire com o adeleiro aprendiz parisiense. Cada grupo social, em seu quadro próprio, conserva a sua especificidade, mas encontraremos ministeriais em todos os lugares, principalmente no topo da pirâmide social. Na verdade, nem a aristocracia guerreira escapa dessa presença. Em primeiro lugar, sublinhamos que o estabelecimento de laços de interdependência, provocados pelos ritos vassálicos, que fazem um guerreiro "homem" de outro homem, conduzem a uma série de obrigações mútuas que, na maioria das vezes, gerava trabalhos gratuitos: aconselhamento, ministrar a justiça de forma compartilhada, guerra. No entanto, nesse nível, os presentes oferecidos pelo senhor ao seu vassalo (*Ehrschatz* em alemão) a fim de consolidar a sua fidelidade são de natureza doméstica, como as festas e os banquetes aos quais ele o convida. Passados quarenta dias, a ajuda armada era remunerada. Mas há uma situação que se inscreve, mais precisamente, no quadro ministerial. Um cavaleiro, a serviço de um senhor, pode ser provido de um feudo capaz de sustentá-lo. Esse não era o caso – notadamente antes de 1100 – em todos os lugares. O homem de guerra será guarnecido no castelo (*miles castri*); ele será alimentado, equipado, responsabilizado pelas taxas de acompanhamento ao torneio, pela proteção armada e, certamente, pelas missões determinadas. Ele recebe então benesses se a sua guarda satisfaz, pode educar seus filhos juntamente com os do seu senhor, participar dos butins. É, então, alguém que não possuiu nada além do que o pagamento pelo labor do dia.

O caso da ordem dos clérigos é possivelmente menos claro. Porque um favor de origem hierárquico ou familiar, por exemplo, uma resposta positiva na concessão de um benefício, não comporta a cessão material pelo dignatário em proveito do beneficiário, nem outra contrapartida que não seja o serviço divino ou o ensino no caso do domínio escolar. Por outro lado, encontraremos tais práticas no âmbito paroquial. Em primeiro lugar, lembramos que o número de padres, tendo sido criados ou dotados por laicos – ao menos, amplamente do século VIII ao XII – esses *Eigenkirche*, essas igrejas apropriadas, suportaram, por um longo tempo, o direito de apresentação pelo senhor do lugar, desprezando os esforços episcopais, frequentemente eficazes em outros lugares, para recuperar esse "padroado" (esse *patronatus*). Portanto, a instalação de um familiar como padre pode ser considerada como um presente concedido a um fiel. Mas não vem ao caso examinar aqui o aspecto anticanônico, os perigos ou as querelas suscitadas por tais práticas. Todavia – e também, muitas vezes, no caso dessas igrejas privadas –, se o padre não pode ou não quer assegurar o seu "ministério" (nós retornamos à palavra), ele o retirará de um "vigário" (*vicarius*, que está em seu lugar). Em troca de serviços prestados, esse clérigo recebe uma parte das receitas do padre, dízimos ou oferendas, ou seja, as ofertas dos fiéis sobre suas colheitas ou no momento da concessão dos sacramentos. Em princípio, essa contrapartida foi considerada suficiente ao sustento e ao serviço do vigário; ela é "correta", "congruente" (palavra que deve ser entendida, na Idade Média central ou antes, num sentido pleno e não restritivo como se entende muito livremente hoje em dia).

A gestão de um bem fundiário ou mesmo simplesmente a direção de uma casa senhorial abre o principal setor de trabalho ministerial. Os membros da *familia* do senhor – e aqui as mulheres estão muito presentes – exercem as atividades indispensáveis ao bom funcionamento do *domus*. Trata-se dos artesãos domésticos, dos criados de mesa ou de cozinha, dos escudeiros, do mestre de armas, dos tesoureiros e, mesmo, às vezes, dos bufões, dos jograis ou dos trovadores. Eles vivem com os demais servidores do senhor, recolhem os excedentes de alimentos, recebem, às vezes, algumas gratificações quando agradavam ou quando eram eficazes. Quanto aos oficiais – encarregados da polícia, no interior e nas cidades – eles retêm (ou, às vezes, lhes deixavam) uma parte das multas que recolhiam junto aos habitantes locais, inesgotável fonte de conflitos e de hostilidades. Naturalmente, no âmbito da moradia do senhor, existe uma hierarquia no interior da vida doméstica. O oficial de armas do rei não era como o de um fidalgo, os serviçais da adega, do "estábulo" (a escuderia, de fato), são mais importantes na casa de um príncipe do que com um senhor de aldeia, o tesoureiro do duque deve ser mais habilidoso e experiente do que o de um burguês, mesmo que este último tenha feudo e domínio. E a gestão eclesiástica, por exemplo aquela dos mosteiros abastados, só se diferenciará desse quadro na proporção – bastante superficial – em que os ofícios eram exercidos pelos próprios monges e sem contrapartidas (ao menos se esperava isso). Mas, na prática cotidiana, não era sempre que os homens de Deus dispunham de tempo, das qualificações ou da força necessária para a realização desses "ofícios".

Há outros ofícios que merecem um tratamento especial. Se o ministério comporta uma dimensão pública, ou seja, se for o caso de trabalhar na cúpula da sociedade, em que é necessário convocar hoste, exigir impostos, executar penas de morte, não podemos nos satisfazer com o "alto funcionário". Os estudos desses ofícios públicos conduzem à história administrativa, de Roma à monarquia absoluta. Contentar-nos-emos em demonstrar a tomada desse instrumento de poder junto aos príncipes, desde o século XI (os soberanos somente mais tarde). Esses representantes eminentes do senhor, xerifes ingleses, senescais da Aquitânia, bailios da França do Norte, deveriam ser escolhidos, remunerados, diríamos "contratados", com toda a preocupação exigida para o poder deles. Mas como eles podem ser transferidos ou destituídos pela simples decisão do príncipe, não podemos os qualificar de assalariados, menos ainda de "funcionários". Eles administram um ofício que os ultrapassa, eles encarnam, mas sob controle, um poder que têm apenas por delegação; assim são os ministeriais.

Se descermos ainda um degrau da escala social, até os mais humildes dos trabalhadores, encontraremos o ofício não remunerado. Ele não falta nas aldeias de camponeses que recebem, por um serviço, um presente circunstancial como caução. Ao final das contas, o condutor da charrua, se ele não é um filho da família, pode ser alguém obrigado, que paga para saldar sua dívida; ou, mais relevante, um trabalhador encarregado das contas da confraria paroquial, um *matricularis*, um mordomo, era remunerado com uma parte das ofertas. Nas cidades, a situação dos aprendizes é mais ambígua, esses adolescentes são colocados numa oficina para aprender um ofício. Os seus pais pagam o mestre pelo ensino. Mas, na vida cotidiana, todos os serviços solicitados, dos mais diversos aos, às vezes, abusivos, como limpar o local, comprar alimentos, ou estar à disposição de todos os caprichos do mestre e de sua esposa, eram pagos apenas com alimentação e alojamento e, frequentemente, com a promessa futura de chegar à direção da oficina. O aprendiz é praticamente um membro da *familia*, e, depois de 1300, a evolução do seu estado conduziu esse grupo de trabalhadores a reunir somente os filhos ou sobrinhos prometidos à sucessão do mestre.

2.2.2 O assalariado

Seria necessário se debruçar com mais vagar sobre os ministeriais, porque esse tipo de trabalhador quase desapareceu das nossas relações profissionais. Não é, evidentemente, o caso dos assalariados, remunerados, em princípio sob contrato (escrito ou oral) e por um período determinado previamente, que pode ser por hora, por ano, e, talvez, pela vida toda. Essa situação nos parece a forma mais natural de remunerar o esforço, segundo nossa reflexão (ou nossa inquietação a seu respeito) vinda, essencialmente, de considerações econômicas: Este salário é suficiente para viver? Ele é proporcional à importância do trabalho ou ao seu risco? Aos olhos do empregador, contém uma parcela de dependência jurídica do empregado em relação ao empregador? Todas estas questões formam a trama da história dos conflitos sociais, sobretudo, depois do século XIII, quando começou a análise dos mecanismos do emprego. A Idade Média, particularmente, depois dos séculos XIV e XV, interrogou-se sobre esse tema, sempre sem esclarecer o debate, mas ela trazia dois elementos suplementares, bem-esquecidos atualmente.

O primeiro é de ordem moral. Era necessário que um laço afetivo, às vezes "carnal", como o da aristocracia, ligasse o trabalhador ao seu empregador. Eles se deviam amor e entreajuda. Se chegam à ruptura (rebelião de um, crueldade de outro), pecam mais ainda do que simplesmente abalar a paz mantenedora da ordem social. Certamente, atualmente ainda julgamos as perturbações sociais como uma irritante perturbação da ordem pública, entendemos a ordem que assegura o poder aos mais ricos e aos mais fortes, mas exigimos somente que o operário e o patrão se amem sinceramente. Aquilo que teríamos julgado indispensável à Idade Média não provém da obediência à virtude cardeal da caridade – porque ela se exerce, muito mais, através da condescendência de uma esmola –, mas sim da obediência ao desenho inicial de Deus. O trabalhador, o *laborator*, foi colocado na "ordem" dos produtores, ele não pode sair, nem mesmo contestar a sua função nem, portanto, a autoridade das duas outras ordens, laicas ou não, que têm outras preocupações – e nas quais se recruta o essencial dos empregadores.

O outro elemento deixou alguns traços, mais ligeiros, sob a forma de "vantagens *in natura*" concedidos como salário. Sobretudo durante os primeiros séculos medievais, quando o numerário era baixo em volume, gradativamente, passado o início do século XIII, a remuneração se efetua parte em moeda, parte em produtos (alimentícios ou manufaturados): um saco de grãos, uma geleia, um presunto, um pote de cerveja. Rapidamente, vemos, através desses quatro exemplos, o caráter mutável, caprichoso, arbitrário desses pagamentos. Eles tornam precária a situação do assalariado, mesmo se alguns dos pagamentos fossem previstos no momento da celebração do contrato.

É muito difícil para o historiador estimar o valor global do pagamento. Todavia, é mais fácil repartir o mundo desses trabalhadores assalariados em categorias muito bem-delimitadas. Certamente, o princípio é sempre o mesmo: o assalariado trabalha não para si próprio ou para o seu proveito, mas para outro que encomendou o trabalho. Mas, para além do contexto onde se efetua a obra – cidade ou campo – e do equipamento disponível – agrário ou artesanal – encontraremos diversas categorias salariais. Para além da duração do período medieval, que implica uma inevitável evolução das relações sociais, é necessário indicar que a tendência geral é uma especialização crescente da atividade assalariada: o *faber* carolíngio, que nada mais era que um operário polivalente, transformou-se em um trabalhador do metal em torno do século XI, depois, quase exclusivamente em um ferreiro. E ver-se-á claramente a evolução psicológica resultante: um especialista deveria possuir ou adquirir qualidades técnicas próprias da sua arte; essa arte não poderia movê-lo na escala salarial, portanto, na avaliação do público; estaria reduzido a um emprego precário, ou, pior ainda, ao desemprego, o que o fará ser assimilado a um rebelde social que recusa o trabalho ou que não consegue se manter empregado, o que tem o mesmo efeito: a marginalização e o descrédito.

Encontraremos assim uma massa de assalariados urbanos contratados em uma oficina como "aprendiz" ou "companheiro". Esses são termos de época, dentre os quais o segundo tem uma certa conotação familiar, quase "empregado". Mas dividir o pão com o mestre que, além disso, o aloja, é uma situação muito pouco comum. Normalmente, o trabalhador é contratado unicamente para fornecer seu esforço, frequentemente à vista dos clientes, diante do passeio público. O acordo pode dar lugar a um contrato, notadamente em regiões de tradição de direito escrito, muito raramente diante de um tabelião, a menos que se tratasse de um acordo importante, como, por exemplo, o engajamento de uma tripulação e do seu capitão. Mas o caso comum é muito mais concreto e simples, como frequentemente ocorre na Idade Média: ocorre nos mercados de homens, às vezes especializados em algum ofício, e em lugares conhecidos e fixos, Ponte Vecchio, em Florença, Praça da Grève em Paris. O trabalhador à procura de emprego se apresenta, se possível com as suas ferramentas, preparado com a alimentação de um dia. Então os futuros mestres escolhem, discutindo o salário e a duração do trabalho. Não se pode compreender essas práticas à luz de uma arbitragem patronal, afinal, os mestres são regulados por uma postura municipal, pelas convenções de "ofício" sob as quais o operário está inscrito, pelo próprio mercado que proíbe a concorrência desleal. A regularidade do reemprego de um trabalhador, que se mostra satisfeito, reduz fortemente os riscos de abusos. Somente a mobilidade dos candidatos ao emprego, um traço característico da sociedade medieval, poderia introduzir alguma ruptura.

É conveniente, no entanto, distinguir o contrato a preço pré-acordado, ou seja, para certos ofícios (como, p. ex., o da construção ou dos artistas), a fixação do montante global a pagar ao trabalhador e a duração do seu trabalho. Esses casos produzem, mais do que outros, o estabelecimento de um acordo escrito, sobretudo no século XV, acompanhado da entrega prévia ao trabalhador de equipamentos ou de matéria-prima necessários à sua obra, da plaina à folha de ouro. Estamos, então, a meio caminho do pagamento em espécie. O contrato por "empreitada" tende a se desenvolver quando a preocupação com a especialização conduz os mestres a procurar operários aptos a um trabalho determinado e perfeitamente circunscrito. Ao contrário, o contrato "por tempo", uma semana, por exemplo, conduz a uma polivalência que nem sempre é bem-sucedida.

Apesar de, por definição, tratar-se de uma forma proibida ou, ao menos, dissimulada de trabalho urbano, o contrato de ocasião, às vezes por hora, toca em um setor do mundo operário malconhecido porque é escondido. Essa modificação de uso manifesta-se notadamente sob duas formas igualmente clandestinas. A primeira é aquela que diz respeito aos artesãos, não inscritos em um ofício (nem membros de uma oficina) e que, através de um salário, quer seja por "empreitada", quer seja por "tempo determinado", concluem ou mesmo executam trabalhos que a oficina não pode ou não quer realizar. Assim, tratava-se de transgredir as regras estatutárias verificáveis pelos fiscais do ofício, sobre um tecido, sobre um utensílio, uma arma, os quais eram entregues diferentes do previsto. Em suma, uma falsificação, repreensível porque lesa a "boa mercadoria", ou seja, o cliente, além de introduzir uma concorrência nefasta. A segunda forma, não menos criticável, porque apresenta os mesmos defeitos, constitui o que chamaríamos de "horas extras". Os mestres são obrigados a observar, como os seus aprendizes, uma jornada de trabalho diária, medida pelo sino da cidade e variável segundo as estações. Tratava-se sempre de evitar a prejudicial concorrência por "cadências" exageradas. Mas, às vezes, o trabalho atrasa, o cliente fica impaciente e, por sua vez, os "companheiros" não ficariam irritados com um complemento salarial. Tolera-se, então, o trabalho em domicílio (nós diríamos "informal") desde que não seja de má qualidade. Como se trata de uma fraude, não conseguimos muito bem determinar o seu volume, as condições técnicas, e, sobretudo, o seu custo.

Essas observações concernem à cidade. No campo, a situação é muito mais simples. Somente poderiam ser remunerados pelo seu trabalho aqueles que não possuíam oficina para venda de sua produção, nem terra para sustentar o seu estado. Trata-se dos rurais que formam a parcela pobre do mundo rústico. Portanto, não se trata de manufatureiros ou trabalhadores braçais que têm, em princípio, um pedaço de terra e que se satisfazem de ter uma remuneração paga nos momentos de maior demanda no campo, semeaduras, colheitas, ceifa, vindima. Tampouco se trata dos trabalhadores domésticos, jardineiros e pastores cuja remuneração baseia-se, largamente, sobre uma parte do que eles controlam. Trata-se dos jornaleiros, os assalariados agrícolas, alojados fora das propriedades dos senhores, em uma cabana, uma *borde*[8]. Mencionei, anteriormente, que os cistercienses contribuíram bastante para dar corpo a esse grupo; pobres pessoas, de fato, porque dependem de um salário irregular, medíocre, sem garantias reais de receita ou de equipamentos, e que a falta de terra, tanto quanto de garantias econômicas, contribui para a formação da opinião de que se trata de trabalhadores não livres.

---

8. Trata-se de um termo usado no sudoeste da França para designar uma pequena propriedade de terra, em geral, contínua à do senhor, que fornecia legumes e aves domésticas.

Retribuir um indivíduo porque ele forneceu, por demanda ou espontaneamente, um trabalho ou um esforço do qual outros terão lucro aparece como uma forma "clássica" de relação de produção: benefício e salário. No entanto, os limites para delimitar este mundo são frouxos. Um ferreiro de uma aldeia que vende o produto de sua arte pertence a uma categoria sobre a qual falarei mais tarde, a do artesão livre; mas recebe, frequentemente, do senhor local, dos magistrados locais ou do conselho municipal, isso que nós chamaríamos de um "fixo" a fim de assegurar a fidelidade dos seus serviços; ele é, então, particularmente assalariado. O moleiro a quem se retribui com parte da moagem destinada ao senhor do moinho, um soldado que completa o seu parco soldo através de pilhagens ou por meio de requisições de víveres junto aos camponeses, fazem parte do mesmo caso, como o tabelião ao qual se paga o preço do ato que ele redigiu acompanhando um pedaço de pão, ou o clérigo provido de um benefício, mas que é convidado para jantar pelos pais de seus estudantes. Essa mistura entre assalariados, agraciados também com uma ajuda "dominial", e vendedores que recebem a mais não acaba com o traço majoritário: esses trabalhadores trabalham para outrem, mas eles são remunerados. O inverso, trabalhar para si e não ser pago para o fazer, abre, evidentemente um terceiro caminho.

2.3 O trabalho senhorial

Há algo de subterfúgio no ato de separar, e mesmo no de opor, o trabalho do assalariado na cidade daquele do camponês no campo. Todos os dois encontram-se numa situação de subordinação: um porque deve pedir por trabalho, outro porque o faz para receber pagamento. Todos os dois também podem ter com seu senhor, ou patrão, relações afetivas ou, pelo menos, uma interdependência de interesses econômicos comuns. Nem um nem o outro, enfim, trabalham para seu lucro pessoal; se ocorrer duplo salário ou excedente real, é por acidente. Mas nesse ponto termina a similitude, pois, tipologicamente, esses dois tipos de trabalho são opostos: um, o do assalariado, funda-se sobre a produção de um esforço que se remunera; outro, o do camponês, só é possível se ele paga a si próprio.

O segundo elemento permanece dificilmente qualificável. A expressão "dominial" que empreguei mais acima baseava-se no caráter contratual do laço entre as duas partes em questão – e a parte ministerial do grupo sublinhava indiscutivelmente o aspecto "doméstico". Ora, esse laço não existe, não voluntariamente, no caso de um rendeiro camponês. Certamente, ele pode ter pedido, recebido ou retomado, por si próprio, uma terra para arrendar, porém, mais frequentemente, ele está incluído num sistema econômico o qual ele não iniciou e que se baseia num contrato, oral ou escrito, mas praticamente permanente ou reconduzível em comum acordo. Essa estrutura de enquadramento não é a única que se conhecia nos tempos medievais. É porque ela apareceu aos teóricos dos sistemas econômicos – quer se tratasse de liberais como Stuart Mill ou de materialistas como Marx – particularmente típica da Idade Média. Retomando uma formulação que datava das "Luzes" da Revolução Francesa, Marx qualificou de "feudalismo" a natureza dessas relações, estendendo a toda a sociedade, mesmo urbana, uma noção "feudal", uma noção de relações de fidelidade, que, em realidade, só era própria da aristocracia fundiária. Em se tratando do trabalho, eu rejeitarei essa noção, pois não vejo o que tem – ou não tem – de "feudal" no pagamento de uma renda. Assim, a expressão "sociedade feudal" e, com mais forte razão, "trabalho feudal" devem ser rejeitadas. E como o contexto de agrupamento no qual se movem os homens, entre os séculos X e XVIII, é o senhorio, a noção de "trabalho senhorial" me parece melhor.

Não chegamos, entretanto, ao fim das definições. Ordinariamente sutil e nuançada, nossa língua tropeça aqui em uma formulação imprecisa: a de "senhorio". A palavra isolada designa noções sem relações reais e que – o pior perigo para o pesquisador – se sobrepõem e se misturam tanto no vocabulário quanto, sem dúvida, na consciência dos homens desse tempo. O camponês ao qual o senhor da aldeia impõe uma corveia de três dias a cavalo, a deve porque ele é rendeiro desse senhor ou porque ele é seu súdito, aquele que suporta o "ban" (o comando) de um senhor depositário de autoridade pública? Naturalmente, se a corveia consiste em reparar a paliçada do castelo, ela é de natureza pública, "banal"; mas se for o transporte de barris, ela será em nome do bem comum ou para o benefício privado de um senhor fundiário? Os documentos evitam especificar, e os homens da aldeia dificilmente sabem por si mesmos por que e a quem eles pagam, em dinheiro ou em suor. Um senhor repercute sobre os aldeões a "ajuda" em dinheiro que ele deve, como vassalo, a seu próprio senhor. Mas essa taxa é feudal: devemos considerá-la privada, como uma exigência injustificada de um proprietário, ou pública, porque o feudo se inscreve em uma estrutura pública? Poder-se-ia multiplicar os exemplos: as multas, a instalação de fronteiras, o policiamento para as madeiras e campos, bem como outros "direitos senhoriais", evidenciam uma categorização incerta.

44

Quando, em 1789, os qualificarem de "diretos feudais", a confusão será completa. É necessário, portanto, resolver esse emaranhado e introduzir alguma precisão, a qual dificilmente se via nesses tempos.

2.3.1 A "renda" senhorial

Emprestado do vocabulário marxista, a expressão "renda" tem apenas – para justificar seu emprego – sua origem latina: *redditus* é, com efeito, a renda seja qual for, sem consideração de aparelho jurídico particular. Usá-la para designar tudo o que chega às mãos do senhor, é cair em erro. Naturalmente, se o objeto da pesquisa se constitui em desembaraçar o montante global do que recebe o senhor, será preciso, para estimar o volume de sua função – portanto, a parte de excedente de produtos que ele exige do trabalho camponês – ter em conta o que ele impunha especialmente a título de seu *ban*: a talha[9] identificadora de sua proteção, as multas de sua justiça de sangue, as taxas de comércio e de passagem, a arrecadação do moinho e do forno, máquinas ditas "banais"[10], ou seja, públicas, as requisições da hoste ou as arrecadações compensatórias. Calculou-se que, diante das exigências fundiárias, a parte dessas arrecadações era consideravelmente majoritária e que sua implementação, no contexto consumado após o ano 1000, passa por uma articulação essencial na história social medieval. Contudo, não é essa parte da renda que importa aqui. Certamente, ela forma a base da dominação, o que se chama de "terrorismo" senhorial, mas ela não deve nada à natureza do trabalho camponês. Este comporta elementos estritamente econômicos, sem relação com o estatuto do senhor, seja somente privado ou consideravelmente público. Ao contrário, este senhor pode ser a Igreja; portanto, mesmo sem exigir as taxas banais, não exigirá menos aluguel e serviços. É nestes últimos que reside a questão.

Sem pretender esboçar um quadro de evolução do sistema de valorização do solo durante um período tão longo de tempo, é preciso, para ser bem-compreendido, jogar alguma luz sobre esse setor da história econômica. Cultura da terra, cuidados com o gado, trabalho na madeira, podem perfeitamente ser o caso de um grupo familiar, mesmo de um casal ou de um indivíduo isolado, trabalhando livremente e para suas próprias necessidades. Esse tipo de camponês, ademais, também esse tipo de artesão, somente obrigado às exigências

---

9. Imposto típico que é devido ao senhor.

10. O que é próprio do *ban*.

de origem pública, não está aqui referido. Nós os encontramos no âmbito do trabalho "gratuito"; nós os encontraremos mais além, entre os trabalhadores livres, os "alodiais", termo genérico. É a massa crescente de homens que trabalham a terra de outro que interessa para o momento. Eles fazem parte do que, na falta de um termo melhor, chamamos um "domínio". Mas, desta vez, a palavra excede o grupo dos *ministeriales* da *domus*; engloba toda a terra que não é trabalhada pelos escravos ou pelos "domésticos". O desenvolvimento de um setor de parcelas atribuídas aos camponeses, sejam livres ou não, pode remontar ao fim da Antiguidade, no momento no qual se inicia, de um lado, o *chasement*[11] dos escravos e, de outro, a preocupação em estabelecer, em segurança, os "colonos" sobre o solo. Pode ser que o estabelecimento de um sistema bipartido – com uma parte, em "reserva", deixada à mão de obra "doméstica", e a outra loteada em parcelas para o campesinato mediante certas obrigações – date apenas do século VII ou VIII. O essencial continua, todavia, a natureza do trabalho fornecido.

Na maioria dos casos, o camponês é instalado com os seus, mulher e crianças, sobre um pedaço de terra chamado manso, *hufe, hobe, hide* ou *colonia* nas regiões meridionais. Como para tempos mais recuados, em geral antes do ano 1000, só conhecemos essa estrutura através de documentos raríssimos, inverificáveis, quase inteiramente eclesiásticos (e que chamamos *brevia* ou *polyptica*). Há aqui uma interminável mina de controvérsias: Origem privada ou fiscal? Em um bloco ou em parcelas separadas? De tamanhos correspondentes às aptidões do solo ou à época de formação? (De 3 a 20ha.) De estatuto jurídico fixo ou variando de acordo com o do rendeiro? Exemplares ou excepcionais? Situação em decomposição ou em formação inacabada – portanto, em qual estado de evolução? Esses pedaços de terra estão, a princípio, em condições de fornecer ao ocupante o que ele precisa para viver, fruto de seu esforço pessoal, além de um complemento destinado ao senhor a título de compensação pelo bem loteado.

É essa compensação que interessa aqui: argumenta-se, frequentemente, que esse excedente de trabalho exigido do camponês, para atender às taxas públicas de seu próprio senhor ou de um outro que dispusesse do direito de *ban*,

---

11. O autor se utiliza do termo para designar o processo no qual escravos deixam de ser estabelecidos no ambiente doméstico do senhor para ganharem, como *casati*, uma parcela de terra da qual possuem o usufruto em troca de certas obrigações. O termo também pode ser usado em referência ao estabelecimento do vassalo em um domínio.

paralisava o esforço produtivo visto que suas cargas de trabalho, conjugadas e excessivas, poderiam manter o homem na miséria ou no subdesenvolvimento. Argumentamos, ao contrário, que essas obrigações estimulavam o zelo produtor e exerciam um papel de incitação na busca do lucro fundiário. Entretanto, não temos a sensação de que o peso dessas prestações tenha excedido as taxas normais da cultura. No conjunto, é o costume quem fixa o volume e a natureza das exigências do senhor. Ora, o costume é em princípio estável porque ele é a garantia da paz social. No fim do século XVIII, essas rendas, se fossem pagas em dinheiro, decaíam tanto que os trabalhadores esqueciam que eram rendeiros e, de boa-fé, reclamavam a propriedade de seus lotes. Antes mesmo dessa época, tentar reajustar o montante das rendas leva a protestos indignados: os "crescimentos"[12] ou "aumentos" no censo foram, nos séculos XIV e XV, uma fonte de perpétuas discórdias sociais. Contudo, o estabelecimento de um contrato é muito frequente no sul da Europa onde o uso da escrita é muito constante: como no aspecto, seja do "arrendamento enfitêutico" de duração de noventa e nove anos – ou "a três vias" –, seja de uma *convenientia*, de uma acomodação – lavrada em pergaminho, um *libellum*, *livelo* em italiano – frequentemente de trinta anos. Particularidades próprias dos novos solos sob condição (*aprisio* em languedociano, *escalio* em catalão) podem mesmo incluir nos termos um acesso à propriedade.

Seja qual for o quadro no qual se insere o trabalhador, o que se espera dele é quase sempre da mesma natureza. Ele deve uma renda e serviços ao senhor da *curtis*, da *corte*, da qual ele depende. Uma renda, em primeiro lugar: pode ser o que se chamaria aos poucos de um *censo*, palavra aliás ambígua, próxima de uma acepção costumeira de pagamento em dinheiro. Naturalmente, além da extraordinária variedade de montantes segundo os tempos e os lugares, é preciso ter em conta o volume do numerário disponível e seu poder liberador num momento qualquer: seis denários no século XI permitiam a compra de um porco; dois séculos depois, será preciso quatro vezes mais. Talvez seja esta a razão pela qual, com a falta de numerário até 1100 e, depois, a fim de evitar os efeitos da desvalorização seguinte, o princípio de um pagamento metade

---

12. No original *croîts*. Refere-se ao aumento do rebanho com o nascimento de novos filhotes. Cf. *TLFi: Trésor de la Langue Française informatisé* – Dictionnaire du Moyen Français (1330-1500). Atilf-CNRS/Université de Lorraine [Disponível em http://www.atilf.fr/dmf]. Contudo, o autor parece querer usar o termo no sentido do recrudescimento deste tipo de renda, o que explica o uso do termo entre aspas.

em dinheiro e metade *in natura* – ou mesmo inteiramente *in natura* (o *terrage*[13]) – resistirá por muito tempo. É também a razão pela qual os senhores eram voluntariamente parceiros de uma renda proporcional às colheitas, de uma parte dos frutos, o *"champart"*, segundo a expressão empregada no norte da França, ou o *"agrière"*[14], no sul. Esse procedimento lhes assegurava receitas de volume variável, certamente, mas renegociáveis para além do consumo familiar, e não sujeitos a um decréscimo de valor como o censo. De seu lado, o agricultor encontrava-se a salvo de uma exação que uma má colheita tornaria insuportável. A jugada, desse modo, conheceu um grande sucesso a partir do fim do século XII. Até a décima parte ou mais, ela podia alcançar a metade do que era produzido; trata-se, então, do *arrendamento a meias* (*ad medietatem*), a *mezzadria* italiana. Como se trata de uma penosa exigência, o contrato comportava frequentemente um empréstimo de sementes ou ferramentas – garantia de um bom começo para quem toma emprestado, penhor para quem empresta.

Dir-se-á – e com razão – que pagar não é trabalhar, mesmo se, aqui, pagar signifique trabalhar mais do que o necessário. Por outro lado, os serviços manuais acompanham o rendeiro: eles conduzem a um esforço particular. São as *corrogata opera*, os "trabalhos exigidos ao mesmo tempo", ou ainda os *coopera*, os "trabalhados realizados em conjunto", as "corveias", e apenas falarei aqui daquelas que exige o senhor do domínio. O princípio se justifica, sobretudo na medida do recuo da escravidão doméstica: mesmo que se reserve de preferência a parte do domínio que demanda pouco da mão de obra – madeira e arbustos, pântanos e pastos – o senhor necessita que se cultive ou colha em suas terras, que se corte e vindime suas vinhas. Será o trabalho dos homens dos mansos. E poder-se-á exigir deles as vigílias noturnas, os carretos de barris etc. A certas parcelas serão atribuídas até mesmo uma parte determinada do domínio para que se produza excedentes em seu lote, mas sem ter direito ao produto – as chamamos *ansange* ou *riga*, mas elas são raras. Geralmente, trata-se de fazer os homens trabalharem de um a três dias por semana no século IX, depois, diminuindo gradualmente, oito dias ao ano no século XI em

---

13. Termo empregado para definir a taxa anual, devida ao senhor, sobre os produtos da terra, especificamente o trigo e os legumes.

14. Embora o autor use os termos *champart* e *agrière* entre aspas, em ambos os casos, ele se refere ao tributo feudal sobre as colheitas conhecido em português como jugada. O uso desses dois substantivos teve como propósito marcar a nomenclatura da região norte e sul, mas se trata do mesmo tributo.

simples momentos de urgência. As mulheres costuram as roupas, fabricam a cerveja ou cuidam do gado. Evidentemente, o sistema de corveias conheceu a mesma sorte que o sistema escravagista. Não se trata aqui da falta de mão de obra para o senhor (a abadia de Saint-Germain-des-Prés podia dispor de 175.000 jornadas de trabalho por corveia no século XI), mas os camponeses recusavam-se a perder tempo com a lavoura e a colheita, quando seu próprio bem exigia seus cuidados. Eles enviavam para a corveia uma criança, um ancião ou um enfermo que, ademais, sabotava o trabalho. Além disso, era preciso alimentar, durante essas jornadas, essa mão de obra ineficaz. A partir do século XI, ou o início do XII, vários senhores ofereceram a isenção desses serviços. Mais preocupados com o tempo do que com o dinheiro, os camponeses aceitaram bastante rápido essa substituição. No fim do século XIII, os dias de trabalho gratuito só continuavam existindo para certos trabalhos nos quais se sobressaíam as mulheres, como a costura ou a ceifa, ou para certos camponeses muito miseráveis para pagar a taxa de substituição, e cujo zelo podia, aliás, levantar dúvidas. Com o dinheiro recolhido, o senhor pagava os salários por jornada – como vimos mais acima.

A redução do censo, a fragmentação da corveia, as taxas da fiscalização dominial surgiram a muitos senhores de rentabilidade duvidosa, particularmente aos senhores da Igreja que não possuíam muitos meios para obrigar seus camponeses desobedientes. Infelizmente, o retorno a uma exploração direta exigia uma mão de obra assalariada, que não se podia pagar sempre, ou um pessoal doméstico abundante e dedicado. A partir dos anos de 1230-1260, muitos senhores de terra nisto se aventuraram, mas sem sucesso visível. Voltaram-se, então, para uma forma de contrato de trabalho que julgavam mais clara, sob condição de abandonar seu direito de controlar a gestão de seu domínio: adotar o arrendamento. Em troca de um pagamento fixo regulado sob determinadas condições e geralmente fixado por um contrato escrito, o senhor deixa ao camponês o cuidado de fazer produzir uma parte do bem fundiário – e isto em um prazo medido pelos ciclos agrários, múltiplos de dois, três ou quatro anos, em seguida cada vez mais renováveis ou vitalícios. A possibilidade, pelo menos na teoria, de reajustar o montante da renda a cada renovação do contrato assegurava ao senhor receitas suficientes sem esforço nem desembolsos penosos. E o arrendador, senhor indireto dos bens, podia almejar o aumento de seus ganhos além do consentido no contrato. Mas, desse modo, ele se encontrava nos limites do sistema senhorial.

2.3.2 *Do colono ao* coq du village[15]

Não importa abordar a evolução do sistema de manutenção do solo, não se pode deixar de analisar a formação ou o destino das classes camponesas. Todavia, o colono da alta Idade Média, que tenta escapar da escravidão, não é o grande rendeiro do século XIV que tenta comprar um título nobiliárquico. Entre os dois, não é apenas a evolução geral do mundo camponês que faz a diferença; esta é muito evidente. Também não é a tipologia de seu trabalho: o censo (diz-se, então, o *canon*) do primeiro não difere fundamentalmente do arrendamento do segundo. São os parâmetros jurídicos, técnicos, geográficos que marcam os limites dos subgrupos.

Animal humano, o escravo não possui direito nem dever. Seu trabalho possui ou não possui valor; a rigor, sua sorte poderá depender da apreciação que seu senhor faz de seu esforço. Ele está submetido ao bem-querer ou ao interesse pessoal daquele que o possui – e que usá-lo-á ou dispensá-lo-á como uma coisa. Mesmo um pouco atenuada durante os primeiros séculos medievais, sua sorte está fora do costume, fora do direito. No lado oposto, no topo da pirâmide social, o aristocrata, senhor da força bruta, do direito de perseguir, de condenar, de comandar, possuidor dos bens materiais e de uma certa base política, efetua sem constrangimento – às vezes, sem medida – seu trabalho de combatente. Ele só é detido pelo seu senso de honra "nobre" e por uma certa dedicação a quem gerencia a coisa pública – o rei, por exemplo. Entre esses dois polos há um lugar para os estados de direito mais matizados. E o primeiro é a liberdade.

A noção de liberdade individual preocupou juristas e pensadores desde a Antiguidade. Eles se esforçaram em definir suas características ante a cidade ou ante os deuses e concluíram, no conjunto, que a liberdade – aquela de tudo satisfazer ao interesse pessoal – não podia existir, desde que o homem vivesse em grupo. Assim, a propriedade de uma casa não pode autorizar que a incendeie sem o risco de prejudicar a outrem; a de uma ferramenta é limitada pelo seu uso bom e proveitoso; a de um trabalho é função com um objetivo definido, mesmo que fosse apenas obter alimentos. A questão que atravessa a

---

15. Apesar deste termo poder ser traduzido coloquialmente por "manda-chuva", "cacique" ou, pior, "galã da aldeia", optou-se em manter a expressão francesa original, pois qualquer equivalente em português seria anacrônico e, portanto, impróprio para designar uma categoria social medieval. Da forma que o termo foi empregado no original, o autor quer designar uma espécie de pequeno chefe local, alguém que impõe um certo poder em sua comunidade.

época medieval e – por que não? – a nossa também, é, portanto, saber se um homem desprovido não *da* liberdade, mas *de certas* liberdades pode fornecer um trabalho de qualidade comparável ao de um homem livre. Se se tratasse de escravos, a resposta seria evidentemente negativa. Mas os séculos medievais, notadamente do século X ao XII, viram desenvolver-se, e particularmente no mundo rural do senhorio, o grupo social dos servos (*servi, homines de corpore, de capite* etc.).

As condições de formação dessa categoria humana, suas nuanças geográficas e cronológicas opuseram, durante muito tempo, os grandes senhores – num tipo de generalização a toda Europa (de Marx a Marc Bloch) – àqueles que apenas possuíam possessões de extensão modesta. Pela minha proposta, essas questões de origem ou de extensão são secundárias. É mais importante sublinhar em que consistiam as limitações impostas ao trabalho servil. Se um "homem de corpo" que paga um *chevage*[16] – somente alguns denários, característico de sua dependência – não pode se casar com sua pretendente ou tornar-se padre, isto não interessa e nem influencia seu trabalho. Se ele não pode se mudar de acordo com sua conveniência, isto já pode dificultar essa mobilidade que permitiu a valorização de novas terras. Por outro lado, se ele não contribui com os encargos militares, era possível desobrigá-lo. Mas são evidentemente os obstáculos colocados à livre-transferência de sua herança que puderam limitar seu empenho: Trabalhar bem para quê, se nada restará depois de você? Portanto, é especificamente na flexibilização do direito sucessório que se empenha o senhor zeloso em fazer o máximo possível para seu servo: alívio da parte da herança, a "mão morta", consentida ao senhor; concentração da exação sobre as sucessões exclusivamente colaterais. O movimento iniciou no século XI e se generalizou no XIII ao mesmo tempo que as alforrias, individuais ou coletivas – porém, evidentemente, pagas. Portanto, finalmente, aqui se encontra uma resposta. O servo trabalha a terra como um homem livre, paga, como este, sua renda em remessas ou em corveias. Pode ser que sua terra seja um pouco mais penosamente atingida do que as outras, porém, como o homem livre, ele pode chegar a reunir um lucro que não se lhe retira e o qual ele usa para se libertar. Numa aldeia, casos de servos mais ricos que seus vizinhos livres são constantes. Conjecturou-se que, no século IX, certas parcelas destinadas aos

---

16. Apesar de *chevage* poder ser traduzido por escavação, o autor refere-se a uma taxa devida pelos servos ao senhor. Por isso, usou aspas no original, ou seja, não se referia ao termo da forma como foi dicionarizado em francês.

servos implicavam prestações mais pesadas, mas, desde o século X, os "mansos servis" são ocupados por homens indiscutivelmente livres; esse nivelamento pela terra não era, pois, muito calculado. A partir do século XIV, notou-se um acirramento das servidões devido à ruína de certos camponeses incapazes de pagar as somas de resgate das corveias ou da talha – e, por isso, passaram a ser considerados como não livres. Contudo, no fim da Idade Média, somente algumas regiões mantêm grupos consideráveis de trabalhadores servis – por exemplo, na França: Poitou, Berry, Champagne e Languedoc.

Entre os caminhos que pode tomar a servidão, a procedência geográfica dos homens certamente foi um dos mais percorridos. O mundo medieval é extremamente móvel. Não é o lugar aqui de fornecer provas disto, mas em uma região qualquer, mesmo entre as mais isoladas, as variações de nomes e sobrenomes de uma época à outra são gritantes. Os homens se deslocam, mas – devido a uma contradição que demandaria um estudo –, a noção de vizinhança, de apoio mútuo, familiar ou não, não é menos importante. Quem não pode valer-se disto – mesmo que seja proveniente de algumas léguas, somente – é um estrangeiro, um homem de alhures, um *aubain*[17] (*alibi-anus*), um homem de fora, um "foras-teiro" que deve ser tratado com desconfiança, senão com hostilidade. Como o homem não livre, o estrangeiro, na cidade como na aldeia, não é admitido como residente, como "vizinho", senão após um período probatório que pode durar vários anos e ainda ser excluído da vida dos órgãos jurídicos da comunidade, no caso da confraria ou dos ofícios. No âmbito do trabalho, sua situação é, portanto, sempre precária, seja se lhe pagam ou se lhe concedem uma terra. Sua herança pode mesmo ser confiscada em bloco se ele vier a morrer nesse estado deprimente. É de fato a *aubaine*[18] que as comunidades praticam.

Não se pode, aliás, colocar todos esses homens em um mesmo conjunto, e suas condições de trabalho são extremamente diferentes. Uns se organizam na categoria dos "hóspedes", *hospites*, vindos por si sós, ou às vezes chamados para valorizar uma terra nova. Como se fazem necessários em certas regiões novas e de povoamento escasso, os senhores os acolhem como homens livres, às vezes atenuam suas taxas, o que não deixa de criar ciúme, ou

---

17. Termo francês raramente utilizado para se referir ao estrangeiro, o forasteiro. Preferiu-se aqui manter o termo no original em francês para que fizesse sentido a posterior referência ao termo latino.

18. Tratava-se do direito que tinha o soberano de ficar com os bens de um forasteiro falecido nas suas terras.

mesmo hostilidade, entre os camponeses de origem local. Aliás, distribui-se seus lotes e os deixam edificar suas cabanas "além da cruz", quer dizer, fora do território jurídico da aldeia. E quando sua utilidade diminuir, por exemplo após se aquietarem as ondas de desbravamentos dos séculos XII e XIII, os que não conseguirem obter o acesso à comunidade serão excluídos dos direitos de uso, dos bens comunais, e serão mais duramente taxados do que os outros.

Não se pode confundi-los com os trabalhadores itinerantes que apenas passam e pertencem ao grupo dos assalariados de ocasião, dos quais falei mais acima. Mas é frequente que a situação econômica dessas pessoas seja superior àquela de um jornaleiro no campo ou de um doméstico da casa. Certamente, pela natureza excepcional de sua arte, não são apenas pagos de passagem, mas às vezes são desincumbidos de toda taxação e, se chegam a residir momenta-neamente, alojados e alimentados. Mineiros alemães do século XV, pedreiros italianos do século XIV, jograis e saltimbancos de todas as épocas, estão equi-parados nos diferentes tipos de remuneração que trato aqui. E, naturalmente, esses grupos étnicos, organizados segundo princípios jurídicos ou mentais di-ferentes, tinham formas particulares de trabalho – isto é particularmente ver-dadeiro nas comunidades judaicas, das quais ainda falarei.

O estatuto, a procedência... as ferramentas também. E esta observação é tão evidente, que ela dificilmente mereceria mais do que apenas uma menção, se não houvesse aqui um princípio cada vez mais tenso da estrutura social: o esquema intelectual das três "ordens" só conhece um grupo uniforme de tra-balhadores manuais, os *laboratores*. No século XI, quando essa visão do mundo se afirma, apenas se vê nesse terceiro estado as pessoas que manejam a ferra-menta, qualquer que seja; assim parece ser. Não se ignora que uns possuem mais ferramentas ou gado do que outros, mas esses detalhes não importam na classificação social. É, naturalmente, no momento dos progressos técnicos que uma ruptura se produz, após 1100 ou 1150. Alguns trabalhos só são acessí-veis ao homem munido de instrumentos precisos: uma charrua para arar ou um tear para tecer. Esses homens não apenas enriquecem mais rápido do que outros, mas eles gozam de uma liberdade de trabalho superior; por exemplo, era-lhes mais fácil livrarem-se das corveias por uma taxa de compensação, por-tanto, ganhando tempo, produzindo mais e enriquecendo com a venda de ex-cedentes crescentes. É então que a palavra *laborator* toma, por excelência, seu sentido de lavrador, quer dizer, de agricultor dispondo de um, ou mesmo de vários, arados. Os outros possuem apenas suas mãos ou seus braços para seu trabalho de subsistência e também para o excedente que exige o senhor: são os "manuais" ou "braçais". Mas é preciso não confundi-los com os trabalhadores de ocasião ou os pobres miseráveis. De fato, eles possuem lotes, se bem que frequentemente exíguos; são os vizinhos, os *villani*, "vilãos" como os outros, mas eles vivem penosamente e suportam ao máximo as exigências do senhor.

Ao contrário, os lavradores se elevam aos poucos à categoria de uma aristocracia camponesa. Eles trabalham firmemente bons pedaços de terra, adquirem bens em herança vacante e, após as desordens do século XV, suscitam consideráveis "censos" em âmbito regional. Eles dominam rapidamente a comunidade camponesa, a confraria e seus "lugares ao sol", a confraria paroquial, ou seja, nas contas do padre; eles alugam, por necessidade e a alto preço, os equipamentos aos trabalhadores manuais vizinhos; eles falam alto ante os agentes do senhor; diante deste, também são os porta-vozes da aldeia. Eles são os *coqs*, como se diz do século XVI em diante. Mas se notará que se existe aqui traços evidentes de ruptura no mundo camponês, minha proposta, que é tipológica, continua inalterada: o *coq du village*, auxiliado ou não pelo seu equipamento e seus homens, executa o mesmo tipo de trabalho que o pobre trabalhador braçal.

Se o campo foi o quadro preferencial onde se inscreve o trabalho de tipo senhorial, é porque essa organização de força foi mais largamente difundida aí do que na cidade. Não que seja impossível, nessa última, encontrar arrendatários ou estrangeiros que oferecem traços próximos, às vezes diferentes, mas até o fim da Idade Média, o mundo camponês reúne três quartos da população – e frequentemente mais dispersado. O senhor que prescreve a corveia, o lavrador que quita sua renda, o hóspede nas fronteiras, são tipos sociais "clássicos" da era medieval, como o servo ou o doméstico. Eles não são, contudo, os únicos – e desta vez será mais para a cidade que se dirigirá o olhar.

2.4 O trabalho capitalista

"Mais para a cidade", primeiramente porque as condições do desenvolvimento econômico aí são mais sólidas, por exemplo, as possibilidades de extensão de uma "ocupação" ou a proximidade de uma clientela afortunada. Em segundo lugar, porque a moeda aí circula mais abundantemente e mais regularmente do que em outros lugares. E, de fato, é a moeda que estabelece aqui uma ligação estreita entre o trabalhador e os outros. Não é, todavia, uma ligação de dependência, como o faria um salário ou mesmo uma renda paga unicamente em espécie, mas a razão de ser do trabalho, a massa de moeda ou de ouro sem a qual não haveria base para o esforço. Dir-se-ia que existe algo de arbitrário em colocar no mesmo plano o mercador que faz frutificar seu "capital", o mestre da oficina que utiliza o seu para comprar tecido e pagar seus tecelões e o camponês senhor de suas próprias terras e que não deve nada a ninguém a não ser ao Estado. Mas todos os três, olhando-os mais de perto, encontram-se numa mesma situação de princípio, um mesmo contexto de trabalho: eles apenas possuem esse bem ou essa propriedade porque eles – ou seus ancestrais – o compraram; eles não o devem nem a um senhor que lhes constrange a seu serviço, nem a um proprietário que lhes concedeu um manso. Essa situação é específica, pois, fora dela, o aristocrata está ligado pelas redes familiares ou vassálicas, o clero pelas obrigações de sua hierarquia, e operários e censitários – mesmo que sejam juridicamente homens livres – são mantidos pelo seu salário e sua renda.

O primeiro traço do grupo do qual trato é, portanto, a liberdade de agir. Sem nenhuma barreira colocando-se diante dessa escalada ao progresso, os efeitos disto são ambíguos. De um lado, a promoção material em um mundo ainda mal-equipado só se conquista a esse preço; mas, por outro lado, a contrapartida do esforço é o risco e não, como para os outros, a proteção do costume. Retira-se rapidamente uma outra faceta dessa atividade. Sendo essencialmente pessoal o esforço, terá apenas um objetivo: o lucro do trabalhador para si próprio. Naturalmente, a atividade do camponês livre, do mercador, do mestre de oficina, abre-se ao exterior: no mercado, na feira, na loja, existem compradores para os produtos de sua arte; mas o objetivo absolutamente não é servir ou compensar uma benfeitoria, mas somente retirar um benefício permitindo reinvestimentos e novos lucros. O costume, as prescrições municipais, as obrigações espirituais possuem seu lugar, sem dúvida; porém, em absoluto, seja trabalhando sozinho ou auxiliado pelos outros membros de sua família, o homem encontra-se diante de seu capital inicial – é dele, para fazê-lo trabalhar.

Esta última observação justifica a expressão de trabalho capitalista associada ao conjunto deste grupo, o que exige colocar alguns problemas de termos. Em primeiro lugar, o que é necessário compreender por "capitalismo" nas estruturas socioeconômicas da Idade Média. As definições dadas pelos teóricos dos séculos XIX e XX sobre esse "sistema" de gestão de recursos humanos e materiais não são perfeitamente convenientes. Certamente, o próprio princípio da constituição de um capital, monetário ou imobiliário, como base de desenvolvimento de uma atividade lucrativa, é bastante evidente para que possa dar seu nome ao "sistema". A busca de lucro retirado seja da venda a baixos custos, seja do crédito, é igualmente perceptível e seu reinvestimento quase automático. Por outro lado, a passagem para a desapropriação do trabalhador dos seus instrumentos de produção e sua alienação, às vezes à força, aos interesses de quem o emprega, são apenas desigualmente afetados. Talvez seja o caso na cidade, em certas estruturas de produção muito solidamente mantidas por um grupo familiar, ou às vezes um indivíduo isolado, como no banco ou na indústria têxtil. Mas, no campo, o senhor fundiário ou o agricultor enriquecido não se encontram nessa posição dominante. Talvez encontremos aí um dos elementos de oposição entre as perturbações rurais e as perturbações urbanas dos fins da Idade Média: estes últimos possuem uma dimensão de "luta de classes" muito mais marcante que os outros. Em todo caso, a preocupação de rentabilidade a qualquer preço, acompanhada de um estreito controle dos custos, dos salários ou da mão de obra é um bom sinal da atividade "capitalista".

Eu utilizei por várias vezes a palavra "propriedade" para evocar, por exemplo, a propriedade da ferramenta de produção ou a do capital de base. Este termo exige uma explicação. Como a liberdade, a propriedade plena não existe. O Direito Romano a qualifica de "quiritária", citadina (do nome dos Sabinos de Cures, uma das estirpes da população romana). Mas esta é uma via teórica: o interesse do grupo humano vivendo em sociedade – aquela do Estado, do "bem comum", e mesmo o costume ou o bom-senso pesando sobre a total posse individual. Após a reintrodução do Direito Romano, do tipo justiniano, depois de 1000 ou 1050, quando se falava de *jus proprium*, era para opô-lo ao *jus publicum* cujos responsáveis eram as autoridades administrativas. Melhor ainda: após 1100 ou 1150 – e sobretudo na Europa Meridional – distingue-se claramente o direito "eminente", de um senhor ou de uma cidade, por exemplo, do direito de "uso", *jus utendi* que está ao alcance de quem age no local; e este último pode a seu turno exercer seu direito sobre um bem que depende dele, *jus in re aliena*. Mais ao norte, o costume também distingue, no mesmo momento, a *consuetudo*, ou seja, o que se faz na prática, do *usus*, que é o direito teórico de agir sobre os homens ou as coisas.

Trazidos ao nível do trabalhador livre, esses elementos jurídicos implicam uma dimensão coletiva que frequentemente acompanha o trabalho realizado. Não retornarei à natureza de um trabalho familiar, visto mais acima. O que importa aqui é que o camponês, o artesão, o mercador, são auxiliados pelos seus parentes que lhes estão associados, para o trabalho, para o lucro ou para a perda. Na "companhia" mercantil (nome revelador), os aliados, de sangue ou de nome, compartilham seus capitais; o chefe de oficina tem seus aprendizes sob seus olhos; o camponês possui um "alódio", ou seja, um bem que é da propriedade de todos.

2.4.1 O proprietário alodial e o artesão

Começamos precisamente pelos dois últimos conjuntos. Eles têm em comum uma base material, terra ou loja. Eles a adquiriram "no tempo do qual não se recorda", o que significa, geralmente, os primeiros séculos medievais, as épocas das quais não se guardou testemunhos escritos. E esta imprecisão desencadeou, naturalmente, grandes controvérsias. Trata-se de uma apropriação de partes fiscais que saíram, por exemplo, da autoridade dos antigos grandes proprietários, ao tempo da reorganização do fisco romano? Ou seriam terras e oficinas de natureza familiar, comunitária, e apropriadas por alguns, na obscuridade dos séculos VI-VIII? Ou ainda de cessões voluntárias, mas, no princípio provisórias, por parte do príncipe que, gradativamente, se transformaram em propriedade pessoal, como os bens que asseguravam o pagamento de uma função, de uma "honra" – e dos quais se esqueceu (ou fingiu-se esquecer) a ligação com o fisco, após 880 ou 900? Ou, enfim, terras novas ou novos quarteirões onde pioneiros se instalaram? Eu não entrarei nessas vias que, aliás, não se excluem umas às outras: todas evocam a ideia de uma "propriedade" que possui somente uma dependência de natureza pública, obrigações militares, financeiras ou jurídicas. Todavia, a situação não é idêntica no campo e na cidade.

Nos campos, o explorador tem direito ao nome de "proprietário alodial", termo dificilmente utilizado na cidade. A palavra "alódio" é em si mesma rica de conteúdo, portanto, de interpretações diversas: ou bem significa terra com *toda* posse (*all-od*, expressão germânica), ou bem significa terra de *todos* (*oth-al*, provavelmente de origem idêntica, ou escandinava). No segundo caso, vê-se bem o aspecto familiar, coletivo do bem. Ainda aqui, a proporção dos bens alodiais segundo os lugares e os tempos é fonte de intensas querelas: Eles são quase majoritários, ao menos até o ano 1000? Sua proporção tende a se amenizar gradativamente e os alódios fundirem-se à massa de terras do censo? Estas questões são de extrema importância para o estudo das estruturas sociais no senhorio. Para a história do trabalho, elas são secundárias, pois, na prática cotidiana, o proprietário alodial está equipado como o censitário ou o arrendador, arrendamento e aluguel postos à parte. Contudo, notar-se-á que ele não está completamente protegido da pressão de um senhor dos arredores dedicado a estender sua jurisdição e seus proveitos sobre o conjunto de uma aldeia. Ele está, além disso, exposto às flutuações dos preços dos víveres, pois seu lucro provém apenas da venda, no mercado, do que ele produziu. É essa situação aleatória, aliada às perseguições dos senhores, que desempenhou o papel primordial no recuo do alódio, a menos que os mais abastados dos pro-prietários alodiais não fossem capazes de "recuperar" seu bem, seja como um censo vantajoso e protetor, seja até mesmo como feudo.

O artesão é senhor de suas ferramentas, de seu lugar, de seu pessoal. Pode ocorrer que ele tenha que pagar uma renda ou, no campo, que ele seja igual-mente explorador fundiário, mas esses detalhes não mudam muito o esquema do trabalho que ele realiza; no máximo, ele deveria, para cumprir as taxas que decorrem desse estado, fornecer uma força extra de produção. Notar-se-á que o artesão camponês sempre foi, na aldeia, um pouco marginal; não pelo seu lugar econômico ou seu peso psicológico: ferreiro ou açougueiro – e num degrau inferior, telhador ou pedreiro – são, ao contrário, aldeões de primeiro plano. Mas eles não são muito numerosos: de 10 a 15% do total de aldeões. Ao contrário, o artesanato urbano engloba quase todas as formas de atividade da economia da cidade – e reúne mestres e companheiros, uma grande maioria da população que reside de um lado a outro das muralhas.

O trabalho do artesão urbano – sendo ou não o chefe de uma oficina – co-nhece mais obrigações do que aquelas de seu homólogo rural. Primeiramente, ele nunca é – ou quase nunca – o único a praticar sua arte na cidade que o abriga. Portanto, ele faz parte de um "ofício", ou seja, de uma comunidade de confrades que possui suas regras, seu pessoal de fiscalização, suas tradições de vida coletiva – falarei disto mais adiante. Assim, ele não pode livrar-se de uma concorrência que, aliás, reprova a moral medieval, nem na forma do pro-duto – que seria rapidamente denunciado se ele tentasse falsificar – nem nos preços oferecidos – assimilados à especulação e mesmo à total desonestidade, se os achasse anormais. Por outro lado, homem da cidade, ele deve se submeter às regras municipais cujo objetivo, mesmo se não há concessão de uma carta de liberdade, é a paz, portanto, seu controle que é exercido sobre a contrata-ção, os horários ou a venda. O "preço justo", ou seja, adequado ao estado do mercado, a relação tradicional e sempre moderada entre o custo de fabricação e o preço de venda – os ganhos, em suma – é a condição da "boa mercadoria", regra de ouro da psicologia desse tempo. Os canonistas admitem que à força e ao serviço realizados corresponde um lucro, mas ele deve permanecer muito leve, *lucrum moderatum*, dizia Tomás de Aquino. Esse freio colocado na busca do ganho máximo é o que proíbe de atribuir aos tempos medievais a totalidade das características atribuídas ao sistema capitalista. De qualquer maneira, além dessa consideração de princípio, vê-se um efeito sobre o próprio trabalho. Porque este não pode, na oficina, exercer-se completamente, ele não obedece a regras de rentabilidade conforme nossos usos. Trabalha-se parte a parte, por ordem, sem armazenamento ou sem previsão econômica a longo prazo, o que evidentemente fragiliza muito a produção, e mesmo a sobrevivência da oficina. Somente, talvez, os setores comerciais ou bancários escapam desse fardo quase sociológico – esta é uma das razões que conduzem a analisá-los separadamente.

Duas observações complementares nos conduzem novamente à via comum, cidade e aldeia, mesmo que sejam mais marcantes que a primeira. É, em primeiro lugar, o peso da clientela sobre o artesão ou, aliás, o proprietário vendedor. Não interessa quem não compra o que, uma demanda proveniente de compradores abastados leva o trabalhador a orientar sua força para uma certa atividade. Se ele quer vender seu trigo ao senhor local, o camponês deve separar o grão para a mesa do senhor e a aveia para seu cavalo. Ora, as exigências químicas e o nível do rendimento desses cereais não são os do centeio ou da espelta. Era necessário escolher terras quentes e profundas, para o uso de atrelagens eficientes – charruas a cavalo, especificamente – prever melhorias, estabelecer uma rotação de culturas para repouso do solo; todas as obrigações que somente o proprietário rico seguia, mas, naturalmente, não em todos os lugares – o que associa uma discriminação geográfica à oposição social. E o quadro é idêntico na cidade: se a burguesia aí é ampla e beneficiada, com mais forte razão, se tantos senhores aí vivem – ou até um príncipe – os tecidos vendidos não podem ser lãs mais ou menos torcidas e pintadas com o azul do pastel, pois é a cor do pobre. Era preciso buscar outras tinturas, um fixador como o alúmen exótico e não a cinza de madeira local, sem contar um pessoal especializado na arte do bordado ou da passamanaria.

Esse elemento de intervenção exterior conduz a uma observação muito simples. Todas as atividades artesanais não gozam do mesmo prestígio. Mesmo no campo, o homem que domina o fogo e ferra o cavalo do senhor ou recupera sua espada é o primeiro da aldeia e sua forja é um lugar de cordialidade essencial, mais frequentada que a taverna ou o forno do ceramista – aliás, um pouco desprezado. Esse traço é ainda mais observado na cidade, a ponto de os "ofícios" aí adquirirem papéis políticos sempre diversificados segundo a pompa de sua clientela, mais ainda que a dificuldade de seu trabalho: o pano ou a seda, porque é necessário vestir ricos e pobres, a armoraria e a ferroaria, que equipam os guerreiros, mas também as mansões burguesas, os ourives e os joalheiros – mas era preciso circunstâncias de moda e de gosto para que os açougueiros se elevassem aos primeiros lugares; os adeleiros e até os padeiros nunca conquistaram tais lugares. Essa hierarquização chega – por exemplo, no século XIV na Itália – a obrigar todo habitante da cidade a se inscrever, mesmo que falsamente, em um ofício, como Dante assume ser boticário em Florença.

2.4.2 O mercador e o banqueiro

Desta vez, estamos diante dos homens do dinheiro. Na realidade, eu não compreendo por "mercador" aquele que se dedica ao mercado da aldeia ou mesmo ao mercado público na cidade, uma vez por semana, por exemplo, para vender os seus excedentes dos legumes e dos ovos, ou as sandálias de couro que acabou de costurar. Sem dúvida, eles são o oposto mesmo da ociosidade, porque praticam o "negócio" (*neg-otium*), mas são somente "comerciantes", "fornecedores" ou "varejistas". O mercador medieval é o homem de uma empresa comercial, um *manager*, como diríamos atualmente, um "homem de negócios" como dizem os historiadores. E o banqueiro, que faz o comércio de dinheiro, é um deles. O tipo de trabalho fornecido por essa categoria social é, de fato, original e justifica que o analisemos à parte. Na realidade, ele oferece a particularidade de reunir um aspecto próprio a cada uma das formas de atividade produtiva: gratuita, doméstica, senhorial e capitalista.

Em primeiro lugar, a gratuita. Trata-se, raramente, de um trabalho individual; ademais, a complexidade de domínios sobre os quais exerce a sua atividade – reunião de dinheiro, de objetos, de clientes e de técnicas minuciosas – requer suporte. Estes são procurados, em primeiro lugar, na própria família do mestre de obras. As "companhias" mercantis são, em primeiro lugar, negócios de família: irmão, filho, sobrinhos, aliados pelo sangue, fazem parte da empresa e aí aportam seu dinheiro e os seus braços. Um terá uma sucursal longe, outro administrará uma embarcação, enquanto um terceiro ocupar-se-á dos registros. Eles se formam no "balcão de trabalho", enviados, ainda jovens, ao estrangeiro para aprender a língua, sondar os príncipes, julgar o estado de um determinado mercado. Essas relações duravam muitas gerações, às vezes, um século, até que as sucessões familiares ou uma conjuntura ruim dissolvessem o grupo. Os Bardi mantiveram-se por sessenta anos, os Scali por cem, os Medici por um século e meio como mercadores. E a manifestação de "filiais" mantém a lembrança desse aspecto carnal da vida mercante.

Em seguida, a atividade doméstica; afinal, a família não pode, por si mesma, fornecer o enquadramento total da empresa. É preciso contar com tesoureiros, transportadores, marinheiros, gerentes. Todos esses indivíduos são classificados como oficiais, recebem compensação *in natura* e, frequentemente, são alojados no "palácio" do mercador ou no paço de uma sucursal longínqua. Às vezes, no mercado ou na "casa de câmbio", são responsáveis pelos interesses da companhia, o que pode levá-los à promoção ou à desgraça. Esses interesses podem não ser ameaçados apenas economicamente. É preciso proteger o chefe do grupo contra seus concorrentes, defender o seu paço, apoiá-lo em campanhas políticas, caso essa tentação o alcance. Tais como os "clientes" da Antiguidade, eles são os guardas armados, portadores de *badges and liveries*, ou seja, uniformes com emblemas da "casa". Se necessário, serão os homicidas, como os *sicarii* italianos empenhados em "despachar" qualquer cliente indelicado, verdadeira polícia privada na cidade. E, se é possível encontrar, como na Itália ainda, casos em que a aristocracia guerreira não se furta a misturar nos negócios, notamos até onde pode chegar a concorrência comercial.

Atividade senhorial também na medida em que é o mestre da companhia quem fixa as condições de trabalho aos seus contratados e que liga uns aos outros nas fases sucessivas de fabricação e de escoamento de um produto. Um mercador de tecido controla toda a cadeia, do rebanho de ovelhas à tosa, inclusive, controlando os "guardas" responsáveis pelo lacre e pelo armazenamento do tecido no mercado. É verdade que poucos setores da economia tenham alcançado, na Idade Média, esse nível de concentração evocado nos *holdings* modernos, mas a metalurgia, o armamento naval, aproximam-se – e o comércio de longa distância também exige conexões ou interdependências do mesmo vigor entre feiras ou portos situados a milhares de quilômetros uns dos outros.

Enfim, e muito naturalmente, a reunião da base do capital inicial, o *corpo* em italiano, é o aspecto mais visível desse tipo de trabalho. Esforçamo-nos em repartir em categorias a proveniência desse numerário de base. Segundo os espaços e os tempos, falou-se de apreensões e pilhagens de aventureiros em terras malprotegidas (Este seria o caso escandinavo?), da venda de terras medíocres e de entesouramento do seu preço (Como na Inglaterra?), do investimento nos "negócios" do produto da renda fundiária senhorial (exemplo italiano), da acumulação de pequenos benefícios de transporte de mercadorias pelos "pés poeirentos" (noroeste da Europa), ou ainda de outras fontes. A essa massa capitalizada, somaríamos o *sopra corpo*, ou seja, lucros para reinvestir e um adicional de capitalização proveniente da família ou de clientes ambiciosos. Arma-se um navio, estende-se o seu controle sobre um produtor, empresta-se dinheiro. E os lucros retirados do trabalho efetuado pela companhia serão divididos entre todos os participantes, membros do grupo, clientes portadores de *títulos*, nós diríamos de "ações", segundo os termos de um contrato previamente estabelecido entre todos, sobre o qual ainda falarei.

Não vale a pena, evidentemente, introduzir nuanças na massa desses trabalhadores, mesmo para além dos diversos estratos sobre os quais nos debruçamos, do marinheiro ao banqueiro. Contudo, algumas dessas nuanças merecem a nossa atenção. A primeira diz respeito à residência. Os novatos enviados em estágio longe da sede, ou os associados em uma cidade – depois, em outra –, os transportadores ou os marinheiros, são elementos secundários na companhia. Normalmente, o mercador e o banqueiro são sedentários na sua "loja" ou no seu "banco", sobretudo, quando atingem a idade da direção. Mas nem sempre foi assim. Até o fim do século XIII, muitos chefes de empresas se dedicavam, eles mesmos, às feiras da Champagne ou às viagens para o Levante; e sempre ficará um setor de transporte, especificamente para atender o campo, que continua aristocrático, onde se tem altos preços para aqueles que não podem buscar na cidade – casas de campo onde se aguarda, a preços baixos, os restos da venda urbana. No entanto, esse comércio de pequeno porte, no qual os judeus têm um papel significativo durante toda a Idade Média, não pode, absolutamente, concorrer com a amplitude do mercador sedentário.

Uma outra diversificação dos níveis dos mercadores provinha da competência, portanto, do grau alcançado pelas técnicas contábeis ou ferramentas. Sem nos determos nisso além do necessário, compreendemos que nem todos possuíam os manuais comerciais difundidos – por exemplo, na Itália do século XV –, que nem todos sabiam praticar a contabilidade, em parte dupla, ou conheciam as práticas de câmbio que se tornaram frequentes juntos aos mais bem-equipados no século XV, que nem todos têm teares, navios ou grandes somas que permitem desenvolver, melhorar a produção ou seu escoamento. Introduzir-se-iam oposições, sobretudo geográficas, entre as cidades mercantis em um grande raio de ação; portanto, a uma clientela exigente e diversificada e cidades mais modestas onde se mantém um comércio local ou especializado – não se confundirá o banqueiro florentino e o mercador de Saint-Flour.

Enfim, alcançamos o nível superior da "mercadoria", aquele que conduz o trabalhador à incerteza, o comércio de dinheiro. O banqueiro que tem uma oficina de depósito e de empréstimo, uma *casana*, o fiador que é solicitado por uma companhia ou um particular para garantir um perigo em terra ou em mar: são homens que correm o risco de não ter o seu investimento reembolsado. A situação é ainda mais complicada uma vez que a sua atividade é canonicamente ilícita, condenável. Eu disse, anteriormente, que o lucro em si fora admitido, há muito tempo, como uma justificativa pelo esforço ou pelo perigo, um pouco antes de meados do século XIII. Mas fazer o "dinheiro trabalhar" é algo a mais, é operar uma venda do tempo que pertence unicamente a Deus, seja no caso de um empréstimo ou de um saldo de caixa sem objeto, seja no de um seguro. O *Deuteronômio*, Aristóteles ou São Lucas são formais: o dinheiro não pode produzir lucros em qualquer nível. Ora, é exatamente o que faz o financiador, invocando o risco de perda a um mutuário insolvente ou uma catástrofe imprevista. É bem verdade que tais riscos não têm nada de imaginário; houve príncipes que não honraram suas dívidas, houve naufrágios ou pilhagens que aniquilaram um ganho já previsto. É por isso que os banqueiros e os fiadores tinham um grande zelo para se proteger do "risco do mar", de um colapso monetário, dos "ataques de diligências" como em uma guerra inesperada. As técnicas de troca a distância, de depósitos em garantia, de penhora de terras deveriam permitir um pouco de segurança. Em caso de necessidade, previa-se uma taxa alta de juros para assegurar perdas adicionais, chegando até 25%, uma taxa dita de "usura". A Igreja, tempestuosa, condena, excomunga, mas libera o perdão quando o banqueiro, *in articulo mortes*, se arrepende e renuncia suas dívidas, em alguns casos, provavelmente, com sinceridade, mas com grandes danos para os seus herdeiros.

Poderíamos sustentar que o "trabalho", assim praticado, tem alguma coisa de fictício, pois o esforço particular, especificamente físico, da parte do mercador e, mais ainda do banqueiro, é ausente. É, aliás, essa situação "não manual" que pode explicar o desprezo manifestado pelo manuseio de dinheiro aos olhos do "povo pobre" (dos camponeses e artesãos) e a desconfiança, até mesmo o ódio, por parte desses últimos por aqueles que lhe tomam os penhores; um ódio que custa frequentemente mais caro aos judeus. Mas, ao menos, mercadores e fiadores, além do risco, sofrem as oscilações da economia: é necessário que pesquisem sobre o estado do mercado – tanto o local quanto os demais – controlem os estoques, supervisionem os lucros, considerando todos os cômputos – não é um negócio fácil. Pode-se fazer melhor: embolsar os lucros sem fazer nada, receber receitas em termos predeterminados, correndo apenas o risco de uma catástrofe generalizada. E eis a última categoria de homens, os quais nomear como "trabalhadores" pareceria uma aplicação escandalosa: o arrendador, ou seja, homem que compra, de uma vez por todas, "para sempre", o direito de receber uma parte das receitas retiradas de uma terra ou de uma taxa, algo em torno de 5 ou 8% do produto líquido da terra ou da taxa. Trata-se de um excelente meio de aplicar seus capitais, a uma taxa modesta, é verdade, mas certa. Meio também de participar do crédito rural ou do crédito público, salvando provisoriamente de uma crise um camponês ou um agente senhorial, municipal e os alienando definitivamente a bolsa de um outro, não sendo possível comprar novamente a renda vendida anteriormente. Sem dúvida, era muito raro que um comprador de renda vivesse exclusivamente desse produto. Ele era também artesão, mercador, *coq de village* ou um proprietário alodial, mas estamos no último estágio da evolução: o lucro sem o trabalho – e eu havia partido do trabalho sem o lucro.

Percorri, assim, os tipos de atividades produtivas, para as quais, deve-se evitar a crença que se tratasse de uma relação impermeável entre elas. Além disso, a classificação que eu apresentei revela frequentemente sobreposições de um vocabulário incerto, mas inevitável. Observamos também que as notações cronológicas na evolução do trabalho foram breves, e aquelas da geografia mais ainda: é que não se poderia dispersar os grandes traços dos sistemas laborais. Quando chegar o momento de se debruçar não mais sobre a tipologia, mas sobre a vida cotidiana, esses elementos poderão encontrar seu lugar. Mas antes de enveredar por essa "revisão de detalhe", é necessário apresentar os quadros técnicos nos quais inseri-la.

3
Os instrumentos do trabalho

Eis dois homens que habitam a mesma aldeia. Um deles é proprietário de alódio; o outro, um censitário; mas fazem o mesmo trabalho, tiram do solo o seu sustento. Os dois dispõem dos mesmos instrumentos de trabalho e da mesma superfície para lidar. Mas um tem o que vender no mercado, já o outro, pena para se alimentar. O primeiro dispõe de uma terra generosa, ao passo que o secundo uma terra estéril. Vamos à cidade; eis aqui dois mestres tecelões, ambos inscritos no registro de homens livres da cidade, auxiliados por aprendizes e oficiais. Porém, um tem um contrato de dez rolos de tecido por mês no mercado, já o outro, um ou dois, na melhor das hipóteses. Isso porque o primeiro possuiu um tear de pedal, enquanto o outro, o seu tear de lançadeira a mão. Retornemos à aldeia, duas mulheres, lado a lado, dedicam-se a lavar roupas; elas são idosas e sofrem para fazer suas funções; eis que uma delas é ajudada, em seu esforço, por uma outra mulher mais jovem e mais forte, mas não a outra. Uma faz parte da confraria da aldeia, por isso, tem direito à utilização de socorro de outrem, já a outra só pode contar consigo mesma. Esses quadros simples têm por objetivo colocar-nos sobre um outro plano para além da tipologia. A natureza do trabalho a fornecer não se repousa apenas sobre a relação entre empregador e empregado, entre o senhor e o servo. Outros parâmetros transformam essa visão simples: o quadro, o instrumento e o ordenamento jurídico. Por ora, paremos por aqui.

3.1 O contexto do trabalho

No momento de colocar todos esses trabalhadores no centro do seu meio ambiente, duas precauções são necessárias. Os modestos exemplos precedentes dão ênfase aos elementos materiais ou, ao contrário, abstratos que estão no seu entorno e os movem. Isto é negligenciar uma dimensão suplementar, infelizmente, pouco tangível. No referente ao estatuto, equipamento e meios de igualdade de direito, dois trabalhadores chegavam a resultados (ou forneciam esforços) diferentes, porque um é organizado e dinâmico e o outro negligente e rotineiro. Mas como abordar este dado? Ele não aparece nos textos normativos, ele é de natureza moral na literatura comunal, ele está oculto nas peças contábeis pelas contingências materiais – e um investigador atento, do mesmo modo que um preguiçoso, nada distinguiria. Restam as condenações espalhadas sobre aqueles que trabalham pouco ou mal, mas uma parcialidade cega pode falsear esse julgamento. Melhor seria então renunciar a essa dimensão da pesquisa.

De outra parte, é certo, evidente mesmo, que as condições naturais estão na origem de uma série de nuanças – e isto é o mínimo – que opõem, por exemplo, o pastor das *Highlands* ao pastor siciliano, ou o lenhador da Alemanha ao "guerrilheiro" corso. Mas uma dessas condições escapa à nossa pesquisa porque suas modificações são de uma duração e de uma lentidão que escapam à apreensão do homem: trata-se dos perigos e fases climáticos. Certamente, os seus efeitos são fáceis de perceber: por exemplo, o avanço ou recuo das ondas do mar tem evidentes consequências sobre o trabalho dos ribeirinhos ou dos mercadores – mas seria exagero alongarmo-nos nesse propósito. No entanto, fixemos que todo setor que aqui será percorrido foi alimentado por dados documentais precisos e preciosos, aqueles que fornecem o estudo dos restos de vegetação (palinologia, antracologia e carpologia), dos solos (pedologia) e das contribuições arqueológicas. A única dificuldade é que não se perca de vista o objeto desta pesquisa, as relações com o trabalho.

3.1.1 O meio natural

Os geógrafos adoram delimitar e descrever os "meios naturais" cujos elementos são morfológicos, climáticos e vivos. Eles têm facilmente observações sobre os tipos diferenciados da atividade humana. Obviamente, nosso tema não saberia segui-los em um estudo "regionalizado" do trabalho, mas não pode ser esquecido, por exemplo, que a vida na montanha com suas fases de isolamento, suas "transumâncias" de homens e de animais, suas dificuldades de circulação ou de exploração, não são as mesmas de uma população de pescadores, no mar ou sobre o pântano, em um vale; ou ainda uma simples várzea em uma planície que atraía soldados, peregrinos, mercadores, animava seu trajeto à vida provinciana ou mesmo urbana, fixava albergues ou mosteiros. Um exemplo em mil: a abertura de Saint-Gothard em torno de 1324 transformou a economia de mercado ou artesanal na Planície do Pó. Deixemos, no entanto, este critério em que o homem se submete mais do que comanda.

Dois outros parâmetros possuem mais importância: a água, em primeiro lugar, ou seja, a água corrente ou parada, porque o nosso conhecimento dos lençóis de água ou dos poços para fixar um *habitat* é nulo ou quase nulo, apesar do seu papel nos deslocamentos eventuais de um grupo humano ou de sua atividade: um bolsão de água que estoura em uma galeria de uma mina e se renuncia em Chartreuse a exploração de prata em 1120; um deslizamento de terra causado por escoamento subterrâneo, eis uma catástrofe como no Monte Granier na Saboia, aproximadamente em 1280. Deixemos, igualmente, de lado o mar – eu já fiz alusão aos seus avanços e recuos, e eu falarei à frente de seu papel na pesca e no comércio, mas o seu comportamento escapa ao controle humano. Ora, não é o caso da hidrografia fluvial. Ao contrário, este setor, para além da documentação de todas as proveniências que evoca, é um elemento essencial do trabalho do homem. Não somente ele equipa o curso de água dos moinhos – instrumentos tão indispensáveis, que Marx ou Bloch fizeram deles os símbolos da Idade Média –, mas o muito fraco tirante de água dos barcos da época permitiu uma utilização comercial que vale a pena refletir. O Sena conduz até Châtillon, o Vesle até Reims, o vinho em tonéis, a madeira em feixes ou o sal em sacos preferem o rio à rota; o perfil das trocas foi modificado. As pás dos moinhos forçam os leitos ou onde os alimentos retidos agitam os peixes, muito além do que nós conhecemos, geram pratos para todas as mesas. As atividades de pesca somam-se ao trabalho do solo. O homem foi muito rápido em controlar e medir esse elemento capital da vida econômica: os moinhos geraram o desenvolvimento em torno do ano 1000. Os diques ou represas do Loire são do século XII, as represas flamengas são também da mesma época.

Se a água é necessária, mesmo onde ela é muito rara como na Europa do Sul, é necessário também um bom solo, estendemos um solo superficial, aquele que a pedologia conhece. Porque o outro, o "solo arenoso", mais ou menos escondido pelo húmus, apresenta características que podemos recuperar em vastas superfícies, conhecidas pelos homens há muito tempo. Solos permeáveis ou não, cujas propriedades e qualidades são utilizadas pelos homens. No entanto, é a cobertura superior que mais lhe importa, porque isso lhe dá um solo "quente" e "profundo" ou, ao contrário, "frio" e "magro", "atrativo" ou "repulsivo", dizia o geógrafo Roger Dion. Ora, os primeiros, os *redzines* marrons dos estudiosos, são ricos em azoto e fosfato, são muito aptos a suportar espécies de cereais exigentes, mas difíceis de arar se não se possui a atrelagem correta. Reservar-se-á os outros, *podzols* cinzas, siliciosos e leves, de aragem fácil, onde nasce o centeio rústico, mas são eles que solicitaram os primeiros. Mas todos, para além destes, exigem melhorias que esse período não dispunha. O pombal enriquecia a horta do senhor unicamente. As excreções humanas e animais, ou os dejetos das casas, impunham as "corveias de excrementos", mas não adiantavam muito. Nos lugares em que faltava madeira, não havia muito adubo. Então era preciso deslocar sobre o solo a pastagem dos animais, as ovelhas sobretudo, devido aos ricos dejetos de nitrogênio, ou simplesmente deixar a terra descansar e ir trabalhar em outras regiões, mais distantes. Os solos dependiam então da técnica agrícola, e dela seus efeitos sobre o trabalho do camponês.

Se a "pedra" é a rainha onde a madeira é rara, somente a arqueologia está em condições de determinar sua proveniência na construção, o distanciamento da carreira em relação ao canteiro, portanto, os problemas de transporte – se fosse o caso de uma desmontagem e de uma medida sobre um ou outro desses dois espaços. Não se paga o mesmo preço ao transportador ou ao construtor segundo tais critérios; não mais se um, mas não o outro, dispõe de serras ou martelos sofisticados. E o que se diz desses trabalhadores vale para o telhador, para o ceramista, para o pedreiro, sem esquecer que o forno, portanto a madeira, sendo-lhes indispensável, não possuía utilização idêntica nas regiões norte, sul e leste da Europa. Somamos a isto o fato de que as variações técnicas, a evolução do preço de revenda, talvez a moda, provocam profundas mutações nessas profissões: as casas de tijolos, que são características da Europa do Noroeste, não são anteriores aos séculos XVI e XVII para as habitações de camponeses, ao XVIII para as cidades, ao XIX para as igrejas.

Bancos de calcário, placas de argila, rios de lava, mas também veios de minério. A Europa Ocidental possuiu poucos metais acessíveis a céu aberto. A escavação de galerias, o seu escoramento em madeira, a sua ventilação, as ferramentas necessárias à sua escavação e à sua extração, à sua evacuação e à sua transformação fazem do mineiro um dos trabalhadores mais bem-especializados da Idade Média e a mina um setor econômico de primeira ordem. A Antiguidade havia se lançado consideravelmente à escavação das reservas de metais preciosos (passados 350 ou 500 anos, não existia mais ouro a oeste, antes das explorações da Boêmia no século XV); no entanto, a prata abunda, mas quase sempre misturada ao chumbo, o que implicava técnicas de refinamento que aumentavam os custos e inchavam os salários. O ferro era o destaque principal. No equipamento medieval, ele era mesmo muito mais importante do que em tempos antigos, nas ferramentas, nos armamentos, na construção e mesmo nas vestimentas. Toda uma gama de ofícios utiliza-o em Paris, na *Taille* de 1292, contamos mais de 20, com clientes e com qualidades então diferentes. A água, a madeira, a cal viva, a forja toda uma cadeia de trabalho se desenvolve através da utilização do ferro como vetor. Porque não se tem a impressão de que os outros metais tenham ocupado um tal lugar na economia medieval antes da descoberta, em 1135 somente, do alumínio, o alúmen, de Tolfa em Etruire – esse utilizado para a tinturaria vinda do Oriente. Antes do desenvolvimento da artilharia à pólvora e dos seus tubos de bronze, o estanho e o cobre desempenhavam somente um papel de apoio, ocupando somente um mercado regional sem técnicas particulares. Quanto ao sal, o qual se adivinha o papel, diz respeito a um tipo de atividade sobre a qual falarei em dado momento.

Mais do que o minério, então será a cobertura vegetal que representava o enquadramento, ou seja, o meio ambiente cotidiano dos grupos humanos. A aldeia vive em uma clareira, o horizonte urbano limita-se a um muro de madeira. Este traço poder-me-ia levar a falar de contingentes mentais que uma vegetação, ainda maldominada, pode pesar sobre o ser humano, quer este trabalhe ou não. É verdade que o lenhador alemão em uma densa floresta, o eremita de Mans em suas selvas dispersas, o pastor sardo diante de sua charneca nua, não tinham o mesmo comportamento. Limitar-nos-emos a dizer algumas palavras sobre o que o solo pode suportar. Inicialmente, começaremos por aquilo que nutre homens e animais: o grão. Se excetuarmos alguns arrozes mediterrâneos e o painço em áreas úmidas, tratava-se praticamente de um grão panificável que podemos consumir também em mingaus, em sopas ou bolos. São os cereais que conhecemos ainda hoje, certamente, mas a estrutura botânica específica de cada um deles deve ter variado, o que impede que tenhamos um conhecimento perfeito sobre os mesmos. Nós sabemos que as espécies de caules fortes, como, por exemplo, a espelta antiga ou certos tipos de cevada, recuaram diante de outras porque, no moinho, elas esmagavam as mós, de modo que, ao persistir em sua cultura, dever-se-ia fazer a moagem a mão. Sabemos também que o trigo e sua farinha leve e branca atraíam os ricos, por isso, exigiam que o seu plantio fosse desenvolvido na terra dos camponeses, para recebê-los periodicamente. Mas esse grão é de produção medíocre e fatiga o solo; então, era necessário que o aldeão penasse muito para satisfazer o senhor. Já o centeio é robusto e de boa produção, mas a sua farinha é azeda, além de ser um vetor de um cogumelo quase mortal, o esporão-do-centeio – às vezes, o seu consumo era inevitável, mas sempre arriscado. A aveia convém ao cavalo e acompanha o progresso do seu emprego, mas ela se presta mais aos mingaus do que à panificação. Por outro lado, no conjunto, os homens da terra compreenderam rapidamente que as espécies semeadas no início do inverno eram ricas em hidrocarbonetos, já as semeadas na primavera, eram ricas em proteínas, de maneira que seria desejável a conjugação das duas. Então, passou-se a dividir o solo em semeaduras diferentes com a duplicação de formas e de colheitas, mas nem todos podiam fazê-lo. Pelo menos, conjugadas às qualidades do solo e ao equipamento do trabalhador, vejamos o papel dessas exigências culturais na hierarquia do trabalho e do resultado.

Sobre a vinha e seu lugar no mundo camponês, ou mesmo no mundo urbano, não direi nada aqui. O viticultor é um tipo eminente de trabalhador que analisarei mais à frente. Mas o seu trabalho não deve nada ao meio ambiente, se exterumarmos, no entanto, a observação – aliás bem conhecida – que a criação de cepas se pratica então sem considerar as melhores condições de exposição, da Escandinávia à Sicília, porque o vinho é a bebida cristã primordial.

Dizemos que a Idade Média foi a "idade da madeira" e, na verdade, o emprego desse material fora muito amplo, sobretudo, depois que as culturas germânica e eslava começaram a exercer suas influências no continente, inclusive, na parte atlântica ou mesmo mediterrânea, apesar da medíocre cobertura de árvores nessa última região. Atualmente, esforçam-se para afirmar que o ferro desempenhou, bem antes do ano 1000, e, em todas as regiões, um papel eminente; é possível, mas a madeira é a matéria-prima das ferramentas agrícola e culinária, da cabana, da construção naval, do mobiliária ou mesmo dos artefatos militares. Não toda a madeira, afinal, onde o carvalho e a faia prevalecem, o seu corte é regulamentado, porque são próprios das mais belas obras e a sua rica vegetação permite um pastoreio livre; a castanheira era preferível para a cobertura das casas por ser repulsiva aos insetos e aos roedores; as coníferas esterilizam a vegetação, mas são fracas e de crescimento rápido. Mas para todos, era necessário dispor de eixos ou de serras de grande qualidade, abrindo caminho para a conquista de novos solos, para a construção de navios em grande número, para a edificação de paliçadas vigorosas, para a fabricação de carvão, para a retirada das cinzas (usadas como fertilizantes) e da serragem para o vidro ou papel. Na floresta, criadores, lenhadores, carvoeiros, coletores de bagas ou de frutas, extratores de raízes ao lado de eremitas, cavaleiros errantes e bandidos, havia todo um mundo de "trabalhadores" que dificilmente imaginaríamos atualmente.

Ao sul da Europa, a telha de barro substituiu a telha de madeira, a cerca de madeira substitui a sebe de arbustos. É que a vegetação, fora das ervas de montanha e das oliveiras, é magra e baixa, um matagal espinhoso ou uma charneca pontilhada de arbustos. Se o clima ou a natureza dos solos estão na origem desse estado deficiente, devemos somar ainda as frequentes pastagens imprudentes desde a pré-história, sobretudo pastagens de ovinos, temíveis para os arbustos, aos quais, mais ao norte, foi-lhes proibido o acesso à vegetação.

Desta vez, é-nos oferecido para a reflexão o meio ambiente animal, portanto, as formas de trabalho que o exploram. Três traços maiores sublinham o lugar e o papel das espécies que o homem domesticou. Inicialmente, com o apoio da zooarqueologia, observamos que a maior parte das raças, notadamente bovinas e ovinas, sem modificação sensível do seu grupo biológico, conheceram uma elevação do seu tamanho e do seu peso, da Antiguidade tardia à Idade Média central, o que só pode decorrer de um maior cuidado empregado em sua criação. Com efeito, diz-se de bom grado que a Idade Média fez um emprego sistemático do couro e do pergaminho, do chumaço e da lã, dos laticínios e da carne cozida. Eu retornarei a essas modalidades de tratamento que os criadores transumantes ou sedentários aplicavam aos seus rebanhos para melhor tosa ou para atrelar o boi à carroça ou ao arado. Quando um escriba diz *animalia*, "animal", frequentemente é deles que ele fala.

O segundo traço diz respeito à espécie suína. As condições de pastagem livre nas florestas deram aos suínos uma aparência próxima à dos javalis, que cruzavam normalmente com as porcas nos bosques. Mas o essencial não está nesse aspecto exterior: ele reside na massa considerável, entretanto, difícil de precisar, desse rebanho na floresta (onde ele serve para estimar as superfícies arborizadas). Trata-se das habilidades desse mamífero: ninhadas de oito a dez porquinhos, várias vezes por ano, carne comestível do focinho ao rabo que se salga ou se defuma para todo o inverno; afinal é um onívoro que se alimenta de lavagem e de tudo o que não é metálico... O porco sustentou o mundo cristão durante quase vinte séculos, e um porco salgado é, para cada casa, um símbolo de sobrevivência para todo inverno.

"Domesticado" pelo homem desde a proto-história, único, como o cachorro, a compreendê-lo e a obedecê-lo, o cavalo é um emblema da Idade Média. O cavaleiro domina o peão; homem de guerra evidentemente, mas sargento montado ou rico mercador, é a sua montaria que lhes confere autoridade diante dos mais humildes. Observou-se os cruzamentos das espécies, o desenvolvimento de haras senhoriais que fortaleceram as raças europeias, até conseguir que os animais suportassem o peso do ferro e de puxar pesadas charruas pelos campos. Mas não se sabe, na realidade, distinguir a causa da consequência. Foi o novo vigor que permitiu esse progresso ou foi o progresso que sustentou esta criação?

Enfim, e a arqueologia aqui é tão muda quanto todas as outras fontes, a obscuridade rodeia as aves domésticas – o que é surpreendente, porque as entregas de galinhas e de ovos como tributos, as receitas de pratos de gansos ou de cisne abundantes em festas principescas, o prestígio do falcão e os procedimentos nos patos abundam em nossos documentos, mas não há uma palavra sobre as espécies, talvez, porque fossem muito corriqueiras para ser descritas.

Esta "bagagem" natural, é mesmo sobre ela que repousa o trabalho do homem. Nos "trabalhos do mês", março ancinha o terreno da vinha, abril adestra o falcão, maio cuida do pomar, junho da roça, julho colhe, agosto bate o grão, setembro recolhe as nozes, outubro pisa-se nas uvas nos lagares, novembro semeia os grãos, dezembro mata os porcos, janeiro come o bolo, fevereiro junta a madeira morta...

3.1.2 O meio humano

O *habitat* rural evoluiu demasiadamente no curso dos doze séculos chamados "medievais". O *habitat* antigo, formado por grandes aldeias desformes e de grandes explorações isoladas, foi substituído por uma concentração, que eu chamo de encelulamento (*incastellamento* mediterrâneo) no entorno da igreja, do cemitério, embaixo do castelo. Sem dúvida, isso ocorreu entre 900 e 1100, com o ápice por volta do ano 1000, quando o quadro senhorial coloca-se diante dessa sociedade. Outros pesquisadores creem em uma evolução bem mais lenta, ou muito mais antiga. Contudo, o que importa é a organização material desse *habitat*, quer seja ele agrupado ou não, quer seja um senhorio ou não.

O primeiro elemento, a primeira célula de produção é a casa. As escavações no solo ou as observações aéreas, mais numerosas na Europa do Norte e do Noroeste do que na do Sul, mostraram uma evolução da grande sala, de 200m² de implantação, com colunas enfileiradas e parte reservada aos animais domésticos, até a casa individual ou, principalmente, conjugal que nos é familiar. Não examinaremos as causas dessa passagem, durante a qual, a evolução da estrutura familiar foi provavelmente decisiva. Em sua forma acabada, depois do século XI, a habitação abrigará o grupo "doméstico", casal, crianças e serviçais; as criações de animais saíram do espaço "doméstico", a mulher passa a reinar sobre o forno, reintroduzido na casa. Muito mais do que uma ferramenta em posição fixa, culinária ou têxtil, como a roca irremovível, o que poderia, aliás, promover uma alienação da liberdade da mulher. A aparição de paredes internas, descobertas, a partir do século XIII na Inglaterra, na França do Oeste e, mais tarde, em outras regiões, fecha os espaços internos de trabalho em dois ou quatro elementos: quarto, quarto de arrumos[19], cômodo para a salga e sala comum. As reservas de víveres e de ferramentas são possíveis: o trabalho doméstico nasceu.

Se sairmos da habitação, encontraremos, nos primeiros séculos medievais, fornos a céu aberto, silos enterrados e estruturas de artesanato doméstico, escavadas, que chamamos de "fundo de cabana", na qual se trabalharia o metal, a madeira e os têxteis. Esses quadros rudimentares da atividade dominial foram, pouco a pouco, suplantados, quer seja por recursos de mão de obra dos servos da própria casa, quer seja pela união a uma exploração de mais alto nível de uma oficina e, se possível, com estábulo, pocilga ou colmeias e com o pombal senhorial. Mas aqui existe apenas um deslocamento quantitativo: a natureza do esforço produtivo não muda. Sabemos quase nada, antes do século XV, sobre o trabalho horticultor acerca das parcelas próximas às casas, reservadas às plantações de hortaliças do casal, que forneciam as "ervas e sopas" da mesa camponesa.

O *habitat* isolado, aquele de períodos longínquos, mas também os grandes "censos" dos fins da Idade Média, não continham nada além do já informado. Mas o *habitat* concentrado oferece aos trabalhadores muitos elementos positivos, sustentando os seus esforços. Inicialmente, porque lugares de convívio podem aparecer, os quais animaram um espírito de comunidade necessário para obter e conservar as vantagens, os direitos, os usos sobre o solo cultivado e o inculto: a forja, a taberna, a lavanderia, o poço, o forno e o moinho banal. Mas o espaço aberto no centro da vila, o *green* como dizem os ingleses, é o lugar de encontro. Primeiro, de homens da assembleia da justiça senhorial, mas, para o nosso propósito, de animais que levamos para o pasto comum. O *atrium*, o cemitério é, no entanto, a simples terra de asilo, de paz, onde não se deve trabalhar. Mas os pobres abundam e que, na realidade, fazem de mercado, precisamente porque a proteção espiritual abrange as trocas e inibe as querelas.

Essas aldeias, assim descritas, são um modelo que deformaria as tradições culturais, as exigências econômicas dessa ou daquela região. Poderíamos

---

19. Dependência interior, usada para armazenar objetos variados.

mesmo chegar aos agrupamentos, cuja quase totalidade dos habitantes fornecia um trabalho especializado (vilas de mineiros de prata de Poitou e de Oisans, vilas de ceramistas de Saintonge e de Cévennes, vilas de ferreiros das regiões de Auge e de Othe).

A historiografia urbana é mais completa do que aquela referente à aldeia; em primeiro lugar, porque a despeito de não ser mais abundante – não há mais do que um ou dois homens sobre dez que vivem na cidade – a documentação é muito mais precisa: deliberações, julgamentos e cômputos multiplicam-se depois de 1250, mesmo fora de zonas muito urbanizadas como na Itália. Depois, porque a curiosidade dos historiadores "burgueses" do século XIX foi profundamente concentrada sobre esse quadro, então considerado como de interesse e de papel muito superior ao campo. Disso, tiramos uma conclusão segura: a história, a tipologia, a influência das cidades, são tão conhecidas que não há espaço aqui para discuti-las. Antigas ou novas, polimorfas ou nucleares, livres para agir ou presas ao príncipe, elas dão, em princípio, matéria para longas discussões, mas não no quadro da história do trabalho, porque elas oferecem, em definitivo, uma massa compacta de similitudes entre elas, e, mesmo às vezes, entre elas e as aldeias próximas. Os elementos que poderiam as diferenciar não estão relacionados ao volume populacional, nem à sua aparência externa: quer tenham 3 mil habitantes – uma boa média – ou 50 mil – como uma quinzena delas próximo ao ano de 1300. Elas são, gradativamente, amuralhadas, cercadas por fossos e circundadas por extensões que brotam ao longo das rotas, "burgos de fora", *foris burgum*, os arrabaldes. Por outro lado, todas são animadas por um dinamismo que mantém a variedade de suas formas de atividades: na cidade se trabalha e se enriquece, em seguida, perde-se o emprego e se arruína com uma rapidez que ignora o campo. A cidade é agitada, brilhante. Ela possui todas as armadilhas do maligno, e a Igreja que, contudo, outrora já havia triunfado, condena-a com terror a partir do século X. Ela é, na realidade, um cadinho em que afluem imigrantes recentes, gente de passagem e trabalhadores sem especialização, misturam-se aos "cidadãos", aos "burgueses" que possuem ancestralidade no local. Contrariamente à cidade antiga, a cidade medieval pode fazer de tudo: comprar, transformar, vender. Ela exerce sobre o "subúrbio", isto é, a zona (de mais de 500km^2) onde exerce o seu *ban*, seu direito, um impulso de víveres e de mão de obra que não cessará de se tornar pesado depois do século XIII. Para 5 mil habitantes, é necessário contar um "raio" urbano de 20km para além dos muros; o que dizer então de uma cidade de 80 mil almas! Ela mantém milícias, de um valor não negligenciável. Na Itália ou na Flandres, os príncipes aprenderam a duras penas.

O fato de podermos fazer e esperar de tudo nas cidades não excluiu, em seu tecido, as especializações (bairro do pano, bairro do metal, bairro do couro). Por muito tempo, os artesãos, aliás frequentemente vindos do mesmo vilarejo e com a mesma especialidade, reuniam-se, barraca contra barraca, na mesma rua; a rejeição da concorrência justificando por espírito de "ofício" esta confrontação cotidiana.

Depois do século XIII, uma maior dispersão dos ofícios acompanha a dispersão da clientela, mesmo que um grande número de ruas se mantivesse no mesmo lugar, conservando ainda, às vezes, a lembrança do trabalho antigo. Do mesmo modo, a atividade política ou guerreira marcava a fisionomia de um bairro ou de uma praça, casa senhorial, paço municipal com a torre do sino, castelo condal. Ou ainda o peso da Igreja com os seus conventos de frades menores, os seus paços dos cônegos e os lupanares que não se distanciavam dessa supervisão atenta sobre "a mais antiga profissão do mundo"; mas também os seus sinos, suas sepulturas, seus colégios. E, por fim, a atividade de troca, porque somente nas cidades poder-se-ia encontrar produtos vindos de longe ou, simplesmente, aqueles que demandavam uma técnica mais desenvolvida do que a empregada no interior ou que chegam em grande quantidade: feiras ou mercados de tecido, de cereais, de couro, de criação, de especiarias, ladeados pelas caixas dos comerciantes e seguradores, pela "mesa" dos cambistas e pelo "banco" dos manejadores da prata.

Durante muito tempo acreditou-se que o crescimento urbano medieval – quase contínuo desde os tempos antigos na Itália, depois desencadeado entre o Sena e o Reno nos séculos XI e XII – fora sustentado pelo trabalho dos mercadores, os "pés poeirentos", como se dizia na Inglaterra. Atualmente, acredita-se que foi o aporte de mão de obra rural o responsável pela vitalidade do trabalho e da atividade na cidade. A história das confrarias e das corporações de ofício, sobre a qual voltarei mais tarde, parece justificar essa visão. Mas em qualquer parte que seja, não se pode negligenciar o papel dos grupos familiares, dos grupos domésticos – casa ou albergho na Itália –, às vezes, ainda ligados à aristocracia fundiária, às vezes, criado do zero por uma família "burguesa" da cidade; para marcar o seu domínio sobre o bairro onde fica o seu paço, eles edificam uma torre onde se hasteava uma bandeira com o seu emblema.

É a conduta dos ricos. Quando se é somente artesão, mestre e aprendiz, é necessário habitar em outro lugar. A imagem romântica da casa medieval com suas vigas de madeira unidas uma às outras quase frente a frente é, naturalmente, exagerada, mas contém um pouco de verdade. Primeiro porque ela tem andares, o que não se vê muito nas aldeias. Depois, porque ela é edificada sobre fortes vigas, cuja destruição por sanção penal, o "abate" da casa, conduz ao colapso do conjunto da rua. Enfim, porque construída sobre parcelas estreitas e longas, muro sobre a rua, ela comporta ao rés do chão um único cômodo aberto sobre a rua através de um basculante com duas cortinas. O eventual cliente pode então ver o operário no trabalho ou adquirir prontamente a mercadoria preparada.

Tem-se a impressão, para além naturalmente dos problemas de conforto, de aquecimento, das latrinas, da luz ou da luta contra os constantes incêndios, que a preocupação principal era a evacuação das águas utilizadas, dos detritos alimentares e de esgoto, inundando "normalmente" as ruas, as quais, eram, mais frequentemente em terra batida do que pavimentadas. Antes do surgimento da recolha do lixo, dispensado em fossas, a partir de 1300 ou 1380 ou mais tarde, a tradição e algumas fontes literárias, afirmam que foi incumbido aos porcos, errantes pelas ruas, exercer a função de varredores, a qual executaram muito bem.

Se pudemos perceber, nesse rápido quadro da vida urbana, os setores ou os quadros sobre os quais se insere o trabalho, julgamos, talvez, mais aleatório procurar fora dos campos e dos bosques, fora da aldeia e da cidade, na estrada onde tem lugar. Não se trata, na realidade, de rever as condições do percurso, as técnicas de construção, os pousos de fixação de uma rede de circulação; nem mesmo isso que diz respeito aos carregamentos, aos comboios ou às obras de arte. Tudo isso faz parte da intervenção das mãos do homem, é verdade; mas sem especificidades em relação aos tipos de trabalhos citados acima. Corveias, assalariado, trabalho livre, nada aqui que não encontramos em outros lugares. No entanto, a estrada é, por si só – e um pouco como o mar – um lugar de atividade própria, em primeiro lugar, certamente comercial, mas esta não é a questão aqui. Sobretudo, a rota é o lugar de trabalho do bandido, uma forma de atividade que eu não ousaria qualificar como "gratuita"; e embora não seja essa exatamente a origem da palavra, o bandido é um soldado errante e pode ser, talvez, um "vagabundo", um "pastor", de todas as maneiras um excluído que vive fora dos quadros naturais do trabalho reconhecido.

Das transgressões marinhas ao bandido de tocaia em uma encruzilhada, eu percorri uma série de domínios nos quais o homem é, de uma só vez, objeto e sujeito. Mesmo no primeiro caso, ele não é totalmente passivo, porque tenta adaptar-se tanto quanto possível aos fenômenos naturais e às inovações técnicas. Passa então, sem uma transição notável, ao largo de fases cronológicas delimitadas, à condição de ator. Seguindo-o na vila ou na cidade, nós o vimos trabalhar o campo, a madeira, em uma oficina, em um mercado. Remunerado ou não, pagando ou se dedicando, o homem não produz nada sem ajuda dos objetos forjados. Ao que se associa?

3.2 O instrumento de trabalho

Quando fazemos um balanço do milênio medieval, de bom grado classifica-mos entre as aquisições o início do "maquinismo", e colocamos em evidência, como fizera Marx, o papel do moinho hidráulico, emblema da conquista sobre as forças da natureza e base de uma sociedade diferente da antiga que ficara no estágio da escravidão humana. Hoje, essa temática é muito nuançada. Em primeiro lugar, porque os tempos greco-romanos provavelmente conheceram progressos técnicos da mesma amplitude, mas não souberam, talvez, gene-ralizar. Em seguida, porque tem-se ainda mais a impressão que é o mundo animal – muito mais do que a natureza – que o homem soube então domar. Enfim, face ao vapor e à eletricidade, o moinho ocupa o segundo plano. E, se bem-observadas as ferramentas medievais, percebemos a força do espírito do tra-dicionalismo, a pouca preocupação com o "sempre mais" que nos é muito cara.

Se conseguimos, muito mal, determinar a natureza ou o tipo de traba-lho na Idade Média, por outro lado, evidenciamos melhor o instrumento e o gesto. Os tratados técnicos existem, muito amplamente, desde o século XI e, preocupado em continuar uma antiguidade muito venerada, apesar de ser mal--conhecida, o "engenheiro" medieval terá sempre Hesíodo e Virtrúvio presente em seu espírito. As peças contábeis e os inventários não faltam, as escavações arqueológicas preencheram os museus de cerâmicas, de moedas, de armas e de fragmentos de tecidos. A iconografia – sob condição de fazer a sua parte para o estereótipo e para cópia – é muito mais preciosa. Porém, observou-se que sua contribuição era desigual: abundante e precisa sobre o instrumento em minia-tura, porque era destinada a uma clientela difícil e refinada, mas muito mais interessada pelo gesto nos afrescos ou pelas esculturas, destinadas a um públi-co maior e mais atento à "leitura" do seu próprio movimento do que a verificar a representação exata de um instrumento que lhe é familiar. Para além disso, um verdadeiro catálogo de ferramentas pode ser elaborado – onde o encontra-mos – para uma mesma época, mas para lugares diferentes – uma panóplia de tipos diferentes do mesmo objeto: por exemplo, podemos isolar, para o século XV, quatorze formas e quatorze métodos de emprego do flagelo ou da debulha.

Alguns setores do artesanato em que verdadeiros progressos puderam ser realizados, como, por exemplo, os tecidos, o curtume, a carpintaria e a serralheria, são profundamente marcados pelo emprego e pela reprodução de ferramentas estritamente locais.

3.2.1 A inovação técnica

Como se a honra pessoal estivesse em jogo, medievalistas e historiadores da Antiguidade digladiam-se em colóquios tumultuosos para discutir a origem e a generalização de uma técnica. Muito antes da Segunda Guerra Mundial, valorizou-se – sem dúvida, de forma excessiva – as "invenções medievais". Trabalhos ressoantes, tal como o de Lefebvre des Noettes sobre a atrelagem ou a sela, tendem a concentrar, significativamente, o interesse entre os séculos X e XII. Apesar de serem fundamentais, tais "inovações" já eram conhecidas dos antigos. Atualmente tendemos mais ao plano da generalização, da vulgarização – e esse viés "mecanicista" da história econômica deve ser corrigido pelo estudo das fraturas sociais. Se ficarmos no âmbito da ciência mecânica, dificilmente veremos além – no domínio da "invenção" – do manejo do movimento alternado, compreendido por toda espécie viva e materializado pelo jogo de biela-manivela ou virabrequim (cuja utilização perdura até hoje, dos malhos do moinho de ferro até aos pistões dos nossos motores automotivos). A aplicação dessa técnica – para a tecelagem, para fazer massa de madeira ou para martelar o metal – abriu o campo de utilização dos moinhos, hidráulicos ou não, para muito além da simples moagem dos grãos das nozes ou das azeitonas. No entanto, esse movimento contínuo, permanente, que evoca facilmente o parafuso de Arquimedes, parece ter sido conhecido dos engenheiros greco-romanos, do mesmo modo que a inversão de um movimento rotacional com um plano vertical sobre uma rotação com um plano horizontal, princípio mecânico também relacionado à função do moinho. Não podemos deixar de considerar que a adoção de técnicas novas ficaria sempre submissa às condições geográficas (sem moinhos eficazes, caso não se tenham árvores resistentes à umidade, de chumbo para as pilastras, de "pedreiras de mós" para as pedras fixa e móvel, e, naturalmente, de regularidade da queda de água para mover a roda motriz). Também não podemos desconsiderar as condições mentais: Qual é a vantagem de se equipar, a grande custo, com uma aparelhagem suntuosa quando a técnica proto-histórica garante o mínimo para se viver? Por que bradar a suspeita da Igreja em relação aos instrumentos "nefastos", como a gadanha, quando era suficiente uma foice dentada? Por que não se dirigir a qualquer artesão mágico, tal como o ferreiro Wieland, perdido na floresta, se queremos uma boa lâmina digna dos deuses?

Sem penetrar muito no passado da história das técnicas, tentemos separar alguns setores de primeira importância. É o domínio do fogo que aparece com mais efeitos econômicos, até mesmo sociais. Toda uma cadeia de etapas, da mina de ferro à venda de uma ferramenta, mereceria o nome de indústria. A articulação principal situa-se no nível do cozimento do metal. Se julgarmos com base nos ensinamentos da arqueologia e das fontes literárias, é da Europa Central, Eslava, depois Germânica, que teria vindo o progresso essencial desde os tempos romanos. Pode-se mesmo dizer que a ruína do Império fora precipitada pela qualidade superior do armamento dos povos chamados "bárbaros", passando para além do *limes*, da "fronteira". Em todo caso, os processos de cozimento antigo foram, pouco a pouco, abandonados em benefício de fornos providos de foles. Mas foi apenas no fim da Idade Média que o "alto-forno", capaz de permitir uma liquefação mais completa do metal, introduziu-se na Normandia, na Inglaterra e na Alemanha do Norte. Estima-se que, com uma abundante utilização do carvão vegetal, poderíamos – em torno de 1200 – esperar uma produção de 25.000t de ferro forjado na França. Porém, estudos feitos sobre as armas e sobre os instrumentos exumados mostraram certa desigualdade de qualidade na têmpera, muito melhor para a espada e para o machado do que para a relha e a faca – e os efeitos sobre o emprego desses utensílios são de fácil inferência.

Se o ferro protege o pé do cavalo, permitindo-lhe trabalhos mais longos e mais eficazes, é possível que os tempos antigos tenham conhecido essa necessidade, mas as numerosas ferraduras encontradas pelas escavações, praticamente não possibilitam a datação – elas não seriam anteriores ao meio do século X. Contudo, os processos de engate da atrelagem parecem ter sido, senão inventados (encontramo-los na China antes da era cristã), ao menos generalizados na Idade Média central, no meio do século XI, talvez um pouco mais tarde. O princípio é o de fazer pesar o esforço da tração animal sobre sua ossatura anterior, sobre os ombros e o peito e não sobre seu pescoço ou a sua cernelha. Respirando mais livremente, o animal puxa mais facilmente. Corretamente atrelados e dispostos – não de frente como na Antiguidade, mas em fila para aumentar a força de tração – quatro cavalos puxam 5t a 4km por hora, duas vezes mais rápido do que seis bois, mesmo providos de um jogo frontal – portanto, usando o melhor de sua disposição óssea. A velocidade do labor do cavalo permite multiplicar os trabalhos, de arar mais solos, alcançar parcelas relativamente mais distantes, até então, desprezadas. O cavalo, com uma musculatura de um saltador, saberá se desvencilhar de um solo difícil, enquanto o boi estraga e atrasa o trabalho. Ele permite então aumentar a rentabilidade cerealífera.

Como frequentemente ocorre, uma interrogação de princípio se coloca sem resposta atualmente satisfatória. As habilidades do cavalo e o crescimento da extensão do território produtivo, proveniente do eventual aumento considerável do espaço trabalhado, devem ser considerados como uma causa dos progressos detectáveis nos instrumentos agrícolas? Nem os textos, nem a arqueologia permitem esclarecer um problema cujos elementos são, no entanto, simples. A Antiguidade, do Oriente Próximo e greco-romana, usou, em solos geralmente secos e magros, instrumentos de trabalho como o *arator* (e não o *laborator*, como já dito mais acima), o *aratrum*, o arado, relha em cone, metálico ou de madeira endurecida com fogo, puxado, com muito sofrimento, pelo homem sobre terras leves nas quais ele faz um pequeno sulco, ajudado por uma atrelagem em geral lenta (bois, burros, escravos ou mulheres). O arado é impróprio para os melhores solos, mas é de baixo custo e de fácil fabricação. Ele estava em uso, na Idade Média, em países mediocremente evoluídos como a Inglaterra, a Escandinávia e, naturalmente, os países mediterrâneos. Outro instrumento concorrente, para o qual há provas de seu emprego paralelo nos Países Baixos, é a charrua, *carruca*, palavra de baixa latinidade que, não há muito tempo, significava apenas "carroça" – *Pflug*, *plough* oriundos de seus nomes germânicos, *ploum*, desde o século VII nos textos lombardos e, provavelmente, originário também da Europa Central. Trata-se de um aparelho mais pesado e mais complexo, provido de uma rabiça, segurada de forma oblíqua, controlando uma relha metálica dissimétrica que repelia a terra para o lado, uma terra já fendida por uma lâmina anterior, a relha. A adição de uma aiveca lateral para dispersar a terra e abrir um sulco mais profundo ou ainda a adição de um *avant-train* com "rodinhas" para estabilizar o aparelho eram secundárias. O esforço do homem é menor, já o resultado, melhor. Forja e charrua são assim os fundamentos do "salto" da economia camponesa medieval depois de 1100 ou 1125. Quem não pudesse seguir essa tendência deixar-se-ia afundar na hierarquia do trabalho. Esse esboço de descrição das ferramentas agrárias abre caminhos que me distanciariam muito do meu tema: semeadura do ambiente, aspecto do parcelário agrícola, importância do trabalho e hierarquia das fortunas.

O fogo e o ferro, a atrelagem e a charrua: são os domínios do camponês, do artesão, e, pela natureza do seu uso, do assalariado, do rendeiro, do proprietário de um alódio. Falta ainda o moinho. Desde que o homem se alimenta de cereais, sempre foi necessário amassá-los. Moer com o disco, com o pilão e a mão (forma mais certa e mais antiga, mais "doméstica"), este será, em todos os tempos, o recurso do pobre. Confiar essa preocupação a uma máquina permite ganhar tempo. É suficiente colocar em movimento duas forças de moagem em um esforço regular, aquele dos escravos ou dos animais: do dromedário, do cavalo ou do boi. A força do vento movimentando as pás sobre um eixo poderia convir na Ásia Menor antiga, onde o vento é forte ou regular e a água é rara. Mas esta última parece ser menos capciosa. Apesar de uma hidrografia insuficiente ou excessiva, o mundo greco-romano não ignorou nem o mecanismo nem o interesse pelo moinho d'água movido por uma queda, provocada artificialmente, se necessário, ou por um curso regular. Porém, tem-se a impressão de que o desenvolvimento dessas técnicas e, em pouco tempo, a difusão das máquinas foram características medievais. Os textos carolíngios citam-lhes frequentemente; o *Domesday Book*, no fim do século XI, traz o cômputo de mais de cinco mil na Inglaterra. O mais ínfimo córrego e o mais lamacento braço d'água eram equipados, após 1100, tanto na cidade quanto no campo. Vemos muito bem o interesse pelo grão, pela azeitona, pelo tecido, pelo ferro e pela serragem, mas o aparelho é de alto custo. É necessário possuir ou adquirir as costas, pagar pela vigilância, por operários para cavar, para limpar, para moer. Além disso, era preciso madeira, ferro, pedra e chumbo. Somente um senhor pode controlar isso e ele também esperava cobrar pelo uso, mas sem que a cobrança fosse considerada abusiva. Isso acontecia quando forçava os homens trazer-lhes os grãos, mas lhes deixando uma parte. Porém, isso não ocorreu antes de 1150-1180. Quanto ao emprego do vento, somente as costas do noroeste da Europa, da Mancha e do Báltico tinham correntes suficientemente possantes para justificar essa prática, mas seu uso era pequeno, antes de 1180 ou 1200, mesmo nessa região.

Os setores de equipamento ou de transformação, que acabamos de percorrer, não são os únicos merecedores de menção no campo da inovação. Eu poderia citar o progresso ocorrido no trabalho têxtil (em geral, depois do meio do século XIII) através da roda de fiar que facilitou a fiação, mas conduziu novamente a mulher a casa; ou também por via do tear a pedal, através do qual diversos trabalhadores teciam peças de 5 X 20m; ou ainda no corte da madeira no qual a serra hidráulica, no início do século XIII, pôde ser usada mais regularmente; ou na fabricação de papel com base de serragem, depois de fibras vegetais, atestadas na Espanha e no Languedoc antes de 1150, mas que ficou, por muito tempo (algo em torno de dois séculos) confinada às costas do sul com emprego irrelevante.

Não podemos deixar o campo das invenções sem assinalar aquela que não deve absolutamente nada ao mundo antigo e que guarda tamanha importância que, uma vez que está incluída nos costumes desde o século XV, parece-nos óbvio: o livro, simplesmente essa extraordinária comodidade de consulta de um texto. Não se trata do emprego do pergaminho no lugar do papiro – isto foi, sem dúvida, uma evolução importante, porque esse suporte animal (imputrescível e resistente ao fogo e à contaminação por parasitas) reinou sozinho entre os séculos X e XV; sendo, além disso, em seguida, muito superior ao papel. Mas esse triunfo não foi em nada desejado, além disso, esse material era empregado antes mesmo da era cristã – foi um acidente econômico, depois de 650-700, causado pela perda do controle cristão do Mediterrâneo que cessou a chegada do papiro oriental. Os antigos preferiam este último, utilizando-o em tiras costuradas e fixas sobre duas hastes de madeira, o *volumen*, o *rotulus*. Sem dúvida, foi o desaparecimento do papiro, a obrigação de escrever sobre peles de ovelhas ou de bezerros, bem como a dificuldade de lhes costurar que conduziram os monges (Teriam sido os primeiros?) a usar pedaços isolados, essas *peciae*, as "peças" – que reapareceram, no século XIII, nas folhas de notas dos estudantes da universidade. Desde então, era suficiente cortar-lhes em dimensões iguais, costurá-los em um dos lados, à esquerda (a maioria dos escribas era destra), fazer um "pacote", um *codex*, um livro, e manejá-lo muito mais facilmente do que desenrolá-lo em um sentido ou em outro, do *volumen*.

3.2.2 O homem e sua ferramenta

O exame do material disponível não é suficiente para compreender o lugar e o papel do trabalho no grupo humano. A esta constatação, na verdade, deve-se acrescentar à ferramenta uma importante dimensão psicológica e jurídica. Conhecida dentro de uma certa intenção, a ferramenta só valerá e terá razão de existir pela sua utilização. Considerada inútil, será abandonada, substituída por outra. Nisso residem, sem dúvida, dois efeitos importantes na compreensão sobre o que é a ferramenta. De um lado, se ela satisfaz, não há nenhum motivo para modificá-la – a mania do "novo" não existia nesse período. Uma ferramenta proto-histórica, como, por exemplo, uma forquilha em madeira com dois dentes, continuou a existir até a mecanização. Além disso, isto desencadeia, como se sabe, uma restrição drástica da mão de obra; ora, isto a Idade Média conheceu; assim sendo, por que economizar? Já o outro efeito é que uma ferramenta, destinada a uma determinada utilização, não tinha necessidade de nenhum "modelo" – ela era de fabricação local, de qualidade rústica, de uso prático e imediato, fonte de uma tipologia variada. Somente o problema de um comércio de ferramentas poderia conduzir a uma espécie de padronização, apropriada a este ou àquele cliente. Mas temos a sensação de que, sozinho, o produto acabado está submetido ao cliente e não ao instrumento que lhe deu origem.

Em certos setores do trabalho, ligados uns aos outros, a interdependência dos instrumentos impõe-se aqui ou ali – se um estatuto de ofício, por exemplo, da fabricação de tecidos, formulasse exigências de trama ou de fio, da cor ou da solidez, seria necessário que a tecelagem, o pisoteamento e a tintura fossem articuladas. Este não era o caso dos serviços muito hierarquizados: lã, ferro e sal. Eis aqui o limite da liberdade de escolha do trabalhador, mas apesar de tudo, essas subdivisões de atividades "em etapas" eram demasiadamente raras. Vê-se, claramente, que se abre nesse momento o problema da propriedade da ferramenta. Ela era pessoal ou coletiva? E mais: Era adquirida ou alugada? Quando consideramos a importância social, por exemplo, da atrelagem de um arado, vemos, claramente, que a sua locação não pode ser considerada apenas como uma comodidade entre vizinhos. Ela estabelece uma dependência quase jurídica entre o locatário e o senhor da ferramenta, sobretudo, se o primeiro, em situação precária, tivesse que alienar algum bem para utilizar o objeto alugado.

Vejamos, então, este objeto, independentemente do regime em que ele estivesse, nas mãos do trabalhador. Este último espera um ganho, de bens ou de tempo, seja a mulher em casa, seja o homem do campo ou da oficina. Mas ele sabia utilizá-lo? Indicaram-lhe como manejá-lo? Infelizmente, a questão da transmissão do saber técnico é um tema muito pouco conhecido. Porque, à exceção de alguns tratados de sábios, somente os ricos e os letrados tinham acesso a esse conhecimento – assim, estamos reduzidos apenas a um campo de hipóteses. O primeiro caminho, talvez o mais frequente, era a observação empírica, a tentativa até o sucesso. Observa-se, por exemplo, no setor da construção, que antes de estabelecer o equilíbrio com uma escora de uma abóboda gótica, os arquitetos efetuaram numerosas tentativas para encontrar o ponto de apoio correto do arcobotante – e nós ignoramos a quantidade de vezes que o edifício desmoronou antes que tenham obtido sucesso. Existia a pesquisa em estado bruto, mas a mera imitação daquilo que se pretende fazer resultava no mesmo. Relembremos o papel dos estágios efetuados pelos filhos de mercadores em países estrangeiros, onde trabalhariam e, em seguida, como parte da formação, teriam que observar atentamente todo o processo.

Um progresso ocorreu quando essa imitação passou a ser acompanhada de conselhos dados por um especialista ou, simplesmente, um "antigo". Temos o sentimento que, em matéria de aprendizagem de uma técnica, os primeiros estágios eram realizados em família ou na oficina. Do mesmo modo que a dona de casa ensinava à criança as letras e os números antes que ela tivesse 7 ou 8 anos, a "mãe" de um ofício era aquele (ou realmente aquela) que acolhia o recém-chegado e o iniciava nos primeiros estágios do trabalho. E, na cidade, os aprendizes estavam nessa situação. Tratava-se de adquirir os "truques" e de assimilar as "fórmulas". O pai ensinava ao jovem a conduzir a charrua e a estimar as qualidades de uma terra, já a mãe ensinava à suas filhas a arte da fiação, da costura, da escolha dos alimentos. O oficial de armas ensinava o jovem senhor a se manter na sela e a manejar a espada e – por que não? – um velho monge, inválido, ensinava aos oblatos de seu convento a recitar os ofícios e os salmos. A consagração sempre chegava: o primeiro torneio de um nobre, a "obra-prima" confeccionada pelo operário, a *licencia* do estudante.

Destacamos, nestes apontamentos, que a aprendizagem técnica não devia nada à escola; a instrução ocorria no "balcão". São Bernardo, criticando a sua própria cultura, dizia que se aprendia melhor na natureza do que nos livros. Aliás, os pensadores não se enganavam; o seu vocabulário distinguia muito bem *facere*, que implica fazer uma obra prática, e *agere*, termo que a considera em seu princípio. Contudo, seria injusto não nos debruçarmos sobre o progresso da reflexão teórica. No inventário das "artes" entre as quais se distribuía o ensino de base medieval, o *quadrivium*, isso que chamaríamos das ciências, conheceu um vívido desenvolvimento no fim do século XII. As *artes mechanicae*, ou seja, a técnica dos ofícios introduziu-se nas curiosidades dos sábios, mas sempre sob o véu teórico. Para essa visão, o progresso do pensamento experimental, fortemente implantado depois de 1260, no noroeste da Europa, particularmente, em Oxford ou em Paris (Grossetête, Ockham etc.) trouxe uma profundidade nova à filosofia do trabalho.

Nem todos seguem os ensinamentos dos mestres universitários. Talvez aprendessem mais rápido e mais corretamente se houvesse conselhos escritos, manuais práticos. Esse setor da literatura medieval é, inicialmente, interessante porque abre um vislumbre sobre o nível do conhecimento que temos do trabalho, em seguida, porque permite estimar a relação entre o ideal desejado e o resultado objetivo. Esses manuais, infelizmente, eram, frequentemente, redigidos em latim, então inacessível ao homem do campo. Eles são ainda exposições enciclopédicas, como a de Isidoro de Sevilha, desde o século V, ou o *Speculum* de Vincent de Beauvais, por volta de 1240, e diversos "espelhos" de todas as proveniências geográficas e da mesma época, mas se tratava, sobretudo, de matrizes estáticas, desconectadas da realidade, "instruções". Somente o manual *De artibus* do "Monge Teófilo" (um completo desconhecido), datado do século XI, revisa comentários sobre técnicas, instrumentos e produtos diversos. Encontra-se, então, mais interesse nos tratados redigidos em língua vulgar e, por conseguinte, aqueles que tinham uma audiência mais ampla. Mas eles diziam respeito apenas a certos setores, e o seu aspecto "regulamentar" assimilava-os, muito mais, aos estatutos dos ofícios. É o caso dos manuais sobre a "mercadoria" – tratados italianos, em sua maioria, como os de Pegolotti ou de Uzzano, no século XIV, nos quais se comentava os ensinamentos das "escolas de comércio" que nasciam, frequentemente, com base na iniciativa das cidades na Itália ou na Alemanha no início do século XV. A arte e a guerra sustentaram a redação de espessos manuais de equipamentos ou de tática, como aquele de Guy de Vigevano, aproximadamente em 1330. Usou-se também as traduções de tratados antigos sobre diversas matérias específicas, a medicina de Galeano ou Dioscórides, a guerra de Vegécio ou Estrabão, a construção de Vitrúvio, a agricultura de Plínio, de Varrão, de Columela, de Paládio.

O número elevado de autores de manuais concernentes à terra chama a nossa atenção sobre o setor mais abundantemente provido de textos em língua vulgar. Dizem respeito aos cuidados em relação ao solo, aos vegetais, aos animais, ou seja, a todo o meio ambiente natural do grupo humano. Para os mais humildes, parece que esse tipo de interesse ou conhecimento tenha sido adquirido através dos "bestiários", dos "lapidários", ilustrados por miniaturas simples e com conselhos rudimentares. Muitos foram conservados, notadamente os dos séculos XII e XIII. Por outro lado, temos somente alusões a esses dísticos, a essas receitas em forma de provérbios ingênuos, presumivelmente dados a Catão ou Esopo, e que chamamos na França do Norte, os "*chatonet*"[20], do nome do autor latino ao qual os provérbios são, frequentemente,

---

20. Trata-se de um neologismo, citado pelo autor, que é usado na região norte da França. Ele diz respeito a uma palavra derivada do substantivo próprio *Caton* (Catão, em português), ou seja, *chatonet* é o nome dado ao comentário, em forma de provérbio, que era dirigido a Catão.

atribuídos, ou, mais formalizado, os *"yopets"*[21], lembrança do fabulista grego. Se acreditarmos no cronista, os senhores iletrados, mas de espírito curioso, ou mesmo administradores atentos, conseguiam ler passagens. Aqueles da Normandia ou da Inglaterra tinham à sua disposição verdadeiros tratados de *"housebondrie"* (*Husbandry*, agricultura), como aquele de Walter de Henry, a *Fleta*, e outros que contribuíram para dar crédito à ideia, nada correta, de uma superioridade da agricultura inglesa dos séculos XII e XIII. No continente, foi no século XIV que se multiplicaram esses "tratados", como a célebre obra de Jean de Brie. Mas essas obras, mesmo que pareçam ser práticas e autênticas, não passam de um acesso cômodo em língua vulgar.

Os doze séculos medievais representam uma duração de, no mínimo, três vezes superior ao tempo que nos separa do medievo. É, portanto, inevitavelmente um pouco artificial examinar as variações técnicas medievais sem uma maior precisão temporal, uma vez que as alusões ao século ou a episódios específicos são vagas. Temos mesmo que observar que, rejuvenescidos ou generalizados, os métodos e as ferramentas medievais baseavam-se, majoritariamente, nos conhecimentos e nas práticas que remontam à Antiguidade, senão mais antigas ainda. Os últimos séculos da Idade Média viram acelerar a variedade dos seus empregos. Talvez essa percepção seja causada por uma ilusão trazida pela amplitude crescente de nossas fontes para esse período. Proponentes de um "Renascimento", no qual tudo teríamos inventado, os historiadores não veem as profundas raízes técnicas "modernas". No entanto, essa evidência aparece se nos aproximamos das condições jurídicas, dos quadros regulamentares nos quais se desenvolviam o trabalho.

3.3 O direito do trabalho

Não se pode trabalhar na desordem. Em uma sociedade em que os meios de contenção dos homens em harmonia são muito rudimentares, a ausência de controle somente pode levar a um desencadeamento de impulsos e de pulsões humanas. Nesse contexto, a justiça, a segurança, a caridade, despedaçam-se. A Igreja cristã é muito consciente desse risco, e os seus esforços para sus-

---

21. Outro neologismo, tal como no caso anterior. É uma palavra derivada do substantivo próprio *Esope* (Esopo, em português), ou seja, *ysopets* é o nome dado ao comentário, também em forma de provérbio, que era dirigido a *Esope*.

tentar a paz e para aliviar os fracos, os "pobres", não têm necessidade de uma dimensão cristológica: trata-se de um negócio ligado ao "bem comum" e à "boa mercadoria" – ela utiliza os seus sermões, brada a ameaça da perda da salvação para aquele que perturba a ordem social. E ela era largamente ouvida naqueles tempos em que o argumento de autoridade adquiria todo o seu peso (a autoridade das Escrituras, a autoridade do senhor, do mestre de ofício do ou o senhor do castelo). Quem não fosse "sociabilizado" por essa obediência era, literalmente, considerado como fora da lei.

É necessário, no entanto, algo além de um medo metafísico. O medo é uma das forças da sociedade dessa época (o medo da selvageria "policiada" como aquela dos tempos antigos, ou das violências sociais e naturais). Foi com o objetivo de se preservar que os homens tentaram então multiplicar as precauções. Dizemos, sem muita vergonha, que a Idade Média teria sido o "paraíso dos fraudadores", de tal maneira são numerosos os processos, os "maus hábitos", "novidades" que pretendiam fazer triunfar o lucro e o interesse privado. Mas em uma observação mais atenta, detectaremos mais uma preocupação constante para se precaver da surpresa, uma sede quase doentia de prever o imprevisível, de revisar intermináveis séries de casos concretos nas atas regulamentares com a esperança de não esquecer nada.

Ora, o mundo do trabalho é aquele em que a falta de equilíbrio da paz tem mais chance de nascer: o abuso cometido pelo empregador, pelo senhor, pelo chefe da família, violências sobre as pessoas e humilhações para com os mais humildes, real falta de compaixão para com os excluídos e os vulneráveis. Para manter ou para restabelecer a coesão da sociedade dos trabalhadores, existiam apenas dois caminhos. Conseguir convencer os homens de silenciar suas ambições e seus rancores em uma espécie de paraíso sobre a Terra – esta era a esperança da Igreja, um ideal espiritual. Ou ainda estabelecer regras estritas de execução e, ao mesmo tempo, prover meios para segui-las – preparar um "Estado de direito". Ainda, sobre esse segundo plano, seria necessário interrogar-se sobre a estrutura dos laços a tecer. Eles seriam de natureza verticais, ou seja, vinculariam os trabalhadores a uma hierarquia de dependência, desejada ou aceita? Era este o desejo da Igreja e dos que tinham o comando da coisa pública, a *res publica*, o Estado. Ou melhor, esses laços seriam de natureza horizontal, colateral, capazes de unir os indivíduos em uma espécie de consenso de interesses idênticos? Era, dessa vez, o espírito de fraternidade transcendendo os interesses privados.

3.3.1 A ajuda mútua e o contrato

A caridade não é apreendida em sua concepção mais alta, a aceitação do próximo, mas, muito frequentemente, sob a forma da esmola. Essa divergência de interpretação explica porque São Luís, intransigente e ostentador, tenha adquirido uma reputação de santidade igual àquela de Francisco de Assis, devoto da humanidade e amigo dos animais. Mas a esmola pode ir além das moedas concedidas, pode ser um gesto de auxílio, um socorro oferecido – notadamente, em seu trabalho – a um "irmão" em dificuldade. Um "irmão", na verdade, porque a dimensão carnal, familiar, é a primeira e a mais forte na manifestação de apoio dado; "irmão" ou "amigo" também, porque a amizade pode não ter nada a ver com uma dimensão de sangue. Dir-se-ia então que a aproximação dos homens que decidiram se ajudar mutuamente forma uma *confraternitas*, uma *confraria*, uma *amizade*, uma *caridade*. Como a assistência mútua era melhor se fosse discreta, conhecemos muito pouco da origem, do desenvolvimento e dos trabalhos desses grupos, tanto no campo como na cidade.

Dar assistência é um ato natural de piedade, de consolação, que não tem nenhuma necessidade de ser regulamentada – e escapa ao nosso tema. Todavia, além da ressonância "doméstica" que a assistência mútua faz chegar ao mundo do trabalho gratuito ou familiar, somam-se ainda os efeitos da vizinhança, pois se presta, mais facilmente, de uma assistência a um vizinho do que a um "estrangeiro". Ora, os artesãos da cidade ocupam a mesma rua para um mesmo ofício; assim, aparece a ideia da ligação entre os serviços da confraria e os serviços do ofício. No campo, a aproximação pode, por si só, ter motivos materiais concretos: prestar a corveia em comum, aguardar em conjunto no moinho, reunir todos na praça central. O que se esperava de um confrade ou do grupo de irmãos? O auxílio mútuo, como o de assegurar algumas moedas a um operário ferido, uma pequena pensão à sua viúva, um velório e um enterro apropriado para o defunto. Na falta de uma "seguridade social", pública – e muito tempo antes! –, ou das reticências de uma Igreja, que já estava no limite e muito desconfiada diante de iniciativas "horizontais", este foi, durante séculos, o único recurso dos trabalhadores em dificuldade.

Associações então se formaram, talvez primeiramente na Itália do século XI, na Europa do Noroeste, um pouco depois, ou ainda como aquela de Saint-Omer, desde 1127, ou na Alemanha como a de Hirschau depois de 1090. Uma cotização permitia acessar ao socorro. Esse dinheiro permitia obter um local, terras ou instrumentos de trabalho que poderiam ser emprestados ou alugados conforme a necessidade. Na Inglaterra, onde chamamos de guilda (do *geld* germânico, dinheiro), as associações, através do caixa comum, conseguiam pagar os fiadores no tribunal. Esse caixa assegurava também os custos de uma reunião festiva, de um banquete, um *potacio* anual, o dia da festa do patrono local ou outro feriado. Essas libações em comum eram um regozijo em tempos de penúria e, ao mesmo tempo, um rito de convivência. Pouco a pouco, organiza-se assim uma estrutura de acolhimento, na qual, dominam, rapidamente, os notáveis, os mestres de ofício da cidade, os confrades eclesiásticos da aldeia, ou seja, os responsáveis pela "confraria" paroquial.

Nós conservamos alguns textos que regulamentavam as boas maneiras em um banquete, textos de policiamento interno por causa dos excessos ou de palavras que conduziam à baderna. Mas essas disposições não comportavam prescrições do tipo contratual; tem-se ainda a impressão de que, os confrades sendo iletrados, principalmente no campo, teriam muitas dificuldades para consultar um texto. É por isso que a redação de um acordo por escrito, de um contrato ao qual ele se refere, é uma etapa capital na história das relações humanas. Estudar essa articulação é essencial para a compreensão do progresso do contrato. Este poderia perfeitamente ser um compromisso oral, segundo uma fórmula combinada, na presença de testemunhas ilibadas, capazes de conservar uma lembrança bastante forte que pudesse valer como prova e com um sermão cativando a salvação das partes presentes. É certo que em países do direito consuetudinário – no norte do Loire e dos Alpes – não se faria diferente para qualquer compromisso importante, como, por exemplo, um contrato vassálico, uma doação fundiária para a Igreja, ou ainda a contratação de um operário ou uma cessão de manso. O que aflige o historiador, privado de provas escritas, e explica que através dos acordos, as *convenientiae* escritas nos países do sul, tem-se mais conhecimentos sobre a sociedade dessas regiões.

Os progressos da escrita no mundo do trabalho devem muito à compreensão mais profunda do que chamaríamos de "o direito comercial". A reunião das disposições canônicas adotadas, seja na ocasião dos concílios, como nos quatro em Latrão no século XII[22], ou durante a promulgação de decretais pontificais, sobretudo, as de Gregório IX ou Clemente V, no século XIII e no início do século XIV, talvez não tenham um proveito maior no progresso deste tema.

---

22. No século XII houve três concílios em Latrão. O quarto concílio ocorreu em 1215; portanto, já no século XIII.

Tratava-se de textos normativos nos quais se afirmava a posição bem-conhecida da Igreja em matéria contratual. Contudo, essa clarificação do direito canônico, esboçada depois de meados do século XII pelo bolonhês Graciano, teve um efeito considerável no mundo do trabalho. De fato, ela dotou de referências precisas os provisorados, ou seja, os tribunais episcopais; ora, providos de um selo cuja aposição dava fé e autenticidade, esses órgãos de justiça foram solicitados, depois de 1225 ou 1250, com uma grande insistência onde faltavam notários para estabelecer contratos, para confirmar vendas, para organizar arrendamentos, sem que houvesse uma relação direta com o direito canônico. Mas foi o desenvolvimento do direito civil que teve mais efeito sobre as "relações comerciais". O medíocre código teodosiano do século V foi substituído a partir de 1080 ou 1115 na Itália, especialmente em Bolonha, pelo *Digeste*, ou seja, as compilações feitas em Bizâncio no tempo de Justiniano, no século VI, seguido pelos seus sucessores. Certamente, o Direito Romano tratava de situações sociais bem diferentes daquelas dos séculos XII e XIII; a sua preocupação com a precisão na celebração de contratos e de suas garantias permitiam dar para os notários (ou para as assembleias urbanas) uma grande compreensão das relações entre os trabalhadores. Normalmente, recebido além dos Alpes do Sul, da Provença à Castela, países de escrita, o direito civil imprimiu sua marca sobre os usos "costumeiros". De orais que eram ainda por volta de 1200, esses usos tenderam a se codificar a seu turno: "redigir-se-á" um direito cotidiano que foi, aliás, em parte fixado; assim, a *Common Law* inglesa, desde o tempo de Henrique II ao século XII, os "costumes" da Normandia ou da Bretanha (Glanville, aproximadamente em 1190), depois, mais largamente na França do Norte (Beaumanoir, Pierre de Fontaines), ou no império ("espelhos", obras de Eike von Repgow) entre 1230 e 1290.

Assim, estabelece-se uma espécie de filosofia do contrato, na qual se conjugavam a contribuição romana, a tradição germânica e a mensagem cristã. Ela é ainda de todos os países da Europa. Lembramos que esse tipo de relação, que nos parece evidente, é, na realidade, específico de nosso país – acordo consensual e sinalagmático, caucionamento formal e indiscutível, respeito à fidelidade do contrato, tudo com o objetivo de proveito a todos. Talvez, não seja inútil refletir sobre outras concepções de relações contratuais.

A difusão de regras de direito, dando força a um acordo, exige, além do respeito à forma, a compreensão de fundo, em outras palavras, o latim não convém à sua redação. A utilização crescente das línguas vulgares acompanha então o desenvolvimento dos contratos escritos e não elimina o contrato oral, pelo contrário. De outra parte, na dimensão econômica desses acordos, salários, arrendamentos, disputas de todas as naturezas, a exatidão dos montantes, tornaram-se indispensáveis. As velhas fórmulas – "minha vinha", "o bosque de X", "um tecido de bom valor" – apagam-se diante dos números. Antes do fim do século XIII, estamos ainda longe da precisão matemática, somente os cambistas e os seguradores dominavam-na, mas eram pessoas da cidade. No campo, continua-se, sobretudo entre os laicos, a não contar, atitude considerada "ignóbil". No entanto, certa preocupação com a exatidão para estimar o tempo ou as contas desenvolve-se ao mesmo tempo em que os estudos do *quadrivium*. Essa evolução intelectual é uma etapa importante da história do espírito humano.

Observa-se, porém, que esses progressos do espírito podem ter efeitos nefastos sobre os próprios indivíduos. Se sabem, se dizem, se escrevem, tudo o que é devido pelo rendeiro e as condições de pagamento de um trabalhador, toda fraude torna-se difícil, o que é bom; mas toda iniciativa para escapar ainda é possível, o que lhes é pior. O mundo do trabalho encontrava-se assim mais estritamente delimitado. E lhe será mais vantajoso se esses contratos ultrapassarem o domínio do consensual para se transformarem em obrigações.

3.3.2 Estatutos e regulamentos

Ajudar um vizinho em dificuldade é natural, recusar-se não causa nada além de uma condenação moral; romper um contrato é algo muito mais grave, algo suscetível a processo e multas, se apelassem a uma instância da justiça, e que um compromisso, tão amado nesses séculos, nada produziu. Mas fabricar um tecido que não tivesse as características requisitadas pelo regulamento ou atacar um oficial que vinha cobrar os inadimplentes eram atentados à paz – o artesão veria ser apreendido e destruído o objeto contestado, o camponês seria preso e jogado ao calabouço. É o que existe acima da confraria ou do contrato, um escalão, aquele do regulamento outorgado (e não o fruto de um acordo, por um poder superior ao indivíduo isolado), que se estendia dos magistrados da aldeia ao rei.

Na cidade, onde a variedade dos tipos de trabalho era muito maior do que no campo, experimenta-se, rapidamente, a necessidade de órgãos intermediários entre a autoridade pública e a oficina. Embora se tenha contestado o impacto sobre o trabalho, a reunião de vizinhos, incluídos em uma mesma confraria, desempenhou um papel capital sobre a aparição de organismos que chamaríamos "corporações" no século XVIII, mas que, na Idade Média, era designado pelas palavras *ofícios, arti, jurandes, Handwerke, Amter, guildas* – cada um desses termos, contendo um elemento incluso no conjunto, assim, um exercício de um ofício, uma obra acabada, um contrato ajuramentado, um trabalho manual, uma função, tudo relacionado ao dinheiro. A origem mesmo desses reagrupamentos dificilmente pode remontar às associações romanas que chamamos de *collegia*; essas últimas, na verdade, pertencendo aos quadros fiscais, eram preenchidas, pelo despotismo imperial, de trabalhadores ligados à vida e às atividades imperiais. Nota-se somente que essa intervenção brutal de autoridade pública pode sobreviver, mas somente na Itália ou na Espanha do Norte, até o século X, sob a forma de um controle invejoso, por parte dos agentes do Estado, dos ofícios "perigosos" para a paz pública – armeiros, serra- lheiros, armadores, boticários ou algumas atividades alimentares importantes, como a da panificação – e não se pode esquecer que, para esta última, a taxação autoritária do preço do pão desapareceu recentemente.

Se o elemento religioso é inegável, tampouco se pode negligenciar uma cria- ção voluntarista da parte das instâncias governamentais da cidade. Antes mesmo de 1068, em Milão, em Florença, pouco mais tarde, em Valenciennes e em Saint-Omer, os mercadores – os primeiros a sair da sombra – parecem ter solici- tado e obtido dos poderes locais, da cidade ou condado, textos de proteção. Na Inglaterra, o próprio rei foi convidado a tomar para si o controle sobre os traba- lhadores. Mas se teve ou não, nessa ocasião, intervenção de outros elementos so- ciais, como a aristocracia na Itália, o objetivo era o de enquadrar os trabalhado- res, de vigiá-los mais do que os sustentá-los, de se precaver contra a concorrência mais do que procurar uma melhor qualidade. Era esta constante preocupação com a "paz" que justificava que tantas regulamentações fossem iguais, do século XI ao XIV, para um mesmo ofício, mas em dois lugares diferentes, quando se tratava, por exemplo, de horários, de festas, de assembleias e cotizações.

Suscitado ou espontâneo, o "ofício" é uma coligação, uma comunidade profissional horizontal; e a Igreja, por ocasião de um concílio realizado em Rouen no século XII, condenou formalmente esse enquadramento laico, ou, pior ainda, um juramento não religioso, uma *cojuratio* que se opõe ao jura- mento sagrado, o *sacramentum*, o juramento. Foi no curso do século XI que o desenvolvimento urbano desencadeou o movimento: ele conserva, por muito tempo, sua dimensão de caridade ou de amizade, de Tiel a Valenciennes e a Mogúncia (1066-1117), e eram os mercadores, na maior parte, e os revendedo- res (intermediários, *brokers*) que obtiveram os textos porque sua situação era marginal e frágil (Milão, 1086; Oxford, 1100; Worms, 1106). Foi necessário esperar o século XII para que outros setores do artesanato fossem tocados pela regulamentação, mas sem que se possa saber a duração do período de clandestinidade – os ferreiros de Mâcon tinham um texto de 1130, mas, desde 1010, há alusões à suas reuniões em Angers. Sapateiros de Rouen (1100) e de Vurzburgo (1128), os açougueiros de Paris (1134), peleiros de Saragoça (1140), os telhadores de Dijon (1146), pouco a pouco, a Europa inteira foi tocada, não sem reticências ou mesmo recuos – nada em Lion antes do final do século XIII, ou na Espanha, na Bretanha e em Provença antes de 1400. A oposição de um príncipe e o isolamento de uma região podem explicar esse atraso; ou ainda a mediocridade dos efetivos e da clientela, as atividades exercidas na cidade por imigrantes do campo, julgados como pouco qualificados, como, por exemplo, marceneiros, adeleiros e tamanqueiros.

A organização interna que revelam, frequentemente em uma série de artigos sem ordem, os textos redigidos não conhece muitas variações notáveis – um conselho de "irmãos", em geral dos mestres, considerados por sua idade e riquezas, um decano guardião do caixa comum, os guardas e os vigilantes da fabricação (*keuriers* ou *eswardeurs* dos Países Baixos, *Meister* no império, *prieurs* na Itália). Admitido no ofício, o artesão deposita uma cotização, jura respeito às normas de fabricação e, se for "companheiro", aceita uma hierarquia na oficina, a qual ele poderá quebrar somente para o exame de sua "obra-prima", julgada para o mestrado no seio da corporação na qual aspira entrar. Este traço, em seguida, acompanhado do aumento progressivo do custo de cotização, devido à desvalorização monetária desde 1180, ou da diminuição do número de aprendizes destinados a serem herdeiros do mestre (ou ainda a concentração de locais de trabalho nas mãos de algumas famílias poderosas) fez pesar sobre os ofícios os riscos de uma degradação da condição social, até mesmo uma grande paralisia na produção; em todo caso, a rejeição, brutal ou não, de muitos trabalhadores, lançando-lhes ao desemprego.

Pode ser que essas perspectivas, inquietantes para a paz, mais do que em função das dificuldades colocadas diante de uma parte do mundo do trabalho, tenham levado a autoridade pública a tentar tomar para si o controle dos ofícios e dos seus estatutos. Dois caminhos eram possíveis: seja o rei, como São Luís na França, que encarregaria os seus agentes de reescrever, de "regulamentar" os ofícios e, ao mesmo tempo, realizariam uma limpeza das ameaças – assim fez Etienne Boileau, preboste de Paris, por volta de 1260; seja através da abertura das portas da política, confiando os cargos da administração municipal aos representantes dos principais ofícios – assim ocorreu com os priores dos "altos ofícios" (lã, seda, comércio etc.), como, por exemplo, em Florença (1193), em Milão (1198) ou em Gênova (1205). Esse giro do trabalho pela administração far-me-ia entrar em um estudo sobre o governo das cidades – certamente, a presença de homens de ofícios à cabeça da entidade urbana pesou sobre as deliberações municipais ou consulares, ou ainda sobre os problemas do trabalho, dos salários, da contratação (eu retornarei, mais à frente, a essa tomada de consciência). Deve-se reter que a chegada dos chefes das oficinas ao topo do poder local tomou não somente um caráter muito pouco "democrático", porque se tratava de defender os interesses dos mestres, mas tal chegada pôde se sustentar somente ao custo de compromissos assumidos junto à aristocracia local ou ao grupo de mercadores – na Itália, está aí a origem do "senhorio urbano". O período final da Idade Média viu acelerar-se e agravar-se uma evolução, fonte primeira de conflitos sociais, que eu abordarei posteriormente. Em um primeiro momento, os *popolani*, como se diz na Itália, os pequenos ofícios, chegaram a se misturar ao meio dos *magnati*, dos "altos ofícios" ou da aristocracia, não sem alguns conflitos entre 1275 e 1230. Mas a falta de maturidade política dos pequenos ofícios, quando eles pertenciam à plebe, ao *popolo minuto*, não tardou a produzir seus efeitos negativos. Dava-se ou devolvia-se um lugar eminente aos cavaleiros (25% dos "*capitouls*" em Toulouse, como em Lübeck ou em Barcelona), ou aos magistrados e aos manipuladores do dinheiro (de proporções duplas); quanto aos demais, um quarto somente dos cônsules representaria os ofícios e quase unicamente os mestres de ofício.

A cidade ocupa então o primeiro lugar no quadro da regulamentação do trabalho. E, vários casos, a fronteira não é nítida entre essa legislação e a estrutura política que a sustentava. O problema não se dá por causa de uma interpretação malfeita de cada um desses domínios, mas sim devido à real imbricação dos dois em nossa documentação escrita. Como distinguir, com clareza, em um texto que fixava as condições de estabelecimento de uma "comuna", os artigos que concernem à administração da cidade – que chamaríamos de senhorio ou magistratura – daqueles que eram consagrados à ordem pública e às multas da justiça, ou ainda à defesa dos bairros e algumas alusões à *potacio* ou aos privilégios dos mercadores? Isso não me pareceu estar alinhado com o meu objetivo de fazer uma apresentação do crescimento demográfico ou econômico das cidades, nem das liberdades, dos privilégios concedidos ou deixados às "comunas", nem mesmo dos estratos familiares ou dos agrupamentos sociais na cidade. A história sangrenta da comuna de Laon, no início do século XII, aquela, tumultuada, do acerto de contas entre guelfos e gibelinos em Florença no século XIII, ou o fiasco dos "programas" de um Jacques van Artevelde em Gante ou de um Etienne Marcel em Paris no meio do século XIV, todos esses episódios tiveram pouca importância na visão de um operário, trabalhando à luz de velas depois do toque dos sinos do campanário soar o fim do trabalho.

Mas se deixarmos a cidade e formos para o interior, a luz fica mais forte e mais clara. A comunidade aldeã é bem anterior às manifestações de reagrupamento urbano, é uma noção arcaica e "burguesa" que se obstina em colocá-la em um quadro de imitação da cidade. Na verdade, a vizinhança, as estruturas agrárias de agrupamento e o vigor do quadro religioso remontam ao alvorecer da Idade Média, senão da Antiguidade; formam a base de uma tomada de consciência muito precoce da identidade aldeã a partir do ano 1000. Mas aquilo que diz respeito ao campo é lento, mensurado, raramente brutal, de modo que o surgimento dos "estatutos" adquiriu um aspecto flutuante. Em resumo, o que preocupava o aldeão era ter uma segurança em seu trabalho (tempo para concluí-lo, garantias contra ações arbitrárias). Ele esperava não ser expulso de sua terra, não sofrer restrições monetárias em função das disputas senhoriais, dispor de um mínimo de controle sobre a baixa justiça do lugar. Ressalta-se que desejava então dos poderosos o direito de residir, de ser "vilão", de acessar às áreas de colheita, de ver delimitada uma lista precisa de delitos com as suas respectivas sanções. É porque, um pouco como para a outorga de privilégios urbanos, os textos registram os direitos e deveres que ocupavam um lugar preponderante para esses objetivos, mais jurídicos do que sociais. Mas eles se diferem profundamente em três pontos: inicialmente, o oral, a tradição e o costume tiveram um papel muito mais importante do que na cidade, dissimulando amplamente aos nossos olhos os primeiros passos dessas formações comunitárias, inclusive, em países de direito escrito. Em seguida, não se trata de manifestações "insurrecionais" – a aldeia não se define *contra* a ordem social, ao contrário, está inserida nessa ordem, é uma transação delicada nessa relação que, sem dúvida, sustenta esse movimento. Além disso, a atividade agrária sendo a forma evidente e majoritária das ocupações aldeãs, nada do que se escrevia ou se dizia sobre o interior poderia alterar essa advertência. Enfim, os compromissos assumidos tinham um caráter contratual, sinalagmático entre o mestre e os homens, cada qual encontrando o seu proveito. Assim, no século XIV, *relação de direitos*, *registros de costumes*, *Weistümer*, significam direitos e deveres de cada um – o que mereceria, muito mais do que se poderia dizer para a cidade, o emprego da expressão "democracia na aldeia".

Algumas circunstâncias puderam acelerar a necessidade do estabelecimento desse tipo de acordo. Por exemplo, se os mais antigos textos, desde o século X e em todo o século XI, eram bascos, catalães, espanhóis, os *fueros*, os *usazges*, os *fors,* tais registros ocorreram em função das necessidades de povoamento diante do islã; se o movimento perdeu força, no século XII, em torno da Champagne e das Ardenas, no século XIII, no Weald inglês ou na Alemanha do Leste, foi para evidenciar as terras novas, graças a uma poderosa imigração. Mas esses textos de "leis", de "ordenações" ou simplesmente de "privilégios e costumes" contêm todos os elementos que regulamentam amplamente o trabalho no campo: as corveias ou sua remissão, o estatuto do homem livre e da sua herança, o acesso à madeira ou às lagoas, a taxa imposta ao trabalho do camponês. Neste caso, essas cartas são regulamentos.

Além disso, podem existir casos, especificamente para um tipo particular de atividade, que se aproximariam dos preceitos urbanos. Mas são raros, excepcionais; trata-se do caso dos "códigos mineiros", como aqueles de Jihlava no fim do século XIII, ou ainda regulamentos florestais, da mesma época, que estabeleciam as etapas e as remunerações do trabalho. Um estudo completo – mesmo em estágio inicial, de dados extraídos dos mercados, das doações, dos contratos – forneceria precisões (onde se examinou os arquivos cistercienses, o resultado retirado dos documentos relativos às técnicas, aos direitos ou às interdições, é digno de nota).

3.3.3 E o fora da lei

A Idade Média, inclusive em sua fase inicial, muito intimamente ligada à Antiguidade tardia, não conheceu esse enquadramento feroz e sistemático através do qual a autoridade romana vacilante esperava manter sua autoridade sobre os trabalhadores. Mesmo após terem sido redigidos os estatutos e as regulamentações das assembleias e das comunas, dos quais acabamos de ver o florescimento, grupos de homens escapavam à lei. Os excluídos da sociedade, certamente, mas também de indivíduos cuja atividade escapa a todo controle, seja porque não poderiam ser tocados pela ordem humana, seja porque formavam agrupamentos exteriores ao mundo comum, assim, regiam-se segundo as suas próprias regras.

Na primeira categoria, encontrar-se-iam aqueles que recusam o princípio mesmo da ordem cristã, rejeitando o "bom", o "justo" e a "paz", trata-se dos excluídos por vontade própria, os rebeldes, os "homens maus" que se oferecem arrogantemente à admoestação pública. Não se trata de desocupados, nem de "pobres" rejeitados pelo mundo do trabalho; eles escolheram deliberadamente provocar a sociedade estabelecida e o seu número cresceu no ritmo da tomada do mundo pela ordem, seja a dos clérigos, seja a dos ricos. Trata-se de errantes "fora da lei", fora da paz. Sozinhos ou em bandos, espreitam as orlas dos bosques, escondem-se nas valas das cidades ou na floresta onde não se ousava persegui-los – nós os chamamos de "carvoeiros", "pastorinhos". Nos séculos XIV e XV, misturados aos homens que vagavam pelas estradas, aterrorizavam as aldeias; eram os malfeitores, os ladrões sob vestes de peregrinos. A obscuridade das florestas sendo propícia às sutilezas do maligno, esses homens passavam por agentes diabólicos. Nesses lugares, o povo crédulo aventurava-se a procurar os bruxos.

Outros escolhiam caminhos mais honrados. Os jograis pertenciam ao mundo do trabalho doméstico, mas o desprezo que inspiravam manchava-os de tal modo que lhes eram recusadas sepulturas cristãs. Ávido por desapego e por humildade, Francisco de Assis declarar-se-ia o "jogral de Deus". Mas existe uma categoria mais louvável ainda, mas muito mais sujeita à desconfiança por parte da sociedade estabelecida. Rejeitados pela obscenidade do século, hostis à promiscuidade dos conventos, entusiastas da meditação em silêncio, os eremitas ganharam o "deserto", ou seja, a floresta. Pés nus, colhendo bagas para se nutrir e gravetos para fazer cestos, eram demasiadamente suspeitos para a Igreja estabelecida. Pois essas almas delicadas, esses homens que desprezam o mundo, que meditam e rezam em silêncio, aparentavam ser as sementes de heresia; mas o povo simples venerava-os e, espontaneamente, canonizara mais de um, consultava-os sobre um medicamento, uma tristeza, um projeto. Era um trabalho de consolar a todos, enquanto se entrelaçava uma cesta.

O infiel é por excelência aquele que não segue a ordem cristã e que vive como um estrangeiro em seu seio. De um tempo ao outro, a Igreja empreende conversões através da violência ou da persuasão discursiva, mas sem um verdadeiro sucesso. Todavia, a obstinação do infiel a agarrar-se à sua fé e aos seus costumes, não o transforma em um inimigo da paz. A tolerância dos reis espanhóis ou normandos da Sicília permitiu aos muçulmanos da Espanha ou das ilhas – esses *mudejares* imersos no mundo cristão – conservar quase intactos suas posições anteriores à Reconquista, sua jurisdição, suas bases de culto. Os *boni mori* exercem então, como os cristãos, as funções de camponeses, de artesãos ou de comerciantes. É verdade que, no século XIII, a necessidade de distribuir terras e casas conduziu a uma caça nas cidades levando-lhes à expulsão; assim ocorreu com mil famílias da Calatayud em 1253 e dez mil de Valência em 1270. Muitos retornaram para o Magrebe, aqueles que ficaram sofreram uma degradação da sua condição legal; eles chegaram ao nível dos domésticos, senão da escravidão, em pleno século XV.

O caso dos judeus é totalmente outro. Desde o século I, e sob aspectos constantemente novos, a sua recusa em misturar-se ao mundo transformado em cristão os deixou tão isolados quanto elevou muito o seu número (500 famílias em Nápoles, 300 em Narbona, 800.000 almas na Espanha no século XIII). De outra parte, a sua obstinação, a sua habilidade no trabalho e a força dos seus laços religiosos, familiares e culturais davam-lhes um lugar considerável no Ocidente. É importante lembrar, além disso, que os judeus ocuparam, por muito tempo, no mundo islâmico como no mundo cristão, uma posição confortável; eles eram largamente tolerados, imagem mais fortificante para o fiel do que o espetáculo do "povo deicida", testemunha do Antigo Testamento. Assim, os veremos, até o fim do século XI, exercerem atividades variadas, raramente o trabalho nas terras, frequentemente o artesanato de precisão, a medicina ou ainda o comércio de cavalos. A recrudescência da piedade cristã, depois do movimento gregoriano do século XI, desencadeia uma onda de hostilidade que conduz os cristãos aos massacres, às capturas e às expulsões dos judeus – esse processo não parou de se multiplicar durante os séculos XIII, XIV e XV. Como, no mesmo momento, as comunidades judaicas cindiam-se em Sefarditas da zona do Mediterrâneo, muito mais inclinados à compreensão, e em Asquenazitas das zonas germânicas, pietistas rigorosos, a separação se aprofunda intensamente, isolando os judeus em bairros específicos, com sua língua, suas vestes, sua alimentação e seu cemitério próprio. E seu trabalho também, porque, mantidos, cada vez mais, na observância dos ritos hebraicos, e, além disso, regularmente privados dos empregos civis e militares, da terra e das oficinas, os judeus voltaram-se para a medicina e para o comércio – um comércio local, frequentemente aldeão, um comércio ambulante e de pequenas operações de crédito. Em tempo de dificuldade econômica e penúria monetária, suas taxas de usura e suas margens de lucro faziam com que fossem considerados agentes do maligno e vítimas das vinganças coletivas.

Quanto ao "miserável", ele não tem lei, nem fé própria, é um excluído dos progressos econômicos. No entanto, a Igreja, desde muito tempo, hesitava sobre a atitude a se adotar em relação a esses "fracos", esses *pauperes*, pobres em recursos, pobres de espírito. Até o século XIII, ela se recusou a fazer uma distinção entre homem de poucas condições de subsistência e aquele que, não tendo nada, mendigava em busca de trocados ou de pão. A ideia que a pobreza era cara a Deus foi substituída, no início do século XIII, pela onda dos frades chamados mendicantes, que invocavam o Cristo nu. Numerosas recitações morais descrevem, sem rir, os ricos invejando a "santa mendicância". Evidentemente, esta explicação admite uma contrapartida: o mendicante deve aceitar seu estado, no silêncio e na humildade, seus sofrimentos neste mundo deveriam ser remidos no Além. Quanto à compaixão e à ajuda, é poder da Igreja – o que ela faz muito honrosamente, seja alimentando os desamparados à porta dos conventos, seja distribuindo víveres aos pobres "registrados" (*matricularii*), ou seja, listados no registro do bispo ou na "tábua dos pobres". Contudo, o sucesso mesmo das ordens mendicantes, dando novamente vida à ideia da pobreza voluntária como símbolo de elevação espiritual, provocou, a partir de 1280-1300, um efeito completamente perverso.

À exceção dos monges voluntaristas, a indigência e a miséria só seriam aliviadas quando se tratava de enfermos, de velhos incapacitados ou das miseráveis vítimas de um desastre econômico. Os demais, que não trabalhavam e mendigavam eram os preguiçosos e os rebeldes, ninguém lhes devia compaixão – em caso de necessidade, tomar-lhes-ia tudo para enviá-los ao trabalho. E como o desemprego e a miséria inclinam os desprovidos à violência, ao roubo, ou mesmo ao assassinato, a pobreza transformava-se na mãe dos vícios, um escândalo (*turpitudo*). No século XV, os mendigos eram colocados sob vigilância à noite, colocados em ruelas que se tornaram perigosas para os transeuntes. Estima-se que fossem aos milhares em Paris no início do século XV, era muito difícil ignorá-los. Mas havia algo pior: aqueles que não eram mais homens, os leprosos.

A lepra, ainda endêmica no Sudeste Asiático nos dias de hoje, provavelmente afetava o Ocidente desde o início da era cristã, mantendo-se em quase toda parte até o século XIV (parece que outras afeções, como, p. ex., a tuberculose, fê-la recuar). Os *cagots* da França do Sudoeste, no século XIV, talvez, englobassem os leprosos. É difícil situar essas doenças no mundo do trabalho. Além dessas manifestações exteriores espetaculares, essa afecção mina a resistência nervosa ou muscular e destrói os tecidos cartilaginosos; fortemente contagiosa, leva ao isolamento completo do doente, à destruição pelo fogo dos seus pertences, de suas vestes, à exclusão, seja em um hospício inacessível, a *maladrerie*, longe da aldeia, seja em uma cabana condenada. Por outro lado, leprosos testemunhavam nos atos escritos, eles cultivavam a terra, ocupavam mesmo os ofícios; uma série de situações que, em princípio, eram incompatíveis com a doença. Será que se qualificou como "lepra" as afeções de pele impressionantes, mas não contagiosas?

Do doente com um bornal, mancando em direção à porta de um convento, a Marco Datini, o mercador de Prato, os homens definem-se pelo trabalho. E mesmo os mais marginalizados dentre eles, sem casa, sem fé, sem lugar, sem lei, têm o seu lugar, mesmo que a direção geral da evolução seja a crescente divisão entre as categorias sociais. A riqueza, o equipamento e o poder não cessam de abrir brechas neste mundo, tanto na cidade onde se vê tal processo com clareza como no campo onde tal processo é latente. Portanto, não seria tanto um problema de fontes, mas de constatar uma aceleração, cada vez maior, nos últimos séculos medievais, capaz de levar a uma oposição que já se pode qualificar de "luta de classes" entre os grupos de trabalhadores.

3.4 A política do trabalho

Não faltam, para antes de 1275 ou 1300, na história do trabalho na Europa, sobressaltos opondo dominantes e dominados. Mas era raro que os contemporâneos tenham detectado outra coisa que não fosse protestos religiosos ou políticos (e não faltam historiadores contemporâneos que defendem esse ponto de vista quase irênico). As tentações referentes à promoção social ou as tomadas de posição incompatíveis com a ordem estabelecida são vistas como atos individuais sem fundamento coletivo. Em uma análise desta natureza, as "milícias da paz", no século XI, eram negócios de família entre dominantes – os cátaros, no século XII, simples heréticos, os "Jacques", do século XIV, camponeses perdidos, e os operários parisienses, revoltados no século XV, pobres manipulados pelas facções principescas. A Antiguidade deixou a lembrança das guerras servis, sublevações breves e atrozes, cheios de fúria, imersos no sangue – mas a Idade Média não as conheceu, e a sua lembrança violenta retornava nos "pavores" e nas "convulsões" dos séculos medievais. No entanto, não é muito difícil detectar, sob os "furores" da cidade ou do campo, a eclosão, na superfície do mundo do trabalho, de bolhas lentamente formadas por um descontentamento silencioso e durante muito tempo impotente.

Em uma sociedade fortemente hierarquizada, e, em teoria, baseada no consentimento mútuo, não há uma "revolução" sem que haja um ataque à ordem divina. Para unir entre eles manifestações de rejeição a um estado que se tornou insuportável, é necessário tentar seguir o fio dos desejos não declarados, dos rancores reprimidos e das humilhações silenciadas. Sem dúvida, é o destino de toda a sociedade, desde que um exige o trabalho do outro e possui um meio de constrangê-lo a trabalhar. No caso dos séculos medievais, o historiador é particularmente desamparado em sua investigação. Inicialmente, porque percebe somente ecos parciais e tendenciosos oriundos dos poderosos; em seguida, porque os testemunhos precisos provenientes, por exemplo, das inquirições ou de sentenças são raros antes do fim do século XIII. Contudo, não faltam episódios, qualificados como políticos ou espirituais, que trazem a marca dos esforços dos humildes para modificar a sua própria sorte.

Sem remontar à obscuridade que banha os primeiros quinhentos anos da Idade Média, muitas "insurreições" manifestaram uma dimensão social. A revolta dos camponeses normandos ou paduanos, por volta do ano 1000, foi uma tentativa para se contrapor às exigências do trabalho senhorial; as milícias camponesas da Paz de Deus, por volta de 1038, em Berry, ou as milícias urbanas da Itália do Norte, apenas mais tarde, acertaram suas contas com os senhores ou com os bispos. Via-se mesmo, por ocasião da *Patarie* milanesa ao fim do século XI, até a regulamentação de novos horários de trabalho. O ataque à hierarquia eclesiástica, à propriedade e à autoridade proferida em Roma por Arnaldo de Bréscia, no meio do século XII, é um manifesto que ousamos chamar de proudhoniano (cinquenta anos mais tarde, os valdenses, os discípulos do leonês Pedro Valdo, rejeitam todo o trabalho regulamentado). No século XIII, os seus rivais na Itália, denominados de *umiliati*, formam bandos de confrades que recrutavam os desempregados e trabalhavam gratuitamente – no mesmo momento, Francisco de Assis, dizia a mesma coisa. Naturalmente a Igreja guardiã da ordem ficou inquieta e desconfiada. E, quando o catarismo se enraíza, a dimensão anticristã do movimento foi um pretexto invocado e julgado como suficiente para massacrar uma rebelião que era, de fato, do tipo social. Afirmar que os cátaros não tinham nenhuma visão prospetiva porque, entre os seus, havia clérigos, nobres e trabalhadores, significa não compreender que é esta mescla, por si só contrária à ordem divina, que era "revolucionária".

Os dois séculos e meio, entre 1270 e 1520, durante os quais a Idade Média completa a sua desagregação, têm uma reputação de violência e mal-estar, mas também são conhecidos pela grande riqueza espiritual e religiosa. Na história do trabalho, a força das mutações econômicas provocou sobressaltos, ajustes, oposições, que as fontes escritas, a partir de então mais abundantes, permitem uma aproximação com mais precisão.

3.4.1 As condições do trabalho

O espetáculo de injustiças sociais ou da miséria, de tempos em tempos, comoveu as almas compassivas; as outras eram mais indiferentes. Assim, uma evolução mental infeliz poderia conduzir a uma desconfiança em relação ao desempregado, como preguiçoso, lançando-o ao banditismo. Talvez, as condições rudimentares da vida medieval explicassem, sem justificá-la, evidentemente, certa dureza de sentimentos de compaixão (um doente irrita, um cego faz rir, o primeiro pelo incômodo que causa, já o segundo em função dos erros que comete). No entanto, as dificuldades sociais agravam-se tanto com fenômenos externos como a epidemia, como os caprichos climáticos ou as guerras, quanto como com questões de desorganização interna dos quadros do agrupamento humano do senhorio, da comuna ou da Igreja. Assim, certa tomada de consciência acerca dos problemas sociais pode, nesse contexto, então nascer.

Evidentemente, foram entre os intelectuais, clérigos ou conselheiros dos príncipes, que a reflexão pôde se desenvolver. Junto à Igreja porque a mensagem cristã é uma mensagem de amor ao próximo, e, junto aos reis, porque sua função é de se identificar à fé e de difundi-la (juntos, há muito tempo, formularam piedosos preceitos sobre o auxílio e sobre a dignidade do homem, mesmo no período carolíngio em que a distância é longa entre a esperança e a realidade). Os conselhos de resignação, esmolas materiais e o paternalismo dessas doações parecem suficientes, por muito tempo, para aliviar as desigualdades e as misérias. Todavia, sob o manto da harmonia desejada pelo Criador, a oposição entre ricos e pobres, poderosos e desvalidos, ou entre o capital e o trabalho transpareciam. O desenvolvimento do movimento universitário, entre 1260 e 1400, ofereceu a oportunidade de se interrogar sobre as engrenagens da vida social e os mecanismos da economia.

A reflexão, assim iniciada, não desobstruiu satisfatoriamente a apreciação desses problemas. A insuficiência da reflexão escolástica não provinha de um medíocre conhecimento de economia, mas de uma dupla fragilidade: os senhores, eles mesmos, faziam parte do grupo social que pretendiam criticar (como teria dito Marx, nesse processo, eles eram "objetivamente" cúmplices); e, quanto aos clérigos, em princípio ao menos, não conseguiam desfazer-se da visão patrística da resignação neste mundo. Eles puderam revelar certa consciência social, mas, sistematicamente, recusaram recorrer à violência para vê-la triunfar. Por volta de 1285, Felipe de Beaumanoir admitiu que "ninguém é somente plebeu de coração" – porém, ele era um fiador vigilante da ordem estabelecida. Um século mais tarde, Nicole d'Oresme denunciou a função do dinheiro na discriminação do trabalho, mas pregou a solidariedade entre todos. Jean Gerson, em 1405, e Jean Petit, em 1407, compreenderam a noção de "classe social"; já Alain Chartier, em 1420, enfatizou acerca do produto do trabalho camponês ou artesanal acumulado pelo senhor, mas nenhum chegou a justificar um protesto violento, desejando uma reviravolta nas relações sociais. Poder-se-iam encontrar outros exemplos fora da França. Praticamente, é necessário esperar por Jean Bodin, na França, e por Gresham, na Inglaterra, no final do século XV, para que se inicie em um estudo sério sobre o trabalho.

Responsáveis ao mesmo tempo pela ordem e pela fé, os príncipes não poderiam contentar-se com as exortações piedosas que a Igreja lhes incitava a formular. Na Antiguidade, os estoicos tinham, eles também, sustentado uma mensagem desta natureza, e os imperadores romanos tinham-lhes, às vezes, escutado. No século IV, por exemplo, príncipes audaciosos e esclarecidos, como Diocleciano e Juliano, tinham mesmo esboçado "reformas" sobre os preços ou sobre os encargos relativas ao trabalho. Mais tarde, no século IX, os carolíngios, preocupados em continuar o Império Romano, tiveram, eles também, de legislar sobre essas matérias, porém – admitindo mesmo que as suas "capitulares" teriam obtido menos efeito – havia somente projetos esparsos, sem um desenho mais profundo, pura marca de caridade cristã dos príncipes. O desaparecimento da noção de Estado que se seguiu, reduziu ao nível das circunstâncias de momento algumas disposições iniciadas – na Inglaterra, à época de Henrique II, ou no império, com Frederico Barba Ruiva, seu contemporâneo.

Foi necessário esperar o meio do século XIII para que reaparecesse uma visão de conjunto das mazelas da sociedade. A difusão do *Digeste*, nas universidades ou em torno dos reis, contribuiu para isso. Contudo, as ordenações que Luís IX, na França, Afonso X, em Castela, Carlos I de Anjou, na Sicília, promulgaram aproximadamente em 1260, abordam mais os problemas acerca do comportamento ou da justiça do que sobre o trabalho e sobre a economia (o sacrilégio, o duelo judiciário, a prostituição, e, mesmo, o "esvaziamento" das tabernas). Mas o interesse desses textos está relacionado aos movimentos que avançavam sobre esses príncipes; eles reconheciam que, piedade à parte, se tratava de sustentar o "lucro comum". Cabia ao rei a responsabilidade de arbitrar os conflitos nascidos das desigualdades em meio a esses temas. Assim, renasceu a noção fundamental de responsabilidade de Estado no que diz respeito à justiça social. As convulsões que começaram, antes mesmos de 1300, na região oeste da Europa, deixaram mais agudo esse sentimento, e o século XIV foi, nesse aspecto, muito rico nas premissas de um direito do trabalho.

Duas formas de intervenção desenharam-se em ambos lados em 1350. Nos círculos mais próximos ao Imperador Luís da Baviera, pensadores audaciosos e conselheiros do príncipe (Marsílio de Pádua, Jean de Jandun) esboçaram um programa de governo em que os grupos sociais individualizados teriam, cada um, uma função a desempenhar. Mas a brevidade de sua carreira e a modesta influência do imperador não permitiu, ao menos, a aplicação dessas teorias. Da outra parte, os reis ocidentais foram impelidos a tomar medidas práticas, de porte imediato, mas que testemunham as suas preocupações. Isso foi ainda mais importante do que a dos príncipes predecessores do século XIII, que foram circundados e aconselhados por clãs aristocráticos e de clérigos, os quais estavam, sobretudo, preocupados com os seus interesses privados e que, nem Felipe IV, nem João o Bom, nem Eduardo III, são suspeitos de espírito democrático. Ora, ver-se-iam reunir – e com um surpreendente sincronismo – comissões concernentes aos salários (1331, 1351) e às condições de contratação (1349, 1354), prescrever inquirições sobre as regulamentações de fabricação (1354, 1365), sobre a expulsão ou aprisionamento dos desempregados com idade inferior a 60 anos (1346, 1358, 1380). Outros príncipes, nos Países Baixos, em Castela, na Suécia, na Dinamarca, tomariam medidas para enquadrar os camponeses que se dirigiram para a cidade, fixar preços, tornar público, denunciar os estoques (1380, 1414, 1415, 1425). No entanto, o otimismo teria sido sem fundamento.

Primeiramente, porque o mecanismo das relações sociais não estava muito bem-dominado; em seguida, porque se tratava mais de resolver o problema urgente sem esboçar uma verdadeira "política de trabalho" do que somente manter a ordem; por fim, porque a finalidade dessas medidas era a de fixar a situação social e não a de enquadrá-la à novidade. A esse respeito, o *bill* de Eduardo III, em 1351, qualificado como um "estatuto dos trabalhadores", é uma medida "reacionária" de regressão salarial e de retomada em mãos dos ofícios. O balanço é então insuficiente. Ele testemunha que o Estado não era mais indiferente aos problemas do trabalho. Somente no momento de "reconstrução", passada a grande depressão de 1410 a 1460, que seria novamente examinada a situação social – a esse respeito, um reinado como o de Luís IX testemunhou um interesse pela economia que acompanharia, entre 1459 e 1477, uma política sistemática de revisão dos estatutos dos ofícios.

Talvez, poder-se-ia dizer, em defesa dos responsáveis de outrora, frequentemente desprovidos dos meios de conhecimento e de controle necessários a uma visão positiva do conjunto, que a irregularidade e a forma imprevista dos movimentos sociais, frequentemente dissimularam, aos seus olhos, os caminhos a seguir para remediá-los.

3.4.2 Os terrores

Talvez seja preciso sublinhar que as medidas, mencionadas anteriormente, da Taberna de São Luís à revisão dos ofícios por Luís XI, estavam relacionadas ao contexto urbano. O motivo é muito simples: embora a cidade agrupe somente uma minoria da população – inclusive na Itália – nela, a escola, o Direito e o dinheiro triunfam, e os seus legisladores destacavam que as tensões eram vivas no mundo do trabalho. Esse efeito é incômodo para o historiador: o campo, apesar de sua preponderância, continuava pouco conhecido pelos seus contemporâneos, aqueles que tinham a pena, assim como dos pesquisadores da atualidade que os leem. Além disso, aquilo que se passava no campo era, como sempre, muito lento e flutuante. Então, indubitavelmente, seria sábio aumentar – mais do que já se faz ordinariamente – os episódios tumultuosos que aí se desenvolveram.

Sem que entremos, mais do que o necessário, no exame das estruturas sociais do campesinato, o esboço de uma evolução, acelerada a partir do século XIII, impõe-se. O limiar do qual partiriam os "terrores", uma palavra que evoca os "medos" do século XVIII, é indiscutivelmente econômico, ainda que a parte da desorganização social do quadro do senhorio tenha, nesse contexto, desempenhado uma função essencial. O crescimento demográfico não foi ultrapassado pela emigração para a cidade que continua insuficiente; a sua procura, depois de 1250, sobretudo na Europa do Nordeste, em um momento em que se escasseavam as terras novas, provocou uma acumulação de homens que, dificilmente seriam alimentados, e uma pulverização de parcelas de terras reduzidas, em média, a meio hectare ou menos. Nessas parcelas de terra, o trabalho só poderia ser feito a mão e a colheita era pequena – talvez, também o rendimento fosse baixo. Proprietário alodial ou rendeiro, doméstico ou jornaleiro, o camponês não conseguia lidar com os pagamentos para se livrar da corveia pública, ou das taxas das "banalidades". Esse era o momento em que os trabalhadores, braçais ou outros, já citados, caíam em uma pauperização que os marginalizava. Depois de 1270 ou 1280, pode-se falar de um proletariado rural sem equipamento de trabalho próprio; era em meio a essa massa empobrecida, somente hábil em trabalhos rurais, que se recrutaria a onda de camponeses que se dirigiam à cidade (calcula-se que a renda diária de um *brassier*[23] poderia ser de dois a quatro denários, enquanto na cidade, o trabalhador poderia esperar de dez a vinte).

Assim, surgiu um primeiro plano do "terror": a miséria que não poderia ser contida. Um segundo seria proveniente da ruptura no interior da própria massa camponesa. Estima-se que, por volta de 1300, em uma aldeia, se um homem estava na miséria, dois estavam em dificuldades, quatro conseguiam viver apropriadamente e, por último, dois conheciam a abundância. Esses dois camponeses são os *coqs*, sobre os quais eu já falei, alguns tinham até 20% de um território – na Itália, chamavam-se os "melhores" (*mighliori*), os "altos homens" (*highmen*) na Inglaterra, na Espanha eles andavam a cavalo (*caballeros villanos*). Ao nível da fortuna, eles se encontravam no mesmo nível que muitos artesãos, tais como aqueles da forja, aqueles que cuidavam da fundição, da moagem, da prensa (ofícios que, devido à arte de manejar a máquina, fizeram fortuna). Eram eles que falavam com os senhores, eram invejados pelos demais trabalhadores e ainda tinham os últimos sob controle nas confrarias ou nas magistraturas das cidades. No entanto, eles se mostraram muito exigentes a respeito das obrigações que, no trabalho senhorial, eles julgavam parte dos deveres do senhor (protegê-los, tê-los em bom discernimento e justificar a seu sistema tributário). Então, não eram os mais infelizes, os fracos e os famintos que demonstrariam as mais fortes hostilidades à dominação senhorial, mas os abastados que tinham, em muita alta conta, o contrato tácito que os ligavam aos senhores – o suficiente para escandalizar a aristocracia da época e enganar o historiador de hoje.

Definir-se contra a arbitragem senhorial, seria, primeiramente, obter uma fixação de taxas e obrigações do *ban*, continuar, assim, mestres de seu tempo e da sua tradição. Toda novidade era então insuportável. Os primeiros sinais de descontentamento, a partir do século X, na Normandia e na Itália, tiveram esse motivo como origem. No século XIII, quando se inicia o fortalecimento das comunidades camponesas, esses movimentos tiveram mais amplitude, em 1250 e em 1260, na França do Norte, e, de aldeia em aldeia, começaram a circular queixas como aquela dos "Reclusos de Amiens" ou dos adágios agressivos: "Quando Adão cavava e Eva fiava, onde então o cavalheiro estava?" Além disso, é necessário sublinhar que as perturbações ou, caso se prefira, os ajustes da economia agrícola, nos séculos XIV e XV, estavam longe de terem sido

---

23. Trata-se de um trabalhador rural que não possuía nenhum animal de tração. Além disso, a sua remuneração era recebida anualmente; metade em espécie, metade em dinheiro.

sistematicamente desfavoráveis ao campesinato (as rendas, lucrativos contratos de criação de animais e a depreciação do valor dos censos favoreceram mesmo a parte mais fraca do campesinato, isso fortaleceu o espírito de contestação dos mais ricos e introduziu entre os senhores e os camponeses os elementos de oposição, até o ódio de classe). Mas foram nas terras lamacentas e prósperas da região de Beauvais e do Valois, do Condado de Londres e de Sussex, dos burgos da Catalunha ou de Flandres, de zonas de vívida circulação do Reno e do Elba, que partiram esses terrores que, do nome do mais célebre dentre eles, se chamavam *jacqueries*. As miseráveis populações de Limusino ou da Bretanha, da Escócia e de Aragão sofreram, mas se calaram – nada semelhante aos sobressaltos desesperados de *croquants*[24] e dos "maltrapilhos" do século XVII.

Sem dúvida, isto explica que o campesinato em revolta fora muito sensível aos elementos de agitações exteriores, os quais, atualmente, seriam julgados como secundários e pouco capazes de tocar os mais humildes (o descrédito militar da aristocracia, a desordem das finanças régias, as flutuações monetárias, as rivalidades principescas). Mas não se tratava de derrubar a sociedade, somente defender as vantagens e os privilégios adquiridos. Não se pilhava, matava-se; mas quando era oportuno, sobretudo, queimavam-se os registros fiscais e vaiava-se a nobreza sempre ausente, constantemente vencida. Nesses movimentos, encontrava-se então, lado a lado, os ricos, os artesãos aldeãos, os pequenos oficiais senhoriais e, se necessário, uma parte da pequena burguesia urbana, mas, de forma alguma, os mais pobres, nem os jornaleiros. Na cidade, os desempregados e os trabalhadores não se reconheciam dentro desses grupos armados, seria somente em razão do sólido desprezo do mais vil dos cidadãos em relação ao mais rico dos arruaceiros. Quanto à burguesia, em geral hostil à violência, ela não abria as portas das cidades, contentando-se em abastecer os rebeldes; na Catalunha e no Languedoc passaram as armas, mas o conluio entre os citadinos e os *Jacques*, que teria esperado um Etienne Marcel em Paris, em 1358, não poderia realizar-se.

Além disso, nenhum desses movimentos tinha um líder reconhecido, um objetivo preciso e meios eficazes. "Caudilhos", antigos soldados ou ricos fazendeiros foram simples líderes de circunstância ou oradores talentosos. Nessas condições, restringindo o auxílio da burguesia, as realezas, talvez em princípio

---

24. Trata-se de um substantivo depreciativo que se refere ao aldeão como um homem simples e rude.

prontas para um acordo, aliaram-se à intratável parte da aristocracia e aprovaram o massacre de levantamentos "civis" por parte dos homens de armas.

Apesar da arbitrariedade que tal separação implica minha proposta, esses movimentos tiveram dois aspectos diferentes. O primeiro, o mais espetacular, é a revolta brutal, violenta e breve. Sob o efeito de uma conjuntura econômica ruim (as fomes de 1315-1317 ou 1323-1328), da peste (depois de 1346) e das manipulações monetárias que os príncipes não puderam evitar, a fiscalidade senhorial ou régia aumentou e ameaçou o equilíbrio das fortunas camponesas. Caso se critique a insuficiência dos nobres, neste caso ataca-se muito mais os seus agentes e o caráter parasita do "sistema senhorial". Entre 1323 e 1328, a Flandres marítima levantava-se em função da iniciativa de um rico trabalhador, Zannequin, que foi apoiado pelas milícias e pelos pisoeiros de Gante de Ypres, ocasionando um chamado da Igreja e da nobreza ao rei – assim, Felipe VI inaugurou seu reinado "cavalheiresco" através do massacre de uma revolta popular.

A sublevação dos camponeses de Beauvais e do Valois, os "Jacques" – sem dúvida, um nome oriundo de sua veste curta –, em seguida de Brie e de Orleans, bateu profundamente nos contemporâneos porque eclodia em plena crise política, no momento da captura do rei, batido em Poitiers, e da insurreição de Etienne Marcel e dos burgueses de Paris, tocando a região mais rica do reino. Em dois meses, maio e junho de 1358, quase trinta mil camponeses assaltaram os castelos para destruir os símbolos de suas obrigações. O seu líder, Guillaume Carle, ao que tudo indica, não era desprovido de qualidades militares. Mas, mantidos a distância pelas cidades, os "Jacques" perderam-se em função de alguns excessos. Ameaçado em suas próprias terras, o rei de Navarra, Carlos o Mau, que se dizia, no entanto, "democrata", reuniu os clãs de uma aristocracia apavorada, em razão do campesinato. Como saldo de sua repressão, vinte mil pessoas foram assassinadas ou enforcadas.

O movimento de Johan Ball e de Wat Tyler, em 1381, ao sul da Inglaterra, tinha pretensões mais claras para reformar a sociedade, devido à situação inferior dos camponeses, os *villeins* (se comparada à dos seus vizinhos do continente). A preocupação com a promoção social foi então, nesse caso, maior. Os camponeses conseguiram forçar a entrada em Londres, a tomar a Torre por algumas horas, mas se perderam, devido ao massacre dos oficiais régios, de modo que a burguesia se aliou aos nobres para exterminá-los.

Esses três movimentos brutais não tiveram efeito sobre a situação dos trabalhadores, mas testemunham um sentimento de hostilidade, reforçado pela derrota, que continuaria latente. No século XV, houve um eco distante das *jacqueries*, com a mesma natureza, nos países escandinavos entre 1434 e 1441. Além disso, tratava-se mais de incursões breves e pontuais contra um senhor que tentava restaurar os seus direitos, enfraquecidos com a crise. Somente o Império parece ter escapado a essas incertezas, mas tratava-se de uma grave ilusão: contida sob a pressão do peso da autoridade principesca, senhorial e urbana, a revolta eclodiu, em 1525, em um extraordinário desencadeamento de atrocidades.

Um segundo tipo de movimento rural, menos conhecido, menos impressionante, marcou regiões com atividades econômicas menos brilhantes. Mas, talvez, tenham tido, de fato, maior profundidade. Frequentemente, esses camponeses eram menos ricos, eram mal-armados, estavam muito distantes das cidades, mais sensíveis então aos riscos da conjuntura; porém, capazes também de uma resistência tenaz e longa. São pessoas menos fáceis de identificar, acessíveis a qualquer ideia simples, que deixaram clara a imperícia dos governos locais (mais taxas, mais corveias, mais senhores, mais bispos). Este último traço reforçava-se com sinais de heresia – ou, pior ainda, de catarismo –, arrastados às margens do Mediterrâneo. Isso era suficiente para explicar que, desta vez – jogando compreensão e caridade às favas –, a Igreja juntava-se à aristocracia para os capturar, julgar e queimar, ou, pelo menos, excomungar os rebeldes. Essa insubordinação latente iniciou-se em Aragão, por volta de 1350, e ganhou a Catalunha por volta de 1362. Os camponeses reivindicavam a confirmação de suas liberdades, notadamente, a redução das *remensas*, das taxas de liberdade, rejeitavam a talha, a corveia, expulsaram os estrangeiros, gascões ou outros; pretendiam organizar, eles mesmos, o seu regime de exploração do solo. Mas, a partir de 1388, as cidades, perturbadas com esse movimento conservador e xenófobo, estabeleceram um acordo com a aristocracia. Depois de 1409, começou uma repressão, acelerada em 1413, pela decisão das *Cortès* catalãs de restabelecer aos senhores do solo todos os seus direitos. No Languedoc vizinho, particularmente em Cévennes ou na região de Foix, tradicionais refúgios dos excluídos, os camponeses tomavam regularmente os matagais e as regiões baldias, a *tosca*, o "toque" (daí, o seu nome de *Tuchins*), para escapar à fiscalidade e às requisições do duque de Anjou, agindo em nome do rei. Por volta de 1382-1385, a tranquilidade parecia ter voltado, mas era ilusória, uma série de assaltos endêmicos, sustentados pela cumplicidade dos aldeões, não parava de paralisar o trabalho ou mesmo a circulação dos oficiais de cobrança senhorial.

Essas manifestações, notadamente meridionais, tiveram, às vezes, uma dimensão religiosa. Assim, na Europa Central, o movimento religioso tcheco – aquele dos hussitas e, em seguida, dos taboritas – que ganhou a Baviera, comportaria uma dimensão social. Certamente, um retorno ao evangelismo, mas também um chamado à propriedade coletiva, uma espécie de comunismo simplista que retomava as ideias defendidas em Roma por Arnaldo da Bréscia no século XII (1414-1435). Além disso, a Itália foi alcançada por essa esperança messiânica – os "irmãos apostólicos" inspiravam assim a exagerada conduta em Florença do Monge Savonarola que sucumbiu tentando colocá-la em prática em 1498.

Poder-se-ia, evidentemente, caracterizar três fases sucessivas de revoltas camponesas: em torno de 1350-1360, depois de 1380-1400, enfim, por volta de 1440; cada uma corresponde a certo tipo de agitação e, se observadas em profundidade, a certo tipo de conjuntura econômica ou de guerra. No entanto, poder-se-ia observar somente uma curva descendente – os últimos movimentos, antes da eclosão da Reforma e da Guerra dos Camponeses (1519-1526), parecem mais difusos, menos perceptíveis. Mas se observarmos os resultados das pressões reivindicatórias, devemos constatar, infelizmente, que a situação do mundo do campo não foi em nada alterada ou melhorada. As relações de produção no campo eram idênticas, o salário não aumentou, tampouco o controle sobre as ferramentas rurais. É verdade que a pauperização de uns continuou crescente, apesar do enriquecimento de outros. Mas na estrutura mesmo do mundo do trabalho, a situação de 1480 era idêntica àquela de 1330, até mesmo à de 1270. Certamente, a lentidão das evoluções no meio rural é bem conhecida, mas temos a impressão de que não havia uma "questão camponesa" discernível antes do fim do século XVI. Talvez, tal observação esteja relacionada ao desinteresse demonstrado a esse respeito, ontem e hoje, pelos contemporâneos daquela época e também pela nossa visão atual sobre estas questões.

3.4.3 As comoções

A importância crescente da economia urbana a partir do século XII explica a eclosão do movimento comunal, mas a natureza das atividades de troca e a estrutura do artesanato urbano não poderiam acomodar-se ao sistema muito hierarquizado do mundo senhorial. Por isso, a administração do corpo urbano tocava, pouco a pouco, as mãos daqueles cujo trabalho sustentava o crescimento (os homens de comércio e dos ofícios tiraram ou tentaram tirar o poder dos bispos, dos condes e dos castelãos). Ao longo do período de 1130 a 1280, é possível isolar e mapear as figuras sucessivas dessa evolução: os príncipes, notadamente, não assistiram sem reagir ao que não se cessaria de apresentar-lhes como "desculpável"; o preboste dos Capetos em Paris e os potestades alemães na Itália esperavam limitar os progressos dos trabalhadores. Além disso, a aristocracia fundiária continuava a ter o solo da cidade e esperava não ser excluída. Dessa forma, a luta entre esses diversos poderes é o fundamento da história urbana desses séculos.

No entanto, todos esses homens estavam, cada vez mais, sob o controle do dinheiro – uns o possuíam pela ancestralidade, eram os *magnati*, já outros, reuniram-no pouco a pouco, todos juntos formavam os *boni viri*, o *popolo grasso*. Entre 1180 e 1220, na Itália, agrupados em "bairros", em *sextiers*, em "ofícios" – em "artes" essencialmente "altas" – eles controlavam a atividade de regulamentação da cidade, vigiavam os preços, a contratação, os salários. Obviamente, não havia nada de "democrático" nesse processo. Inicialmente, viam-se como verdadeiros membros de uma dinastia de magistrados municipais, de cônsules, de *capitouls*; isso seria o único elemento que poderia justificar o termo "patriciado", emprestado da Antiguidade e tão depreciado pelos tempos medievais. Além disso, o prestígio que não tardou em tomar a rivalidade de poder entre os clãs de nobres, aquele dos grupos de mercadores ou das coalizões de mestres de ofício, explica o aparecimento de uma dimensão política que atrapalha a nossa visão – guelfos e gibelinos, brancos e negros, *armagnacs* e borgonheses uniam ou dividiam os ofícios, mas não era por referência a um tipo de atividade ou por um nível de fortuna.

Ora, foi no fim do século XIII ou no início do século XIV que a tomada de consciência sobre a dignidade do trabalho, notadamente, do trabalho manual, floresceu. Os teólogos como Tomás de Aquino, os moralistas como Jean de Meung, os mestres das escolas como João de Salisbury, exaltavam o trabalho do operário, criticando a riqueza mal-adquirida. Um dizia: "todo homem robusto deve ganhar seu pão"; o outro: "ninguém viu Jesus mendigar"; e um terceiro afirmava: "nenhum rico será salvo". Estas palavras ressoavam também no campo, mas na cidade elas foram as faíscas. O *popolo minuto,* as artes "menores", o "povo louco", foram assim despertados para o protesto pelos franciscanos, os "irmãos menores". Então, sem nenhum plano, prendia-se os judeus, matava-se um oficial do fisco, espancava-se os oficiais de armas, assassinava-se um administrador. Esses sobressaltos apareciam tanto como fatos políticos quanto sociais – em todo caso, alguns espíritos clarividentes distinguiam bem a ligação entre ordem pública e o protesto. Beaumanoir escreveu: "Há uma aliança contra o lucro em comum quando, de alguma maneira, as pessoas comprometem-se ou concordam em não mais trabalhar a tão baixa tarifa como antes, mas aumentam a tarifa de sua autoridade. O soberano deverá apanhar sobre todas essas pessoas que são isentas e colocá-las na prisão".

O protesto da "plebe" toma uma forma que nos é familiar: a paralisação do trabalho seguida de marchas de reivindicações, às vezes, de destruição de máquinas; foi o *ristopio* na Lombardia, a *takehan* na Flandres, a *harelle* na Normandia, a *grève* em Paris (do nome da praça onde se tinha o mercado de homens?). Os primeiros exemplos são antigos: 1175, os tecelões de Troyes; 1189, os curtidores de Rouen. O século XIII viu a multiplicação dos incidentes, depois de 1229 e até em 1250, depois por volta de 1280 na Flandres, na Île-de-France, na região de Iorque, em Milão, em Siena. Tratava-se, sobretudo, de violências verbais contra os senhores e contra os dirigentes da cidade, mas o seu conteúdo era claro: não ao monopólio dos magistrados municipais sobre o contrato, uma jornada de nove horas somente no inverno, a criação de comissões de salvaguarda antes de retorno de um companheiro, a duplicação do número de aprendizes – esperanças com um ar "moderno". Todos os ofícios foram tocados: açougueiros, tecelões, pisoeiros e os tintureiros. Embora os abusos fossem, na verdade, estrondosos: cita-se sempre Jean Boinebroke de Douai, morto em 1287, tirano quase caricatural que não estragaria a galeria dos "abutres" do século XIX (encontrar-se-iam outros facilmente na Itália ou na Alemanha).

Uma etapa a mais foi cumprida nos últimos anos do século XIII, quando os mercadores e os mestres das oficinas comprometeram-se em expulsar do governo das cidades o que restava da aristocracia militar. Mas, para conseguir isso, era-lhes necessário o apoio dos trabalhadores mais modestos. Durante cinquenta anos, esse conluio, de dimensões essencialmente políticas, teve como o objetivo abrir o governo urbano aos *popolani*, aos operários. O movimento iniciou por volta de 1280 na Itália Central e do Norte, com alguns momentos fortes, como em 1293 em Florença, onde as "ordenações de justiça" concederam aos priores dos pequenos ofícios uma parte dos conselhos. Entre 1285 e 1345, o mesmo ocorreu em Barcelona, Metz, Bruxelas, Mogúncia, Basileia e Colônia, tardiamente, o que surpreendeu Gante e Bruges. Na verdade, essa "abertura" era somente um "fingimento". Nenhuma disposição do tipo social acompanhou a concessão feita pelos ricos; facilmente, declarou-se que todo homem deveria ser de um ofício, portanto, participaria da gestão dos negócios. Mais isso não passava de dissimulação dos interesses dos clãs. É possível que diversos "menores" – que nos felicitamos, atualmente, de apresentar como "liberais" – tenham tentado educar um pouco sua massa de manobra popular, mas o que ocorreu foi um fracasso generalizado, falta de sinceridade em sua diligência e de meios eficazes de enquadramento da "plebe" no conjunto. Em Roma, Cola de Rienzo, notário ilustrado, acreditou renovar os *gracques* e terminou enforcado pelos cuidados dos seus rivais em 1354; em Gante, Jacob Van Artevelde, comerciante de tecido autoritário, contou imprudentemente com a complacência do rei inglês e, negligenciado por ele, foi massacrado pelos tecelões em 1345; em Paris, Etienne Marcel, outro comerciante de tecidos, sonhou controlar o Delfim Carlos, mas desorientado pelos motins que havia desencadeado, foi assassinado por um concorrente nos negócios em 1358.

Essas derrotas lamentáveis mostrariam claramente a ilusão a que se lançaram os mestres de ofício. No entanto, os pequenos notaram, muito rapidamente, que foram enganados e que não poderiam esperar nada de concreto desses movimentos. Além disso, os principais ofícios recuperaram rapidamente o controle dos negócios; em Florença, chegar-se-á inclusive à criação de uma "arte da plebe", na qual se misturavam todos os mais vulneráveis. Por outro lado, as expedições organizadas pelos operários nas aldeias próximas (como, p. ex., de pisoeiros para destruir os moinhos rurais com os quais concorriam, ocorridas na Flandres e na Inglaterra) foram objeto de grande repressão, às vezes, pela aristocracia fundiária – a qual parecia assim desprezar o direito de *ban* – e também pela burguesia que movimentava esses moinhos, nos quais se pagava salários mais baixos do que na cidade.

Explica-se, portanto, que uma onda de revoltas urbanas se desencadeará quase cem anos depois do primeiro alerta. De 1378 a 1382, sob a forma de uma verdadeira explosão simultânea, a Europa Ocidental foi abalada – ao longo do Reno, na Mogúncia e Spire, depois na Colônia, do Mosa à Lieja, do Sena em Paris e Ruão, do Bático a Lübeck e Gdańsk, na Lorraine, no Languedoc, na Inglaterra, enfim, onde o motim combinou-se com o levante dos trabalhadores do campo. Todavia, foi somente na Itália que o movimento conheceu uma dimensão social bastante clara: em 1378, em Florença, os "unhas azuis", os pisoeiros (os *ciompi*), levados por Michel de Lando, exigiram a entrada dos seus companheiros nos conselhos. A derrota foi mordaz, porque a aristocracia dos ofícios, em um momento em que se encontrava ameaçada, fez um pacto, ao custo do abandono de alguns privilégios comunais, com as famílias nobres da Itália (ou, como na França e na Inglaterra, com o rei). Hábeis mercadores, como os Médici em Florença, rudes prebostes como Aubriot em Paris, oficiais enérgicos como Arundel em Londres, vieram a extinguir os "rebeldes".

Ora, a situação do trabalhador na cidade não melhorou muito e o século XV teve, em função disso, uma coloração um pouco "desesperada" que deixa o agouro de graves problemas subsequentes. Em primeiro lugar, foram as dificuldades de escoamento da produção artesanal, não pela asfixia técnica que, de fato, não está em questão, mas pelo desequilíbrio de custo-benefício que alterava a atividade das oficinas (a alta do preço das matérias-primas e os sobressaltos dos preços dos víveres conduziram os mestres de ofício a apertar seus gastos e, assim, a comprimir os salários dos operários que, no mesmo momento, viram a elevação do custo de vida). As manipulações monetárias eram também muito desfavoráveis aos assalariados (como aos rendeiros de outrora). A pauperização cresceu: um telhador custava, no século XIII, três vezes mais do que uma mão de obra não qualificada; no século XV, 30% a mais, o que desencadeou as fortes hostilidades no interior dos ofícios. Os setores que não exigiam especialização ou cuja clientela era modesta, como nos trabalhos com a madeira e com a pedra, davam lugar a outros, até mais arrogantes que os "emergentes", como os açougueiros ou os fabricantes de fustão. Mesmo no interior de cada um desses ofícios, a diferença aumenta entre o salário por tempo determinado, medíocre, porém seguro, e o salário por empreitada no qual o favor do mestre poderia aumentar a soma. Não causaria espanto observar a extensão da "grade" salarial em uma empresa florescente (em Florença, junto aos Bardi, os salários iam de sete a trezentos florins, junto ao Jacques Cœur, na França, de três a sessenta libras, segundo as "funções"). Apesar dos poucos indícios sobre as rivalidades, desencadeadas no interior mesmo dos ofícios, infere-se que um clima desastroso afetava o mundo do trabalho.

Além disso, no artesanato, a introdução de máquinas mais eficazes, para os têxteis ou para a metalurgia, por exemplo, eliminou um número importante de oficinas subequipadas. Frequentemente, essa concentração tomou aspectos fulminantes (em Florença, em cinquenta anos, o número de oficinas de tecido de trezentos e vinte cinco baixou para cinquenta; os mestres de ofício estabeleceram entre eles acordos que lhes permitiam dominar o mercado de contratos e de demissões). Na Alemanha, em Flandres, os *junkers*, os *espsaten*, os *poorters,* controlavam as oficinas, seus recrutamentos e, se necessário, apoiavam-se, por volta de 1385 ou 1400, na nobreza local para exilar os criados (os *knechten* despedidos). A limitação dos acessos ao mestrado marcou-se por uma elevação dos direitos de entrada, um rigor excessivo na avaliação da qualidade da obra-prima, um favoritismo, para não dizer nepotismo desavergonhado. Em Florença, entre 1350 e 1450, a proporção de mestrados por hereditariedade passou de 27 para 80%.

O que fazer diante dessa pressão que nós chamaríamos de "patronal"? Massacrados, no fim do século XIV, os movimentos de reivindicação não eram mais capazes de abalar a ordem social. A sua única originalidade foi ter suscitado, aqui e ali, alguns líderes eloquentes para evidenciar, senão um programa – que eles não tinham a cultura social suficiente para conceber – ao menos os objetivos imediatos. Em primeiro lugar, o direito ao trabalho: era ao grito de "Trabalho e liberdade" que se criava a agitação em Gante. Em seguida, o aumento do salário – e vê-se, novidade digna de interesse, que as mulheres intervieram nesses conflitos (em 1410, as fiandeiras de Paris queixaram-se de ser tão malremuneradas, o que as levavam à prostituição para completar as suas remunerações muito baixas e, na rua, a intervenção das mulheres, cujo número, começava a exceder o dos homens, tornava a luta mais áspera).

A enumeração dos modestos sobressaltos urbanos no século XV também não teria muito interesse para nosso propósito – entre 1400 e 1415, depois, entre 1440 e 1460, no momento da "reconstrução", as convulsões eram rapidamente reprimidas, na região do Reno, na Alemanha Central, nos Países Baixos. A mais ilustre dessas convulsões, aquela ocorrida em Paris em 1413, o açougueiro Caboche, apoiando-se nos operários dos matadouros, na realidade, foi somente um disfarce principespo; o duque da Borgonha João apertou a mão do esfolador Capeluche, mas as "ordenações *cabochienne*", resultantes disso, não tinham uma só palavra para os trabalhadores, apenas alguns consolos para o Além. O período do final da Idade Média viu fechar a porta da reforma social (os desempregados, cada vez mais numerosos, os operários que trabalhavam por conta do mestre, cada vez mais pobres, eram reprimidos, espancados, mesmo condenados). Além disso, a opinião pública pôs fim a toda compaixão, eram os incapazes, os inúteis, os violentos que tinham que ser combatidos. As suas reclamações, relativas à contração e aos salários, não eram justificadas porque a economia retomou o seu desenvolvimento – em 1490, em Paris, a "grade" salarial retornou ao seu nível de 1410. Quando um mestre ferreiro foi assassinado em 1455, pelos seus operários na capital, esse episódio que, no entanto, era frequente anteriormente, causou uma grande comoção junto aos burgueses.

O mundo desses operários foi assim conquistado ou submetido? Os políticos tiveram que aceitar – sem dúvida, não por causa dos moralistas e, menos ainda, dos observadores da sociedade. Em 1255, no modesto Burgo de Figeac, foi denunciada uma *collegatio*, uma reunião de delegados operários na qual, rapidamente, caiu a suspeita de rebelião (senão de heresia). Primeiro elo de uma cadeia que se desenvolve na clandestinidade. "Fruteiros" de Jura, "candeias" dos Países Baixos, "aquecedores" da região do Reno, assim se chamavam as "coalizões", evidentemente subversivas. Os mestres clarividentes, como na Basileia, em 1400, ou em Paris, em 1413, admitiam alguns operários na direção das oficinas que eles dominavam. Além disso, à condição de oferecer uma imagem tranquilizadora de sociedade piedosa de ajuda mútua, alguns tipos de confrarias de pessoas muito pobres foram tolerados e perduraram. Mas não se têm provas, antes de 1505, da existência e da força dessas associações profissionais secretas, ilegais, dessas "sociedades de trabalho", as ancestrais dos nossos sindicatos.

A Idade Média não estava em posição, mesmo sob a pressão da evolução econômica, para conceber e, ainda menos, implementar uma política trabalhista. Durante a sua primeira metade, conheceu apenas a mensagem da Igreja abençoadora e ineficaz. Posteriormente, ela se despertou para os problemas das rivalidades entre os grupos sociais, abandonou o esquema, transformado em obsoleto, das três ordens desejadas por Deus (no século XIII, um pensador como Etienne de Fougères opôs entre eles os "estados" da sociedade). Mas os teóricos foram presos em suas reflexões pelas pressuposições cristãs e os senhores pela absoluta necessidade do bem comum e da ordem pública. No campo, a natureza das relações entre empregadores e empregados modificou-se, certamente, mas se mantiveram presas ao quadro hierárquico e senhorial. Na cidade, ao contrário, a eclosão de grupos de trabalhadores opôs vivamente os poderosos aos outros, os mestres e os operários. Por volta de 1500, não existia, sem dúvida, nenhuma "questão camponesa" na Europa do Oeste, mas sim uma "questão operária".

PARTE II
OS TRABALHADORES

Todas estas considerações teóricas não devem nos fazer esquecer os principais atores em suas diferentes práticas. Ao sair do bosque, abrem-se a planície, a aldeia e a cidade; há um trabalhador com sua charrua, um mineiro que cava o solo, um pisoeiro em sua cuba, mas também um cambista em seu banco, um mestre na cátedra, um nobre rígido. São homens, é necessário apresentá-los, pesquisá-los e descrevê-los. Naturalmente, especificaremos seus instrumentos, os seus ritmos de trabalho e o contexto no qual o exercem. Todos esses trabalhadores, pelos seus comportamentos físico, social, mental mesmo, são "esses homens da Idade Média" dos quais zombava Lucien Febvre outrora, talvez um pouco apressadamente.

1

Todos os homens

1.1 O corpo

Descrever a condição física de um homem no trabalho não seria distanciar-se muito do meu propósito, uma vez que ela pode influenciar em seu esforço. A dificuldade vem da noite que esconde os humanos desse tempo, descrições estereotipadas de obras literárias em que o guerreiro é sempre "belo e robusto", rosto bonito e de modos elegantes, e o rústico ridículo, disforme, quase bestial – mesmo a iconografia, ela também tem convenções ao menos até o século XV, e dizia respeito apenas aos poderosos. Somente a arqueologia trará seu lote de esqueletos, apesar do sepultamento dos mais humildes no chão desde sempre; e de quase todos depois do século XIII. Mas isso traz um ensinamento valioso: humanos menores, mas com membros mais fortes do que na atualidade, o que incita a crer nas proezas esportivas dos guerreiros ou dos "reis" da aldeia. As mulheres mostram uma forte ossatura de bacia e dos fêmures, efeito de gestações frequentes e, talvez, também de uma postura agachada ao forno. Acrescenta-se que, a partir do século XI pelo menos, a qualidade da dentição e as marcas de fraturas reduziram, testemunhando uma resistência óssea aumentada.

Primeiramente, o que toca o assunto são as feridas. Os tratados médicos medievais começaram a demonstrar os contatos estabelecidos com a ciência "árabe", assim se pode observar, claramente, a natureza dos cuidados necessários: os membros superiores e o tórax eram os mais afetados pelos combatentes, o crânio no caso dos operários que caíam dos andaimes; a trepanação, as talas e as reduções eram praticadas com sucesso e os "acidentes de trabalho" eram, definitivamente, muito raros, muito menos, em todo caso, do que as anomalias relacionadas à malformação de nascença ou às doenças degenerativas. As enfermidades que afastavam do trabalho as pessoas afetadas por deficiências crônicas são pouco conhecidas, porque, nesse caso, elas eram eliminadas de toda a documentação, ao menos da escrita. Quanto ao resto, o estado de espírito daquele tempo via aí o castigo divino de qualquer pecado escondido (sem alusão aos surdos e, ademais, não se tinha compaixão com os cegos). Não sabemos nada sobre a acuidade visual, as lentes corretoras não existiam entre a lente de Nero e os estudos de Guy de Chauliac sobre o olho por volta de 1360. De tudo isso, estima-se que a extrema mediocridade da iluminação, as flâmulas das fogueiras e os movimentos dos pavios acesos facilmente afetavam os olhos, esses olhos que a iconografia romana nos mostrou enormes, saltando da órbita, depois, no século XIII, reduzidos pela pintura a uma minúscula pupila. Os grafólogos debruçaram-se sobre os casos dos canhotos e acreditaram poder discernir essa manifestação fisiológica no gesto gráfico de Guiberto de Nogent, no século XII, ou naquele de Filipe Augusto, como se seu "testamento" fosse "autógrafo". No entanto, o equipamento e os utensílios desses séculos são concebidos para os destros como atualmente – e isso desde a Antiguidade em que a esquerda, a *sinistra,* era o lado nefasto do mundo.

O vocabulário médico dos séculos medievais sofreu fortemente a influência da ciência antiga difundida pelo Islã e da experimentação descritiva dos celtas e dos germânicos. De tal forma que termos como "fluxo do ventre", "humores quentes" ou "pestilência" cobriam diversos sintomas e que o tifo, a cólera, o câncer e a tuberculose puderam assolar o mundo do trabalho sem que pudessem ser notadas. Somente a lepra nos é acessível, porque ela excluiu violentamente o homem afetado ou simplesmente suspeito de sê-lo. E a peste, por causa do seu assustador contágio, revela mais sobre o estudo demográfico do que sobre considerações biológicas. Seria necessário conhecer o número de humanos atingidos pelos flagelos epidêmicos, assim como a propagação congênita das doenças. Mas, novamente, as notações numéricas falham: contar em uma necrópole a proporção de esqueletos descalcificados, ou ainda as marcas de carência alimentar, não dará nada além de uma aproximação grosseira – dir-se-ia que a proporção era de dois a cada três durante a alta Idade Média, menos posteriormente. Estimar, com risco, em 1 ou 2% da população o efetivo dos "leprosos" é, talvez, misturar aos autênticos doentes os indivíduos somente acometidos por afeções da epiderme. Quanto à peste bubônica ou pulmonar, o silêncio reina sobre aquela do século VI e, para seu retorno à Europa, de 1346 ao meio do século XVI, as estatísticas, variam de uma região à outra, vão de 5 a 30% da população. O flagelo, para o historiador do trabalho, deve ser julgado, em suas consequências benéficas. Assim, os "tempos abençoados da peste" (segundo uma expressão comum por volta de 1500) permitiu diminuir a pressão do superpovoamento relativo, liberar o consumo, renovar a mão de obra e aumentar os salários dos sobreviventes.

A desigualdade do desenvolvimento regional da epidemia, além disso, chamou a atenção, muito recentemente, dos pesquisadores sobre um setor familiar aos biólogos, mas desconhecido dos historiadores: a hematologia. Observou-se, de fato, que os diversos grupos sanguíneos dos indivíduos expostos às agressões microbianas ou virais igualmente diversas – o grupo O, por exemplo – eram resistentes ao bacilo da peste. Um estudo da "geografia sanguínea" em tempos de frágeis misturas étnicas abriria então um campo imenso de reflexão sobre as aptidões para o trabalho desse ou daquele grupo. Na falta de "sangue medieval", os ossos talvez guardem traços do grupo sanguíneo dos seus possuidores. Por outro lado, pode-se, através de contagens, tão numerosas quanto possível, alcançar o que os demógrafos chamam de *ratio* sexual, o volume de cada um dos dois sexos. Vê-se o interesse dessa pesquisa para a divisão do trabalho, pelo menos no grupo familiar; apesar de ser difícil especificá-la para o período anterior ao ano 1000, acredita-se poder revelar uma preponderância masculina (110/90) entre os séculos XI e XIV – que se inverte posteriormente. Em função da avaliação das taxas produtivas, essa observação tem o seu preço.

Assim como a longevidade e as "idades da vida", a noção de "expectativa de vida" no nascimento não significa muita coisa. Observa-se que o ser humano é "utilizável", como criado, como aprendiz, como ginete, desde os seus 8 anos, e que no outro extremo da vida, passados os 60 anos, o homem e, mais ainda a mulher, continuavam "operacionais" – testemunhas da memória reverenciada, "velhos poderosos", viúvas dominadoras, bispos ou guerreiros em pleno exercício.

Sem dúvida, distanciar-me-ia muito do meu tema adentrando no domínio – no entanto, rico de ensinamentos – da sexualidade. Ao menos, seria importante insistir em dois traços importantes aqui. Inicialmente, a força das prescrições da vida conjugal cristã, depois que a Igreja renunciou o seu ideal de continência no final do século XI. A característica absolutamente ilícita, então, provavelmente clandestina e invisível aos nossos olhos, das práticas abortivas ou anticoncepcionais, não pode impedir a multiplicação das procriações. Qualquer que tenha sido seu lugar na produção econômica, a mulher, quase que anualmente grávida, foi afastada de todos os trabalhos penosos e confinada em sua casa por sua impotência (é o sentido etimológico de *imbecillitas sexus*), ou pelas preocupações em relação às crianças. Outro campo de investigação tem sua origem naquilo que os demógrafos chamam de "modelo matrimonial" da Idade Média central: união sob juramento de uma garota muito jovem (elas eram mais raras do que os seus futuros cônjuges) e de um homem mais próximo de 30 do que de 20 anos. Para absolver as pulsões sexuais dos machos, evitar distúrbios na paz social que ocasionariam o estupro, adultério ou, simplesmente, o concubinato, a Igreja, por si só, cobriu com o véu do "bem comum" as práticas e os praticantes da "mais antiga profissão do mundo", por ser, na verdade, um elemento regulamentar indispensável ao mundo do trabalho, sobretudo na cidade.

1.2 O viver

O sexo e a morte são, dizem os moralistas, as duas verdadeiras preocupações dos seres vivos. Ainda seria necessário alimentar-se, e de todas as preocupações que atormentam os homens, em todos os tempos, a "falta" é a mais forte (faltar o pão, o sal e o vinho para os povos cristãos e judeus). E se a tradição bíblica, depois o Batismo e a Eucaristia, deu a estas necessidades uma dimensão religiosa, os motivos puramente relacionados à dieta estavam, na verdade, na origem.

Por muito tempo, ficamos sem voz no momento de abordar essa subdivisão da história medieval. As carências alimentares detectadas nos esqueletos, as narrativas de multidões famintas cercando os celeiros urbanos, dos condes ou outros, os registros das esmolas em víveres distribuídas nas portas dos mosteiros, tudo isso revelaria muito bem o lado sombrio desse quadro. As descrições ditirâmbicas das bebedeiras de membros das confrarias ou de banquetes principescos nos dão a imagem de uma glutonaria especialmente condenável, propagada em um mundo desprovido – e elevaria a *gula*, a gulodice, à categoria dos pecados capitais. Depois de alguns anos, a curiosidade dos pesquisadores deixou de buscar a exceção para procurar o regular. Os tratados de medicina forneceram sobre o consumo cotidiano uma massa de dados precisos – já a arqueologia encontrou uma bagagem documental que vai da resina do tonel aos grãos queimados nas chaminés.

A primeira observação alcança o nível alimentar médio das populações. A constatação é severa; na ausência de uma deficiência calórica comprovada, é a desorganização dos aportes nutritivos o mais visível (muitos carboidratos oriundos de farináceos, falta de carne ou peixe em quantidades suficientes).

Os distúrbios gastrointestinais ou hepáticos resultantes perturbam o equilíbrio do sistema nervoso ou do aparelho digestivo. Avançou-se, inclusive, que seria preciso encontrar nesses distúrbios as raízes de comportamentos excessivos, nos quais o abatimento e a morosidade sucedem à violência e ao dinamismo, o espírito de paz e o otimismo aos ataques de fúria e aos de alegria. E se o ardor guerreiro encontra sua origem em um grande consumo de carne, por que o pisoeiro faminto não seria insuficiente ao trabalho? As rações concedidas, por exemplo, aos indivíduos sujeitos à corveia nas aldeias alcançavam volumes consideráveis em peso e em calorias – até 4 ou 5.000 por dia –, mas inúteis e, além disso, desregradas. Quanto ao resto, o aspecto muito fragmentado da economia de produção de víveres proíbe compensações ou estocagem, e as carestias eram assustadoras, entre 1030 e 1090, em meados do século XII e, depois, no início do século XIV. Essa situação caótica, perturbadora do trabalho, permanece inalterada do século IV ao XV e os melhoramentos eram insuficientes.

Uma segunda observação diz respeito às fortes dessemelhanças dos regimes alimentares. Se o pão, o vinho e o sal, fundamentos dos ritos judaicos e cristãos, estavam em todos os lugares e em todos os tempos – com os efeitos econômicos que se pode prever –, opunham-se muito claramente, no entanto, à região mediterrânea com suas farinhas, oliveiras, sua carne ovina, e também aos regimes celta e germânico com sua carne de porco, sua cerveja, seus "laticínios" – as paisagens, e, portanto, sua valorização pelo homem, evidentemente, resultam daí.

Enfim – e talvez seja o mais importante – o horário da alimentação, se assim podemos dizer, se modifica, provavelmente no curso dos primeiros séculos medievais.

Às duas refeições da Antiguidade, o *prandium* no fim da manhã e a *caena* no meio da tarde, liberando a fase mediana do dia em que o calor atrapalha o trabalho, sucede o sistema dos países frios com três momentos para a alimentação: amanhecer, meio-dia e noite, dividindo a jornada de trabalho em dois longos momentos. A origem de tal mutação, tão durável que se mantém ainda como nossa regra, é provavelmente de origem monástica, marcada, além disso, pelos sons das horas canônicas.

Naturalmente, os excessos e os efeitos desastrosos dos desvios alimentares suscitaram a reprovação, notadamente, da Igreja. Os conhecimentos dietéticos não eram negligenciáveis, resultado das contribuições dos gregos e dos árabes. Portanto, não se ignoravam completamente as preocupações relativas aos abusos, mas com resultados também muito pouco evidentes do que em outros tempos – a obesidade prejudicava os mais ricos, inclusive príncipes. Com o consumo médio de um litro e meio de vinho por dia, a bebedeira era uma chaga que acometia, segundo os cronistas ou as cartas de perdão, tanto Filipe Augusto quanto os operários expulsos das tabernas por São Luís. Mas certa indulgência protege os ébrios e os seus desregramentos de conduta fazem, sobretudo, rir. Não era o caso dos consumidores de centeio danificado afetados pelo "fogo de Santo Antônio", depois de terem absorvido a cravagem, fungo parasita alucinógeno; as vítimas do "mal dos ardentes" eram excluídas, talvez por haver a suspeita, provavelmente em número ínfimo, de terem provado desse veneno para aproveitar dos prazeres suspeitos da droga.

1.3 As vestes

Discutimos, às vezes asperamente, sobre as "invenções médicas". Os administradores das sociedades greco-romanas tinham uma tendência, justificada, de valorizar os aportes jurídicos, mentais, técnicos dos países mediterrâneos, frequentemente, à custa dos aportes celtas, africanos ou do Oriente Médio. Por isso, negligenciam um número de novidades conhecidas e generalizadas nos tempos medievais. Assim, vestir as luvas, vestir uma roupa interior, abotoar um casaco não tem nada de "antigo" no sentido clássico desta palavra, ainda que os gauleses ou os persas não lhes ignorassem em nada. A articulação essencial na prática do vestuário situa-se na rivalidade entre vestido, blusa e toga para os dignitários e as bragas, calças franzidas e calções. Ora, se o primeiro conjunto convém às atitudes mais solenes e aos movimentos mais lentos, o segundo eram, por excelência, as roupas do homem de ação. De tal maneira que os *oratores*, de todos os níveis, padres, mestres de escola, oficiais de justiça ou monges, ou ainda os *bellatores* quando não caçam nem combatem, usam amplas vestes que vinham até o chão – o que não era o caso da toga – e que o cavaleiro pronto para o combate, o camponês na colheita, o tecelão em seu ofício, vestem bragas, calções e borzeguim, calça e polaina, indispensáveis à comodidade em seu trabalho.

A variedade de roupas cotidianas parecia dever mais às possibilidades de acesso aos tecidos ou às tradições regionais do que um objetivo de diferenciação social. Somente um detalhe – bordado, joia, couro ornamentado – distinguiria os níveis de poder. Pelo menos, a variedade poderia conduzir, no artesanato têxtil, a uma extrema divisão do trabalho, mais de vinte "ofícios" de vestimentas são arrolados no *Livre de la taille* parisiense de 1297.

Adaptada ao tipo de trabalho de cada um, essa roupa está de acordo com o clima? Preocupava-se muito pouco com um problema que nos ocupa muito atualmente: Qual é a atitude desses homens e mulheres diante dos caprichos do tempo? Tinham frio ou calor? A dificuldade em responder reside no fato de que os testemunhos fornecidos pelos textos são, cada vez mais, raros – sem considerar as avaliações demasiadamente variadas segundo os indivíduos. Esses cavaleiros vestidos com ferro sob o escaldante sol da Palestina, esses marinheiros nos barcos desmastreados que vagam pelo alto-mar, esses ceifeiros com tronco e pernas nus, não se queixam nem de calor, nem de sede. Joinville disse que ficou muito satisfeito de beber um pouco de água fresca durante a Batalha de Mansurah, um clérigo do parlamento suspendeu suas anotações porque tinha verdadeiramente muito frio nos dedos, mas são raras as alusões à chuva ou à neve, ao vento ou à seca. Seria indiferença ao que Deus quis e que o homem poderia somente aceitar? Ou ainda uma adaptação às condições de trabalho rigorosas: fogos medíocres, roupas inadequadas para temperaturas extremas? Os trabalhos dos meses repetem incessantemente as imagens de camponeses de túnica arregaçada e chapéu de palha em agosto, capotes e vestes enfiadas umas sobre as outras em fevereiro.

Essa atitude de indiferença ao tempo que fazia recobre-se de indiferença também em relação ao tempo que passava. O ritmo do trabalho era marcado pelos toques da Igreja, depois, a partir do século XIV na cidade, por aqueles das torres municipais profanas; os primeiros caprichosos e intemporais, os segundos regulares e imperativos. Quanto ao horário da jornada de trabalho, estava submetido à tirania da luz no campo, visto que é a claridade do dia que dava ritmo ao trabalho, e na cidade, aonde as interdições pesavam sobre o trabalho à luz de vela. Mas no espaço diurno assim delimitado, a incerteza permaneceria enquanto a relojoaria ficasse no nível pré-mecânico – no século XIII, em Mons, a magistratura municipal discutiu por quase uma hora para fixar o momento exato em que se iniciaria a sua deliberação. (Na terceira ou na sexta hora? Contada à moda antiga por frações do dia ou da noite? Variáveis em cada estação?) Ademais, se compreende, facilmente, que o trabalho do inverno, efetuado em oito horas, não valeria tanto quanto aquele realizado no verão, que se estendia por doze.

1.4 O conhecimento

O progresso das pesquisas antropológicas nos deixa mais sensíveis aos comportamentos individuais ou aos tipos de relações sociais que enquadram a atividade cotidiana. É assim que conseguimos discernir melhor do que antes a importância dos gestos, não somente dos gestos técnicos, mecânicos, mas as atitudes que exprimem comando ou, ao contrário, a obediência – assim, o papel das mãos é tão significativo que *manus* ultrapassa seu senso físico de instrumento de trabalho até tornar-se aquele de autoridade sobre outrem. Provida ou não de uma haste, de um bastão, de uma espada, de uma luva, é a mão que exprime a ordem, recebe a submissão, distribui recompensas, paga salário, exprime a súplica ou traduz o castigo. Gestos de oração ou de homenagem, colação de um ofício ou a investidura cavalheiresca, mão de justiça, amputação da mão culpada, mão "morta" do servo deserdado, a frágil mão do trabalhador dos campos: toda a sociedade dela estava impregnada.

Se os gestos das mãos é um símbolo, existem outros que permitem identificar o indivíduo, de inscrevê-lo em uma categoria social. O desenvolvimento das "armas" familiares nos usos aristocráticos é paralelo àquele dos emblemas, revelando um estado, como a vieira dos peregrinos de São Tiago, ou o instrumento que ornamenta um selo do ofício, ou o que utiliza um operário em um fresco.

Um último campo de estudo merece uma pausa – e não é um caminho fácil de ser percorrido. Eu disse, anteriormente, que a transmissão do conhecimento de todas as atividades laborais representava um elemento essencial do conservadorismo geral da economia medieval, ou, mais ainda, da lentidão da difusão de novas técnicas ou da experiência acumulada. Os tratados, exemplos ou conselhos eram difundidos pela palavra tradicional do trabalhador. Mas não sabemos muito sobre qual suporte, oral ou escrito, era usado como vetor. O latim pelos clérigos e, talvez, pelos laicos mais instruídos. Mas e alhures, onde a língua erudita não era compreendida? Certamente, em línguas vulgares, mas seria uma ilusão moderna acreditar na uniformidade delas. No caso da França, não havia somente a língua *d'oïl*, a língua *d'oc*, o bretão ou o basco; cada uma delas – e mesmo as duas últimas – divida-se em ramos demasiadamente dessemelhantes, pelo menos em seis na língua *d'oïl* (picardo, loreno, francês, normando, o dialeto de Liège e o falado na região de Berry), e em oito na língua *d'oc* (o dialeto falado na região Limusino, dialeto de Poitou, gascão, perigordino, dialeto de Auvergne, tolosano, provençal, franco-provençal), sem contar com a acentuação dos dialetos ou dos grupos exógenos. Como poderiam ser difundidas as ordens, os conselhos ou os estatutos em uma sociedade dividia em vinte idiomas? E, naturalmente, pela via de termos técnicos designando o mesmo instrumento em seis vocábulos diferentes?

Dispusemos de poucos caminhos para obter as respostas. Até o século XVI – ainda! – nem a administração régia, nem o direito consuetudinário, nem a língua escolar estavam em um nível que permitisse iniciar uma unificação necessária – e da qual não estamos longe de avaliar que, cada vez menos, ocorria. Então? Fronteiras em comum? Sim, mas em domínios muito marginais; as formas de recepção e de saudação, julgadas indispensáveis em uma sociedade na qual sua fragilidade tornava-se sensível à forma social da polidez, virtude bastante esquecida; ou, ao contrário, os insultos e as blasfêmias, regularmente jogados ao repertório universal escatológico, sexual, racista ou provocador que é comum a todos; ou esses usos mais pesados de sentido que não aparecem facilmente, de batizar de um nome cristão seres ou coisas que se domina, que se associa, que se transforma em parte de si: um cavalo, um cão, uma espada, um barco.

Todas estas observações têm um objetivo: seja lenhador ou bispo, que vivessem no século IX ou XIV, esses homens eram desprovidos diante de uma natureza que dominavam mal e face a uma divindade, de início terrível e poderosa, posteriormente mais clemente e mais próxima, mas que os domina. Os progressos técnicos e a acuidade do espírito progrediam, sem dúvida nenhuma, mas em um contexto diferente em relação aos tempos antigos. Durante as grandes fases de desenvolvimento do mundo ocidental cristão, a "vibração" carolíngia, a "revolução" do ano 1000, o "salto" do século XII, o "Grande Século" (o XIV, como dizia Michelet), não se encontrava homens mais inteligentes, mais hábeis e mais ativos do que na Atenas clássica ou no Alto Império Romano, talvez, podia-se tentar desprender-se apenas da imitação, até mesmo da estagnação. No entanto, o progresso alcança um número crescente de homens.

2

O homem dos bosques e o homem dos campos

Aqui, na direção do Mediterrâneo, 8 em cada 10 homens viviam no campo, lá, mais ao norte, quase todos. Se retirarmos um punhado de clérigos, algumas famílias de guerreiros, que eram igualmente rurais, e se admitirmos um lento crescimento depois de 1200 da população das cidades, restariam somente, na Idade Média, uma massacrante massa de homens que viviam da terra. Algum vigor que tenha tido as universidades, as catedrais ou o banco, essa evidência deveria importar para todo o estudo desse período. Essa evidência não seria nada, no entanto, pela falta de dados ou pela cegueira "burguesa". Mas é pelos homens da terra que devemos começar a nossa apresentação dos trabalhadores.

Um balanço daquilo que os tempos medievais, sobretudo de 1050 a 1450, deixaram aos tempos "modernos" admitiria sem dúvida como primeiro lugar a conquista do solo e o domínio da natureza selvagem, os mais importantes registrados desde a época neolítica e que não foram ultrapassados até os nossos dias. Não pode haver dúvidas diante de uma grande variedade de aptidões geológicas ou geográficas na Europa, em esboçar um quadro da natureza das paisagens, ainda que as técnicas arqueológicas, as precisões dos atos ou as descrições romanceadas o permitissem. Delimitemos, então, alguns destaques gerais.

O primeiro é evidente: o homem, como o gado que ele, senão domesticou, pelos menos reuniu em seu redor, alimentou-se de grãos, de frutas, de carne, de laticínios, elementos fornecidos pelo meio ambiente. A importação de produtos distantes, que lhe permitira viver sem tocar o meio ambiente, era quase totalmente excluída. Para se equipar, o homem procurava madeira, têxteis, peles que tivessem a mesma proveniência. Suas necessidades eram, então, ligadas à exploração, ao menos ocasional, do seu meio ambiente natural. Este último aparece, no segundo destaque, formado por dois tipos de paisagens, a cultivada e a não cultivada, o *infield* e o *outfield* dos geógrafos, o *ager* e o *saltus* dos antigos, esse último englobando os estágios vegetais diversos da charneca à floresta, mas também as zonas de solos brutos, arenosos, de saibro, pantanosos.

Ora, a instalação de grupos humanos, desde os tempos neolíticos, foi efetuada pela implantação de conjuntos de clãs no meio de clareiras formadas naturalmente ou por ação da cultura. A paisagem, portanto, tomou o aspecto tanto no mundo mediterrâneo antigo como ainda nas terras célticas e germânicas, de um *habitat* separado por blocos, isolado no meio de um córrego dentro de uma floresta, de um matagal, de um lago ou de rios errantes. O peso psicológico dos espaços não conquistados, que nós gostaríamos de conjurar, mas também a preocupação de estabelecer laços, em todos os domínios, com o clã vizinho, produziram uma conquista progressiva sobre a terra inculta, iniciada na Antiguidade, completada na Idade Média. No entanto, a parte não dominada do solo, mas sempre útil, permanece preponderante – chegamos mesmo a sustentar, com muita probabilidade, que o aproveitamento das qualidades das regiões incultas formava o fundamento da economia medieval. É, portanto, por aí que precisamos começar.

2.1 O lenhador e o caçador

O estudo da cobertura vegetal natural da Europa deveria comportar uma aproximação pedológica regional e uma descrição botânica das substâncias. Dedicar-me-ei a dois tipos de observações. A primeira diz respeito à aparência íntima da floresta que determina os trabalhos de sua valorização. Na zona germânica, uma cobertura densa de carvalhos e de faias, bétulas na direção das zonas eslavas ou bálticas, opõe o homem às densas cortinas de árvores de travessia difícil, mas de uma grande riqueza de vegetação rasteira, muito acolhedoras para as espécies selvagens de rebanhos em pastagem. A floresta atlântica, mais espalhada, com brechas nos matagais e de cortes difíceis, comporta, no entanto, abundantes variedades de gêneros nutricionais, tais como as nogueiras ou as castanheiras. Ao sul, os matagais impenetráveis e praticamente inúteis, mas havia a charneca que podia alimentar os ovinos que, nessa região, prosperavam. Nota-se que as coníferas de todas as espécies, omnipresentes nos maciços arborizados, eram, nos tempos medievais, separadas pelas zonas de montanha; a sua implantação voluntária, por exemplo, na Alemanha Central no século XV, deveu-se unicamente à preocupação com o lucro, em função da sua textura e do seu crescimento rápido. A exploração da madeira, como matéria-prima de base, estende a essa variedade o essencial de sua riqueza.

Mas esses bosques, frequentemente delimitados por níveis degradados, corroídos pelo gado doméstico ou por uma floresta selvagem, formavam, igualmente, uma zona nutritiva capaz de suportar as necessidades de um grupo humano em momentos de fome ou de um ataque de guerreiros. A floresta medieval não era como a nossa, uma área de lazer, era uma área da vida cotidiana.

2.1.1 A colheita

Nós temos alguma dificuldade em retratar a base alimentar fornecida pela floresta ao homem medieval. Não que tenha parado de permitir alguns víveres, castanhas e nozes, cogumelos ou saladas, mas isso era somente um complemento, e os famintos de nosso tempo recorrem-lhe pouco. Os séculos medievais oferecem toda uma outra produção, bagas de grandes substâncias arbustivas, glandes, farinhas, vagens diversas, frutos selvagens de árvores que crescem sem proteção, frutas vermelhas, maçãs e peras, azeitona se não fosse explorada sistematicamente, a noz e a amêndoa, mas também raízes ou folhas, cherí

via, nabos, couve, alho-porro, alho, cebolas, agrião e taráxoco; seria necessário esperar muito tempo para vê-los crescer em hortas ou em pomares, sem contar as importações, às vezes tardias, de espinafre, de alcachofra, de abóbora, esperando os tomates da América ou os citrinos do Oriente. Essa massa de "ervas e legumes" rica em glicídios, às vezes mesmo em protídeos, certamente, constituía um aporte de víveres fundamental, até mesmo vital. Como era suficiente o direito de "uso", um direito de acesso à floresta, para explorá-la, os livros de contas ou as fontes literárias não nos dizem uma só palavra sobre essa relação de exploração. Assim, o historiador não pode julgar a sua importância apenas notando a obstinação dos camponeses para poder acessá-la, bem como dos oficiais dos senhores para acabar com os abusos.

Ir à floresta, durante as estações em que a vegetação oferecia os frutos, era, notadamente, uma ocupação das mulheres e, em casos de necessidade, das crianças, mas habitá-la, durante algum tempo, era tarefa dos homens. Atualmente, nossas florestas são atravessadas por guardas florestais, esportistas, turistas, ou algum grupo de lenhadores. Nós percebemos mal o "enxame humano" (chegou-se a empregar a expressão) que lhe dava vida outrora. Aos camponeses vindos, na ocasião para se alimentar, juntar-se-iam os que aí viviam, por muito tempo, da colheita e da caça; os "carvoeiros", cujas cabanas de ramos em torno dos fornos esfumaçantes abrigavam frequentemente os larápios e os banidos; os cesteiros que trabalhavam o junco e o vime; os fugitivos, os bandidos, mas também as almas em penitência ou os corpos doentes que procuravam o eremita sábio e consolador para pedir conselhos ou consultá-lo. Todo esse povo da floresta escapa ao mundo secular policiado, como também do historiador da atualidade. Mas a sua presença misteriosa deixa a floresta inquietante, até mesmo perigosa, hostil, em todo caso, ao trabalhador da cidade ou do campo. Era lá que estavam as bruxas, as fadas, os mágicos, os elfos e os duendes. Para o cavaleiro errante dos romances de corte do século XIII, a primeira façanha era afrontar este mundo selvagem, para o mercador, com seu animal de carga, era atravessá-la sem ser roubado, para o fiel, era livrar-se das artimanhas do maligno.

2.1.2 A caça

Atavismo pré-histórico ou convicção – no entanto inexata – que se trata de uma "conquista" recente a defender, muitos de nossos contemporâneos concebem caçar, na floresta e no seu entorno, o animal, presumidamente selvagem e comestível, com arcos ou com armas de precisão e com menos risco, uma vez que se opera a distância prudente para atingir os animais desejados. E, às vezes, levar, às vésperas, um animal de criação para ser colocado "em liberdade" e, em seguida, caçá-lo. Não classificaríamos a caça moderna entre os "trabalhos", porque não se trata de um trabalho ou de uma necessidade, mas, somente, uma distração ou catarse, essencialmente, de machos. No entanto, acontece que a proliferação de uma espécie, por exemplo, coelhos e javalis, causa danos sérios fora da floresta, criando a necessidade de "abates" quase oficiais.

Aproximamo-nos então disso que conheciam os caçadores medievais desprovidos de armas de fogo; as motivações de sua caça apareciam claramente: tratava-se, às vezes, de se defender dos perigos da fauna selvagem e de procurar alimentos e, para alguns, entregar-se aos exercícios esportivos violentos e ainda perigosos. Assim, desta vez, é um trabalho, e o interesse que ele desperta no mundo medieval mede-se pelo sucesso e pelo refinamento dos manuais de caça, como aqueles do Imperador Frederico II, no século XIII, ou de Gastão Febo, Conde de Foix, dois séculos mais tarde, verdadeiros tratados técnicos de zoologia.

Em primeiro lugar, se não existe nenhuma prova concreta da introdução na Europa, desde a proto-história, de espécies selvagens até então desconhecidas, por outro lado, numerosas são aquelas que foram eliminadas pelos homens, particularmente mamíferos, qualificados como "nocivos": o bisão ou arouque que recuaram, pouco a pouco, até a taiga russa, mas não eram perigosos para os homens, os ursos negros, perigosos quando eram feridos, mas de humor muito pacífico, os pequenos carniceiros como o lince assassino de carneiros e, naturalmente, sobretudo, o lobo – imprevisível, vivendo em alcateia, movimentando-se com uma extrema velocidade, sutil e corajoso –, o animal que ainda assombra as memórias infantis e as narrativas dos velhos. O único a ousar atacar diretamente o homem, degolador de gado, do viajante isolado ou do cavalo ferido, o lobo é objeto de uma guerra apenas adormecida em nossos dias. Compreende-se que afrontar um bisão a galope, um urso macho de pé sobre suas patas posteriores, um javali furioso ou um lobo faminto demandaria outro trabalho do que disparar uma bala atrás de um arbusto.

Outro trabalho, logo, outro material. Porque não seria suficiente apenas fatigar o animal até o momento em que, exausto, se ofereceria à faca do cavaleiro, como fazemos ainda com os cervídeos; seriam necessários cães com coleiras de tachas para evitar a asfixia, um chuço que se enfiava na carne do animal enfrentado de perto, equipamentos que pudessem resistir aos caninos, às garras e aos focinhos. Tudo isso serve para distinguir dois tipos de caçadores designados pelos textos – da forma mais simples – qualificando-os de "caça ao grande animal" ou "ao pequeno animal". O primeiro, que demandava armas e equipamentos, vigor e coragem, era um exercício esportivo preferível à guerra e que somente a aristocracia montada pode realizar; o outro que exigia, sobretudo, destreza, paciência, astúcia, era a caça do plebeu efetuada com arco, com armadilhas, com laço, com ratoeira, com rede, com visgo, visava animais de baixo perigo: raposa, cabrito, o coelho e todas espécies de galináceos.

Não se come o lobo, nem o urso, mas sobre a mesa de um rico poderiam figurar pássaros ou roedores, que não se pensava enfrentar com a matilha. Assim, desenvolveu-se um tipo de caça reservada a esse setor "vulgar", mas alçado à categoria de arte: o adestramento e o emprego de um pássaro de apreensão, como, por exemplo, o falcão e o gavião, que eram hábeis em descobrir e atacar os "pequenos animais". A partir do século XIII, a sociedade aristocrática apaixonou-se pela falcoaria, verdadeiro símbolo de superioridade social – as damas não relutavam em cavalgar com um pássaro alojado em sua luva.

Naturalmente, seria deplorável que na cavalgada do senhor se encontrasse na floresta um bando de camponeses caçando ou tentando fazer uma armadilha para apanhar uma presa. Então era necessário, se fosse possível, determinar com exatidão a zona respectiva de cada um. Dois caminhos foram abertos então aos juristas medievais. Seria possível regulamentar a caça, por exemplo, com limitações de datas fora do período de reprodução, preservando algumas espécies, multiplicando, assim, o pessoal de vigilância, por meio de oficiais régios ou senhoriais que tinham como função proteger e julgar delitos ocorridos na floresta, fiscais das matas, uma série de oficiais senhoriais à procura de infrações a verbalizar. O século XIV viu iniciar, amplamente, esses "códigos florestais" em que o corte de árvores era associado ao abate de animais. Como a caça era uma encarnação da força pública, o rei sempre era um caçador, o poder estabelecido almejava controlar essa prática. Na França, a venda do direito de caça foi esboçada por Carlos V e fixado por Luís XI – fonte de vivos protestos nobiliárquicos, fonte também da noção de fazer parte de um monopólio destinado à aristocracia, o povo não podia adquirir esse direito (ficando estabelecido, até 1789 quando foi abolido, que havia aí um excesso "feudal"). Mas, simplesmente, poder-se-ia determinar localmente na floresta – se necessário materializado por uma cerca – as zonas acessíveis ao povo que possuía o direito de uso, e as áreas reservadas aos senhores, que nós chamamos de *défens*, interdições, parques – ou velhas palavras célticas e germânicas, bosque (*broilum*), reserva, das quais tantos topônimos conservaram a lembrança.

2.1.3 O ataque à floresta

A cobertura vegetal da Europa, regiões meridionais compreendidas, renova-se, espontaneamente com uma potência capaz de nutrir a confiança dos camponeses e o desespero do horticultor. Deixada um tempo sem vigilância, ela se regenera com vigor; dizia-se, no século XV, na França, que "as madeiras tinham vindo com os ingleses", movimentos paralelos de guerras e de abandonos dos solos. As práticas de repouso do solo atuais têm o mesmo efeito. No entanto, as grandes espécies arbustivas sofrem constantes ataques do homem, uma vez que as práticas de repouso favorecem, sobretudo, as plantas mais modestas. Pode-se afirmar que as formações degradadas da costa mediterrânea, como os matagais, são somente o resultado de intensos arroteamentos proto-históricos ou antigos. É necessário esperar muito tempo antes que a floresta, incendiada pelos pastores, retorne ao seu estado de mata com árvores de grande porte.

Essa luta constante do homem com as florestas conheceu, nos tempos medievais, uma fase ativa considerada como um dos aspectos maiores do legado desses séculos: fixar um tipo de paisagem que não variou muito até a nossa época. Sobre esse combate pode-se encontrar facilmente as causas. Alguns escapam a uma abordagem científica, como é o caso da angústia gerada pela floresta, por sua obscuridade, sua insegurança, ou do desejo de alcançar os "outros". No entanto, duas necessidades, complementares, impuseram-se facilmente (dispor de madeira para obras e estender a superfície agrícola).

A Idade Média seria a "idade da madeira", mas a expressão relega o metal e a pedra aos limites do mundo do trabalhador, o que é, demasiadamente, excessivo. Não se pode negar, no entanto, o lugar eminente do vegetal na construção ou nos equipamentos; os arqueólogos estão convencidos disso, mais do que os historiadores, porque as suas escavações denunciam o seu emprego, somente a título virtual, uma vez que o registro desapareceu, à exceção das escavações subaquáticas, como, por exemplo, das de Charavines (Isère), mas as estruturas e os objetos recolhidos só poderiam existir com o acompanhamento da madeira. A enumeração seria bem longa: cabos de ferramentas, louça de cozinha, utensílios de construção, materiais de equipamento artesanal, agrícola ou vinário, móveis e suportes, janelas e portas, tamancos e cepos, pranchas, telhas, vigas, sem contar as achas do rico e os fagotes do pobre. Não nos espantamos com o lugar ocupado na aldeia (mais do que na cidade) pelos trabalhadores da madeira, marceneiros, carpinteiros, tamanqueiros, segeiros que poderiam representar até a metade do artesanato camponês. Sem mencionar o trabalho doméstico no qual a madeira era empregada: serrar uma acha ou talhar as pranchas não demandava a competência esperada de um tanoeiro e de um telhador; esse trabalho poderia ser feito em casa.

Quanto à procura de novos solos, havia uma pressão constante do homem do campo sobre o seu horizonte arborizado. Seja em função do número de aldeões ou de cidadãos aumentando – necessitando da extensão de terras para o trigo –, seja o aperfeiçoamento das técnicas de cultura –, como, por exemplo, o afolhamento acompanhado da melhoria, suprimindo a cada ano do território produtivo uma parte dos solos aráveis –, o corte da madeira era uma solução que se impunha. No entanto, havia assim um "círculo vicioso" no ecossistema medieval: se os grãos ganhavam sobre a faia ou fetos, foi à custa do caçador, do pastor ou do lenhador, cuja função enfraquecia no equilíbrio da economia. O frágil sistema produtivo era então submetido a estas disputas: caçadores contra "usuários", lenhadores contra lavradores, pastores contra sedentários, eram esses traços sociais acentuados que opunham tipos de trabalhos a finalidades diferentes.

As regulamentações de corte na floresta ou, mais modestamente, os contratos que estabeleciam um programa de arroteamento permitem aproximar-mo-nos da operação de corte das madeiras. Contudo, faltam informações sobre a amplitude e o ritmo desses empreendimentos. Inicialmente, porque a documentação que os descrevem com precisão é raramente anterior a 1100, o que nos força, para os tempos anteriores, a fazer hipóteses mais ou menos corroboradas ou interpretações baseadas em outros critérios, como os demográficos ou de topografia; por exemplo, para uma fase "carolíngia", valorizada, no século IX. Em seguida, porque, regionalmente, os "espaços em branco" subsistem quase até o final da Idade Média, como nas regiões da Bretanha e o maciço central da França. E a dúvida aparece no momento de fazer a estimativa do solo que teria sido arrancado da floresta na fase mais ativa do trabalho, digamos entre 1120 e 1250, primeiro na direção sul da Europa, mais tarde, no leste: a tradição historiográfica, há muito tempo, sustentou a ideia de imensas florestas ou densos matagais sobre o continente. Habituados ao magro tapete vegetal das margens latinas, os antigos, César ou Tácito sobretudo, evocavam a "Gália cabeluda" e a negra Germânia. Todavia, a natureza dos solos, a existência de topônimos anteriores ao ano 1000, os relatos dos viajantes, evocam sobretudo uma paisagem de savana arborizada e de grandes maciços isolados. Pode ser que na Europa Central, em geral depois do Reno, a superfície arável tenha dobrado, mas no extremo Ocidente, na Inglaterra, em zona mediterrânea, uma proporção de 10 a 20% de crescimento parece uma estimativa razoável. Essa conquista tomou, notadamente, um aspecto de um "arroteamento" no sentido exato desta palavra, ou seja, mais da luta contra a silveira e o espinheiro do que uma desarborização às custas dos carvalhos, das faias ou das castanheiras.

Na verdade, quando se volta para a direção dos atores do trabalho, constata-se que as empreitadas, de qualquer tamanho que tenham deixado traços nos documentos, foram, provavelmente, a minoria e que o trabalho camponês foi, largamente, individual, familiar – a rigor coletivo no âmbito da aldeia: limpar as terras "inúteis" cobertas de arbustos, desbloquear os limites do bosque, traçar um ou dois sulcos a mais sobre a área não cultivada ultrapassando os limites que o oficial senhorial tinha estabelecido. Todo esse trabalho de "roubar regos", clandestino, invisível à primeira vista, mas repetido em um período bastante longo, foi sem dúvida o essencial dos "conquistadores" das terras conseguidas da floresta. Naturalmente, nós vemos melhor os outros trabalhos: o contrato firmado entre um proprietário do solo e a Igreja, por exemplo, e uma equipe de lenhadores dirigidos por um laico, um grande proprietário alodial ou um senhor que procura aumentar sua propriedade. Em breve, seriam os aldeões trabalhando na entressafra em troca de salário, em breve, seriam os estrangeiros no lugar, "hóspedes" que recebiam lotes sobre as terras novas onde construíam suas cabanas. Nesse esquema, o mais difundido, as equipes raramente ultrapassavam doze homens e o senhor das terras, aquele que cede o solo, conservava o direito de levar uma parte dos frutos, a dízima, por exemplo, que nós chamamos "*novale*", nova.

Observa-se que os monges não estão incluídos nesse processo de arroteamentos medievais. É intencional. É um clichê da historiografia medieval que evoca o lugar dos mosteiros nessa prática, o dos cistercienses sobretudo. Ilusão fundada na hábil propaganda dos monges brancos e sobre o fato de que os solos conquistados eram, frequentemente, na verdade, bens da Igreja. Mas os monges, eles mesmos, somente raramente manuseavam o machado, isso ocorria por três razões: a preocupação deles com o isolamento conduzia-lhes, sobretudo, a preservar as florestas que os cercavam; o seu ritmo de vida não lhes permitia dar conta de longos trabalhos de abate de árvores; e o seu número reduzido não lhes respondia apropriadamente à amplitude do trabalho a ser realizado.

Essa tarefa, nós conseguimos muito bem determiná-la. No quadro de uma empreitada senhorial ou eclesiástica, tem-se a prova que o trabalho não tinha nada de anárquico, como tivera sido, talvez, na Antiguidade – a medição do cantão a limpar era certa, ao menos segundo a iconografia do século XIV ou as delimitações precisas nos contratos. O contrato preliminar era, em regra, para a vegetação rasteira, depois, a eliminação dos arbustos e das ervas com escardilho e com a enxada. O machado vinha em seguida, a serra parecia ser utilizada somente para o retalho em troncos ou em pranchas. A qualidade dos ferros intervinha aqui para ligar metalurgia e arroteamento. Mas o trabalho seria somente concluído com a destocagem; eram necessárias a atrelagem de bois e as correntes, o que implicava um trabalho coletivo de longa duração. Um solo assim liberado seria, poder-se-ia estimar, próprio para a pastagem em dois anos, para as semeaduras e para o trabalho em cinco. Ou seja, lenhadores de ocasião ou em pleno exercício, os aldeões e seus senhores não poderiam esperar muito tempo para ter benefícios do seu trabalho. Além disso, pode-se adiantar que a mediocridade das ferramentas reduzia a conquista anual do solo, no momento da fase central do corte, a uma jornada de 30 a 45 ares por trabalhador.

Isto quer dizer que continuamos na ignorância sobre a paisagem florestal depois de um tal ataque: deixavam-se desenvolver matas de corte desordenadas, com o risco de deixar a pastagem mais difícil, mas favorecendo a pequena caça e a recolha de madeira para queimar? Ou limpavam as florestas mais fáceis de vigiar pelos oficiais a cavalo? As regulamentações das florestas, tais como as dos cistercienses, previam ritmos de corte para desbastar a cinco anos, multas para aqueles que abatessem espécies protegidas e reservadas ao senhor, e algumas árvores frutíferas, nogueiras, carvalhos. Ao que tudo indica, a exploração racional das florestas somente foi colocada em prática de forma lenta, motivada pela necessidade de madeira para construção – no século XIII, Veneza, para conservar ou renovar a sua frota, drena, a cada ano, na direção da laguna, milhares de madeiras abatidas na Dalmácia, em Frioul e até mesmo em Caríntia, mas este exemplo de um "chamado" em direção aos canteiros navais seria, no entanto, muito distante, ele poderia ainda revelar certa desordem na floresta alpina. Talvez, isso tenha ocorrido também em outras regiões, porque Suger, um século antes, tinha constatado, procurando com alguma dificuldade, doze troncos de carvalho em toda a floresta de Yvelines para o telhado de Saint-Denis.

Da madeira para construir, madeira para adornar, as equipes de trabalho no local, os aldeões à espreita: a relação entre o homem e as áreas incultas era então um dos pilares da economia nesses séculos. Mas os matagais e as florestas não eram somente o domínio dos lenhadores e ou dos caçadores. Nesses lugares, encontravam-se também rebanhos domésticos.

2.2 O vaqueiro e o pastor

Por não poderem dispor de ferramentas necessárias ao trabalho no campo, os homens no Ocidente viveram, sobretudo, dos aportes das florestas, como a caça e a colheita. Mensuramos mal o lugar na alimentação humana, porque os gestos "primários" de varejamento, de arranque ou de colheita não revelariam anotações documentais, nem mesmo a iconografia. Em resumo, para o pouco que tenhamos usado, considerando algumas polêmicas, a região inculta estava à disposição de todos e, sem limites. Não estamos completamente convencidos de que a exploração do reino animal "doméstico" estava diretamente ligada à área inculta. Atualmente, nossa "criação" efetua-se, principalmente, em coberto, ou junto às pradarias, naturais ou não. Computar os nossos rebanhos e enumerar os ganhos são aspectos muito visíveis da nossa economia. Há muito tempo, os tempos medievais deixaram escapar uma contabilidade desta natureza, em função do caráter, às vezes, difuso e móvel das práticas pastorais; assim, podemos, por acaso, encontrar um inventário de práticas pastorais, um registro de censo e de tarifas aduaneiras (então, vê-se uma vaca próximo ao camponês, pratos de porco em um castelo, cavalos que passam uma portagem). Mas, antes do século XIV, os recenseamentos do gado eram raríssimos; além disso, até o século XVIII, a obscuridade recobre todos os animais da capoeira. Essa mediocridade da documentação explica, sem dúvida, o atraso dos estudos históricos sobre a criação, sobretudo, se comparado aos estudos sobre os grãos e sobre as vinhas. Atualmente, uma tendência inversa esforça-se em reabilitar a preocupação e o lugar do gado na economia medieval. Inclusive, avançamos que a carne e os laticínios, bases de uma alimentação essencialmente continental, tenham destronado o pão e o vinho meridionais e cristãos. Forçosamente, admitimos que a criação desempenhou um papel de primeiro plano nos tempos medievais, passando do nível de simples objeto de atividade ao de sujeito econômico dominante. E, como este lugar a colocou no coração da área inculta, seria natural aproximar também os trabalhadores que faziam parte dessa atividade, antes daquelas atividades dos campos.

2.2.1 O animal domesticado

Quando desejamos estabelecer o estado do legado medieval na história dos homens no Ocidente, sublinhamos facilmente que esse período, durante o qual se apaga a escravidão, ou seja, a exploração sem limites da força humana, foi aquele em que a força animal foi corretamente selecionada e utilizada pelo homem (igualmente a força dos elementos naturais, mas isso é outro tema sobre o qual falarei em seu tempo). Na verdade, os historiadores da Antiguidade valorizam, com certo azedume, que os períodos que estudam já conheciam, muito bem, um número de técnicas que creditamos à Idade Média, como, por exemplo, a atrelagem e o tratamento de tecidos animais. Realmente, seria inútil abrir um debate a esse respeito, digamos apenas que nos domínios concretos, até mesmo espirituais, o mundo greco-romano estabeleceu uma base de conhecimentos ou de reflexões que o mundo medieval colocou em perspectiva e generalizou.

Se, renunciando a esses caminhos estreitos, examinarmos a natureza das relações entre o animal e os homens do Ocidente, desde os tempos longínquos – neolíticos ou ainda mais antigos –, constataremos que a "domesticação" das espécies, ou seja, o controle total e voluntário dos animais a serviço dos seres humanos permaneceu praticamente inalterada ao longo de décadas, senão por centenas de milhares de anos. Não mais do que outrora, o homem não "cria" abelhas, as joaninhas, o bicho-da-seda ou a rã, não mais do que peixes ou a quase totalidade dos galináceos, ele os explora na ocasião, suas capacidades, isso é tudo. Deixemos então o falcão e os golfinhos no nível da curiosidade. É exclusivamente sobre o reino dos mamíferos que a ação humana era obstinada e eficaz. Mas o animal permanece pacífico: ele puxa, carrega, dá o seu leite, sua carne, seu couro e a sua lã. Quanto ao homem, renunciando a uma curiosidade de zoológico, reprovada pela Igreja, via, sobretudo em seu boi e em sua cabra, uma criatura inferior e um refúgio do mal. Assim, sem alcançar a hostilidade ou a repulsão que toca o animal no mundo islâmico ou judaico, o porco ou o bode são desprezados. No entanto, duas espécies foram "conquistadas" pelo homem e, há séculos, acompanham-no voluntariamente em sua vida e suas obras: o cachorro e o cavalo. Quanto ao gato, do qual não ousaria dizer que o homem de hoje alcançou sua "domesticação", ele era, nos tempos medievais, a companhia da bruxa e a encarnação do diabo.

Não se pode aqui percorrer, com alguns detalhes, os domínios em que o cavalo e o cachorro participam dos trabalhos dos homens, tão intimamente que eles são nomeados por eles à semelhança de um humano: simplesmente descritos em suas aparências e em suas virtudes, esculpidos e pintados, convencidos da razão e dos méritos espirituais, canonizados mesmo como Guinefort, o santo galgo, ou divinizados à moda antiga como Bucéfalo, a montaria de Alexandre. Guardar a casa, as crianças, o rebanho, participar da caça, da vigília, ter seu lugar na casa ou sob a mesa, o cachorro é um companheiro.

Mas o cavalo é um confidente: o trabalhador fala-lhe nos campos, o guerreiro no momento do ataque, o mercador na estrebaria, a dama na viagem; emblema de superioridade social e mesmo de dominação sobre os outros, o cavalo era também um elemento fundamental do sistema econômico e social da Idade Média. Cavalo de batalha, palafrém de príncipes, hacaneia das damas, do asno do mercador, enxergão do vilão, ele carrega, traz, viaja, puxa, trabalha; e, animal nervoso, frágil e receoso, era necessário limpá-lo, cuidá-lo, domesticá-lo. Ele está envolto em atenciosos cuidados – possuímos mais tratados de

139

hipiatria do que de pediatria. Podemos-lhe dispor de um lugar excepcional na história do trabalho. O progresso realizado nos processos de montagem (estribo, arção), de atrelagem (cabresto, balanceiro) e de ferragem multiplicaram em seus lados os ofícios do ferro e do couro ou aqueles da arte veterinária (ferradores, seleiros, alveitaria, palafreneiros, criados de charrua ou de armas). Os progressos da cultura da aveia, um grão que o animal apreciava muito, estavam ligados, sem dúvida, à amplitude crescente do seu emprego, intervindo na cerveja e nas sopas ou nas práticas de afolhamento. É por isso que os historiadores das técnicas associam facilmente o cavalo às fases essenciais de suas observações: ataques de cavalaria pesada depois do século VIII, desenvolvimento das forjas aldeãs no século X, novas práticas culturais no século XIII. A castração do animal, atualmente, demasiadamente difundida, talvez fosse praticada na Idade Média na Europa Central junto aos húngaros (de onde vem o termo *"ongre"*), porém, raramente mais a oeste (e a minha proposta não pode ser a de descrever as pelagens e as raças). Apenas um problema permanece malresolvido: A carne do animal, velho ou "penalizado", ou seja, ferido, era consumida? A Igreja há muito tempo tinha banido a prática. O sangue fresco do animal, reputado de ser portador de virtudes, era, com muito gosto, bebido pelo guerreiro germânico; e os homens de Deus transtornados, tanto como os cavaleiros devotos do animal, repugnavam tal prática. Mas na escassez dos ossos deste último, as escavações revelaram até 4 ou 5% dos restos equinos que apresentavam traços de corte.

As mulas e os burros, asnos e onagros não recebiam tanta preocupação. No entanto, seus irmãos equídeos, mais modestos, mas mais seguros, tinham seu lugar no carreto ou na atrelagem – a mula, sóbria e dócil do cônego, o burro, ser subserviente e vigoroso do montanhês. Quanto ao asno, estúpido para todo trabalho, este mal-amado tanto do bestiário medieval quanto do nosso, incansável, mas indócil, guardava a honra de ter guiado a Virgem e o Menino Jesus no Egito; e nós passeamos com ele nos momentos de festa, de forma resignada e pomposa.

Os bezerros, vaca, porco (os filhotes, se necessário), ainda carneiro e cabra, o *"aumaille"* (*animalia*), tinham-lhes em conta apenas para os serviços que prestavam. Não eram menos importantes, mas tão comuns que, à exceção dos ovinos cujas lãs não seriam todas do mesmo preço, não eram descritos, mas contados como os móveis ou tonéis. Deles esperava-se o essencial dos protídeos, a quase totalidade dos lipídeos, a manteiga, a gordura, a banha, o queijo, toucinho, as carnes, o leite sobretudo, alimento completo para todos. Mas também a lã, as peles, o couro, a seda, os ossos também. Eu retornarei a tratar de todos os ofícios, todos os trabalhos que atraíam o gado: seleiros, curtidores, fabricantes de pergaminho, surradores, sapateiros, sem contar, evidentemente, na vintena de trabalhadores têxteis, do tosquiador ao pisoeiro. O animal não era exclusivamente passivo, simplesmente na espera de dar tudo aquilo que a natureza o proveu, mas ativo também: os bois conservaram até o final da Idade Média uma superioridade indiscutível sobre o cavalo no que diz respeito à capacidade de tração, duas vezes mais lento, mas duas vezes mais forte, o boi era o animal de trabalho em solos secos e com charruas pesadas, contentava-se com cevada ou com feno, resistia bem às doenças, custava pouco ao seu boieiro. Cabras e carneiros tinham evacuação de nítricos de excelente qualidade, superior ao esterco sujo dos bois – eles foram colocados sobre o solo para fertilizar, movidos de terreno a terreno onde eles pisavam o chão, enterrando os excrementos sem que fosse necessário usar corveias humanas.

Mas o rei do gado é o porco. Aproveitado do rabo ao focinho, limpando as ruas das cidades e os caminhos das fazendas, retirando todos os dejetos que encontrava pela frente, colocando a baixo as gramas e as flores. O porco sangrando, salgado ou defumado no Natal poderia nutrir uma casa por todo inverno. Sem ganhar outra reputação além de ser feio e libidinoso, o porco salvou a Cristandade do Ocidente que, caso ela o tivesse desprezado, teria sofrido de inanição, porque, contrariamente ao que acreditamos por muito tempo, a carne de porco aparecia sobre todas as mesas.

No entanto, seria necessário nuançar essas afirmações através de indicações numéricas sobre a abundância de seus rebanhos. Mas as variações de lugar e tempo dificultariam uma enumeração. Limitar-me-ei a duas observações: em primeiro lugar, no que diz respeito ao valor de mercado de diversas espécies, considerando o meio do século XIII no qual os preços começavam a aparecer suficientemente nos textos, se um cavalo de tração custava 5 *livres de parisis*, um boi ou uma vaca seriam computados por 2 ou 3 *livres*, um porco ao custo de um, um carneiro ao valor de alguns soldos. Essa "escala" dá conta – eis a segunda observação – mais do número de cabeças que de sua utilidade. Em uma aldeia cerealífera na Europa Central, havia, nessa época, de 8 a 10 cavalos, de trinta a quarenta bovinos, duzentos porcos e dez mil carneiros – esses últimos eram "estimados" mais do que contados e os porcos vagavam na floresta de "tantos porcos". E a expressão "vagando na floresta" leva-nos, evidentemente, ao trabalho do criador.

2.2.2 A criação

Como na atualidade, os processos de criação são variados e oferecem muitas diferenças em relação aos nossos usos. Quatro domínios, quatro espécies de práticas merecem a nossa atenção.

O primeiro não é muito sujeito à surpresa. Os cuidados dispensados ao gado são, provavelmente, menos aperfeiçoados do que o dos nossos dias, mas não o interesse que desperta. Inúmeros tratados médicos falam dos cuidados veterinários, de receitas contra doenças intestinais, as lesões. Palafreneiro, boieiro e porqueiro velam pelo bom estado das liteiras e da alimentação. A cobertura que exigia recorrer a um garanhão era vigiada pelos sargentos, a cavalo se fosse possível. Criticou-se o ritmo das coberturas mais frequentes que atualmente, mas se trata de uma questão de método. Quanto à ordenha ou à tosquia, era uma tarefa familiar, em que as mulheres tinham o papel principal. Por outro lado, a ferragem do pé era um negócio do homem, mas do homem ("marechal-ferrador") que conhecia o animal (ele era o "marechal", o que, nesse caso, pode-se dizer veterinário), o *fevre* (*faber*, *ferrario*, ferrador). Essa prática destinada a evitar uma deformação do casco, portanto um entrave ao trabalho, provavelmente não era conhecida – em todo caso nunca praticada – pelos antigos: a introdução da ferradura no cavalo, em que se sublinham os efeitos sobre a qualidade do trabalho do animal, é difícil de datar (De proveniência asiática? Fim do século X?), porque a forma e a composição da ferradura e das suas tachas não evoluíram, por assim dizer, durante mil anos, ademais, temos alguma dificuldade para datar as que foram exumadas pela arqueologia. No entanto, até o final dos tempos medievais, lemos no imposto de terrádigo que sempre passavam cavalos ou mulas não ferrados, e de fato, tarifados a um custo menor.

Certamente, os mais antigos e, há muito tempo estimados como os mais econômicos, a saber, as práticas de pastagem livre foram, na atualidade, amplamente abandonadas. Tal prática era, na verdade, perigosa e, finalmente, pouco rentável (deixados na floresta sobre charnecas ou nos matagais, os animais machucavam-se, às vezes, morriam nos brejos ao longo dos córregos, nos emaranhados de troncos abatidos ou arrastados pelas águas). Eles eram, igualmente, vítimas dos carniceiros ou, simplesmente, roubados. As perdas excediam os lucros que se esperavam do seu desparecimento dos solos cultivados. Além disso, apesar dos cães adestrados, dos guardas a cavalo juntando o rebanho, por exemplo, para a marcação ou a cobertura, colocam-se problemas quase sem solução. Acrescentamos que se considerava que os animais se alimentavam dos arbustos, mas a especulação, como a do burguês da Suábia no século XV, consistindo em trocar os carvalhos frutíferos pelas coníferas, poderia destruir o tapete de ervas e os arbustos; sem contar os desgastes cometidos pelos ovinos e caprinos, vorazes devoradores de crostas e de resíduos de um modo geral.

A criação do tipo extensivo, como nas regiões mediterrâneas, sobre os *latifundia* e as *meseta* italiana ou ibérica, ou a pastagem anárquica nos matagais, eram ainda difíceis; mas conduzir os animais sobre uma parte "aberta" do território parece, desde o século XII, ter convencido os aldeões. Para realizá-lo, seria necessário que os progressos técnicos permitissem a desobstrução de grande quantidade de "solo" em pousio por ano, ou de um prado. Nesse caso, como para a pastagem livre limitada por cercas, um mínimo de concentração impunha-se à aldeia para reunir o rebanho, marcar os animais e confiar o conjunto a um pastor, seja profissional, seja um aldeão responsável pelo "turno", como dizia Joana d'Arc sobre seu pai: ajudado por um cachorro, por uma arma e por uma trombeta, ele tinha uma grande responsabilidade. Ela explica, sem dúvida, que em numerosas regiões, a ideia da cerca seja ocasionalmente o conjunto de parcelas em pousio quando estavam ligadas, seja cada uma entre elas, ou ao menos o cercado dos carneiros, de uma forma permanente, essa ideia fez nascer a ideia de "cercamento" (o *enclousure* inglês); ou seja, a interdição feita por um senhor ou por um grande camponês, em evitar a passagem de outros animais que não sejam os seus. Se a pastagem, notadamente, aquela dos ovinos, cujo "casco transforma areia em ouro", acompanha a compra de terras, outrora de plantio de cereal, para transformá-las em pasto, os efeitos foram desastrosos sobre o "pasto inútil", ou seja, a pastagem sobre os solos camponeses desprovidos de cultura – a comunidade aldeã pode ter sido arruinada. Na Inglaterra, o movimento começou no século XIII quando, depois de 1235, autorizou-se tal prática de forma oficial; ele triunfaria no século XVI, a origem do campo inglês, e, talvez, do "bosque" do continente.

Pelo menos, o sistema de criação sobre pradarias descobertas permitiria vigiar o rebanho, seu volume, seu crescimento, sua saúde. Quando, no século XV, o consumo de carne vermelha conheceu um grande desenvolvimento, numerosos foram os cidadãos, mas também "trabalhadores", que investiriam seus ganhos ou suas economias na compra de animais, quando não era um rebanho cujo mestre endividado cedia a propriedade por contrato de diversos tipos: *gasaille*, arrendamento do gado, alimentação etc. O pastor ou o antigo senhor assegurariam o sustento dos animais e dividiriam os custos e o crescimento do rebanho com uma outra parte, recuperando, se se tratasse de um devedor, uma parte ou a totalidade de sua dívida. Um contrato de criação dessa natureza apresenta-se, sobretudo, como uma operação de crédito rural. Ela, na verdade, deixa grande espaço aos contenciosos: o citadino era muito ignorante acerca de zoologia, ele não sabia exatamente o número de seus animais e conhecia mal as condições locais de criação; também, frequentemente, era extorquido e dificilmente a isto se acomodava. E se o pastor podia assim fraudar por invenção ou por negligência, ele estaria à mercê, na melhor das hipóteses, de uma visita surpresa ou, na pior das hipóteses, um processo que o levaria à ruína.

Por esse motivo, tanto quanto podiam, os aldeões preferiam manter um forte controle sobre os seus animais. Eles os guardavam em estábulos, ao menos durante as estações frias ou no período da reprodução. Basta citar o exemplo retirado da criação de cavalos, a preocupação de vigiar a qualidade das raças e a regularidade das coberturas desenvolveram a prática do haras – ela é mencionada na Bretanha desde a alvorada do século XI, mais tarde, em Boulonnais ou na Normandia para nos atermos à França. Foram nesses lugares importantes de adestramento que se tentou os cruzamentos entre as raças locais na Europa do Oeste, da região flamenga, da região de Ardenne e da Capadócia de onde se importavam os animais com os aspectos preponderante das raças, notadamente, esses cavalos rápidos e leves, herdeiros dos ginetes númidos da África do Norte que chamaríamos então de *berbe* (de Barbaresque) ou *genet* da Espanha (do árabe *zenaka*). Quanto às outras espécies domésticas, desde os textos carolíngios, faz-se alusão às "cavalariças" (preferidas aos "estábulos"), onde se pode vigiar, tratar, mas também reunir e dispersar as liteiras de palha, as sujeiras dos excrementos, fonte do único adubo sério desses tempos, e que exigiam serviços de corveias impostas às famílias ou aos aldeões. A estabulação bovina ou ovina parece não ter tido efeito sobre as raças, sobre os seus rendimentos e ainda sobre suas aparências. A zooarqueologia, que fornece numerosos detritos de ossadas, está em condição de mostrar um crescimento do tamanho, em volume de carnes e laticínios, desde o século XI, em toda a Europa, mas a causa desse processo não está clara. Esse não era o caso dos suínos, que foram retirados da floresta (à exceção dos tempos de grande reprodução, quando eram conduzidos novamente para lá e comiam os frutos do carvalho) e foram colocados em áreas cobertas. Isso provocou inegáveis modificações dos seus tamanhos, do volume da carne, do volume de gordura e da sua dieta alimentar (as porcas, que na floresta assemelhavam-se frequentemente ao javali selvagem, ganharam uma pelagem clara e menos densa, essa tonalidade rosada, esse focinho amassado que reconhecemos nas pocilgas). Enquanto atualmente ainda, nas regiões onde a sua criação permaneceu "selvagem" – nas zonas mediterrâneas, por exemplo – o porco tem uma dentição maior, um lombo abundante, uma pelagem com manchas que lembra o javali. Essa modificação zoológica contribuiu para o desenvolvimento do consumo de proteína animal em todas as mesas. Na região germânica, começou o reino da salsicha.

O encarceramento e a estabulação exigiam uma vigilância atenta. Elas concernem às explorações individuais, algumas cabeças por fogo, e às empresas, monásticas ou laicas, dispondo de um corpo de vaqueiros, de porqueiros e de pastores. Nas regiões em que as condições físicas, até mesmo demográficas não permitiam, seria necessário reunir os animais e os colocar sob guarda para levá-los de um lugar ao outro. A transumância foi, provavelmente, praticada desde a alta Antiguidade – a Bíblia já a evoca. Nos países de clima subtropical ou mediterrâneo, era necessário levar os animais na estação seca para onde houvesse ervas frescas na direção norte ou para áreas mais altas. Nos maciços montanhosos onde a pastagem é possível na altitude durante o período quente, era a neve que forçava a levar os rebanhos aos vales, ao abrigo do inverno. No primeiro caso, a transumância percorre centenas de quilômetros de distância ao longo de pistas, cheias de plantas ramalhudas, as *canadas* ibéricas, os *tratturi* lombardos, como dizemos, do maciço central à Sicília ou à Andaluzia. No segundo caso, o "movimento" *savoyarde* ou *illiryrique* era somente um vai e vem no flanco do monte.

No entanto, existe uma diferença de duração e volume entre a centena de vacas subindo os *mayens*, as cabanas e o estábulo de maio, na bela estação sob a condução de um punhado de adolescentes, de alguns cães e de um queijeiro e, de outra parte, os milhares de animais, bovinos, ovinos, caprinos, cavalos mesmo, que formam a *bacade* bearnês ou a *mesta* castelhana – aqui, guardas a cavalo, uma matilha, à procura de pastagens intermediárias, de fontes, de atalhos. Mas essas duas faces da criação apresentavam traços idênticos: a implementação de um agrupamento de pastores, durante o verão, em cabanas frágeis, em condições muito rústicas; uma atitude de hostilidade entre sedentários e pastores, esses últimos pisando sementeiras, esvaziando os bebedouros, incendiando os bosques, recusando a pagar as taxas de passagem nos vaus, nos desfiladeiros e nas pontes. No caso ibérico, os grandes caminhos de transumância da Andaluzia em direção das Astúrias foram, desde o século XIII, cobertos por imensos rebanhos da Associação Geral dos Pastores, a *Mesta*, dominada pela nobreza fundiária e pelas ordens militares. Devido ao apoio da realeza, os extravagantes privilégios concedidos aos alcaides e aos *entregadores* encarregados de escoltar os animais, suscitaram, às vezes, inúmeras convulsões sociais e a ruína de trabalhadores da terra. E se a situação nunca foi tão grave na Alta Provença, no Valais ou no Tyrol, a tensão sempre foi viva – e ainda é – no momento da passagem dos animais em cada um dos sentidos de sua marcha. Mas isso não seria um eco distante da rivalidade entre Caim e Abel, um traço forte da economia medieval?

2.3 O lavrador e o moleiro

Animal omnívoro, o homem pode facilmente nutrir-se na natureza, consumindo os produtos da colheita e da criação. E mesmo que não tenha adotado uma vida sedentária ou quando se entrega, em seguida, à vida pastoral, ele aí encontra sua subsistência. Tal foi a situação até a alguns milênios antes da nossa era, ou entre os criadores dos tempos seguintes. No entanto, entre os elementos nutritivos necessários ao equilíbrio alimentar, as proteínas provenientes dessas duas fontes de alimentação, carnes e gorduras, eram baixas; ser-lhe-ia necessário um complemento à base de glucídios. Somos muito ignorantes sobre o período neolítico para nele analisar, como seria conveniente, a amplidão das etapas da "revolução" – fixar-se ao solo, solicitando-lhe, voluntariamente, o fruto proveniente da semeadura. No Ocidente, essa apreciação do grão na alimentação não deve ter sido muito anterior ao segundo milênio antes da nossa era e nós ignoramos as condições desse progresso (a observação das qualidades nutritivas dos elementos recolhidos pela colheita, o interesse de uma colheita regular capaz de combater à fome, ou uma série de razões que se apresentariam às práticas culturais). Independentemente do que tenha sido, a escolha do que se chamava os "trigos" foi fundamental; certamente, as espécies assim distinguidas crescem naturalmente sob nosso clima, mas os homens desses séculos teriam podido preferir outras plantas também nutritivas, como os grãos de leguminosas. Ora, estas últimas, estas favas, estas vagens, estas ervilhas, apareceram somente como complemento, como "acompanhamento", isso que "vai com o pão", o *companaticum*. Porque foi ainda o pão e o mingau que conquistaram todas as civilizações mediterrâneas ou ainda nórdicas, judaicas, cristã e muçulmana. Eles se transformaram no símbolo mesmo da alimentação humana.

2.3.1 O império do grão

Os textos medievais usam frequentemente o termo *bladum*, o trigo, para qualquer cereal panificável, como o faz ainda a palavra inglesa *corn*. Pois o que importa, na verdade, é o cozimento do grão, sua transformação em massa. E se fosse consumido cru, tal como se dava aos bovinos e aos cavalos, era somente um aporte de circunstância, um recurso de urgência – pode ser que tenha sido necessário o aparecimento das técnicas do fogo para a isto renunciar. Normalmente, o grão era cozido depois ter sido moído, o que eliminava o arroz ou o sorgo consumido não triturado, mas raros no Ocidente medieval. Do cozimento da farinha obtém-se (e se trata de assunto técnico mais do que de necessidade) o pão, biscoitos, as "massas", os bolos, ou, simplesmente, mingaus e sopas.

O meu propósito não está relacionado à natureza botânica, mas as características naturais de diversos cereais que têm prolongamentos importantes para a história do trabalho, porque nem o ritmo, nem o esforço, nem as maneiras são idênticas em todos os grãos. Observa-se, inicialmente, que a cultura de cereais sofreu, muito mais do que outros vegetais, uma forte pressão natural. Cada espécie tem, na verdade, suas próprias exigências bióticas (não se obtém frumento de um podzol silicioso, e o centeio resiste sozinho aos frios do inverno severo). Se as condições ideais são realizadas, a exigência da planta esgotará cada vez mais o solo e, assim, impõe-se então os repousos periódicos ou se coloca um fertilizante. As formas de fazer isso são profundamente modificadas. A farinha do frumento é branca, fina e produz pães leves, mas a planta absorve o essencial dos elementos nítricos do solo – fazer "trigo em trigo", sem adubação com esterco ou alternância, gerará uma produção de espigas magras e com palhas curtas, depois de dois ou três anos. O gosto desempenhava, nesse domínio, somente uma função secundária; dizer que o pão branco, de espelta ou de frumento, era o pão do senhor, é esquecer que este último, frequentemente, tinha somente centeio em seus campos. Além do mais, o camponês poderia, ele também, "comer o seu pão branco" porque ele pôde obtê-lo em sua terra.

Se o solo e o clima desempenhavam uma função primordial, a técnica era também determinante. Para fertilizar, ou seja, para colocar em melhor condição o suporte das semeaduras, era necessário esterco ou calagem, segundo os casos. Se tais práticas não fossem possíveis, seria necessário arejar o solo repetidamente, e o mais frequente era remexê-lo com a enxada, trabalho pesado e longo que mobilizava inúmeros braços. No entanto – e quaisquer que fossem o zelo e as ferramentas – não se poderia esperar a modificação das aptidões produtivas de cada espécie, bem como a sua função na formação dos estoques antes do inverno. Os agrônomos medievais conseguiram, de forma satisfatória, perceber as desigualdades de rendimento; no conjunto, por exemplo, na Inglaterra do século XIII, ou na Itália do Norte no século XIV, eles estimavam que o frumento pudesse render cinco grãos para uma semente, a aveia quatro somente, mas a cevada oito e o centeio sete. Naturalmente, o que sustentaria a ideia de progressos agrícolas da Idade Média central é a progressão desses rendimentos, graças aos cuidados, cada vez mais zelosos, junto aos senhores pelo menos. Em relação às suas culturas, por exemplo, para o frumento, estimamos que, da relação de dois a três para um na época carolíngia, esse cereal pôde render de quatro a seis nos séculos XII e XIII, de oito a dez mais tarde e até teria alcançado, no final da Idade Média, números na casa dos quinze na Flandres, tanto quanto na França de 1900, o equivalente a algo em torno de vinte hectolitros por hectare.

Se levarmos em conta que o gosto é muito pouco considerado na escolha dos cereais semeados, espantaria que, em circunstâncias naturais idênticas, tenha-se preferido semear o frumento na relação de cinco para um, em vez de cevada em uma relação de oito para um. Nisso, intervinham outros critérios de escolha, as fraquezas inerentes a cada espécie. Assim, o frumento esgotando a terra exigia um equipamento de alto nível; os cereais antigos, espelta, trigo rijo, que são trigos "vestidos", ou seja, com uma forte membrana, esmagavam as mós. Por isso, o moleiro, que se opunha às constantes limpezas, passou a recusá-los. A cevada tinha um bom rendimento, mas incha a barriga e se deixa, facilmente, atacar por insetos. O centeio, o "cereal do pobre", além de sua farinha ácida e cinzenta, pouco atraente, sofre, frequentemente, ataque da cravagem, fungo alucinógeno e mortal. Já em relação à aveia, muito apreciada pelos cavalos, permitia apenas mingaus e rendia pouco. Sem contar o arroz, pouco a pouco difundido do Egito para a Espanha, mas a sua cultura exige condições climáticas excepcionais ou trabalhos que só seriam atenuados com uma mão de obra superabundante. Além disso, ele é um veículo de muitos insetos portadores de doenças iguais à malária. Não nos esqueçamos ainda que se o grão é naturalmente o que se espera antes de tudo da espiga, o caule é o suporte das liteiras e a cobertura das casas: curto e fino, ele não se presta a esses serviços e impõe cortes rasteiros, trabalho exaustivo e muitos problemas de entreposto nos celeiros.

Certamente, o grão era suficiente para ocupar o dia do camponês. Mas ele não era o único a reter parte do seu trabalho. As oleaginosas: azeitona, noz e nabo dependem da colheita. Mas três outras categorias de vegetais exigiam um trabalho de plantio e de colheita. Eu fiz, anteriormente, alusão ao grupo dessas leguminosas, ricas em glicídios e em sais minerais, que eram, segundo os solos e as regiões, as favas, as lentilhas, o grão-de-bico e as ervilhas, categorias botânicas muito vagas e que ignoramos se elas englobavam, apesar de sua origem asteca e do seu nome, nossos diversos tipos de feijões. Os textos medievais os chamam frequentemente de "pequenos grãos" e esta denominação lhes cai bem: primeiramente, porque poderiam completar os grãos, até mesmo atenuar sua carência, em seguida, porque ele era semeado frequentemente no ar no meio das espigas, cujos caules sustentavam suas gavinhas, sobretudo, aquelas do centeio, robustas e curtas. Este método, que ainda vemos, às vezes, praticado atualmente, tinha evidentemente por inconveniente deixar a colheita difícil no momento em que os ceifeiros penetravam nos campos. Foi por isso que, após o século XIV, desenvolveu-se o hábito de semear as leguminosas em regos isolados, o que dava uma colheita certamente mais rápida, semeando-se em solos nos quais se interrompia o pousio. Mas a importância desse recurso alimentar é, frequentemente, minorada aos nossos olhos que se voltam para o grão (esquecemos que os talos e as folhas constituem uma excelente forragem e que um laço muito forte, portanto, uniu a estabulação à cultura das ervilhas).

Pode-se, é verdade, prever outras forragens, até mesmo reservar-lhes um lugar na parte do solo deixada em prado natural. Seria necessário esperar, ainda esta vez, os progressos da criação em "confinamento" para pensar em semear a luzerna, sanfeno ou trevo – e não muito antes do século XIV – e, além disso, em terra e clima úmidos. Primeiramente, seria necessário contentar-se com ervas secas, com raízes colhidas na floresta ou com ervas selvagens como urtigas, ervilhacas ou sésamo; e seu recolhimento, aberto para mulheres e para as crianças, era um negócio de colheita e não de cultura. No entanto, as plantas com filamentos impunham um trabalho particular.

Certamente, o papiro nunca encontraria no Ocidente as condições necessárias ao seu crescimento e as espécies vegetais comparáveis, juncos e canas, continuariam confinadas ao trabalho do cesteiro por não poder ser substituído. Além disso, sabemos que, desde o século VII, o pergaminho triunfou. Mas a história das plantas têxteis é também longa: o linho e o cânhamo desempenharam na Antiguidade um papel fundamental, devido à mediocridade dos tosões ovinos às margens do Mediterrâneo; a pele ou o couro poderiam, é verdade, supri-lo. Apesar do progresso da criação do carneiro em todo o Ocidente durante o período medieval e as suas realizações na tecelagem de lãs, dos tecidos "secos" e mais leves, o recurso aos vegetais têxteis locais continuou indispensável. Sabemos, na verdade, que o algodão apareceria somente no século XIV nos portos italianos e não foi implantado na Europa cristã. Quanto à seda, em grande parte importada do Oriente e mesmo da Ásia, é oriunda, às vezes, das plantações das amoreiras, por causa dos seus frutos e pela qualidade de sua madeira; se necessário, para depositar os ovos do bicho-da-seda, o siricicultor faria sua mulher desenrolar o casulo, antes de enviá-lo para ser tecido na cidade. Isso era, no Ocidente, uma novidade tardia (século XIV) e de pouca repercussão. Ao contrário, o tecido necessário à roupa fina, aos panos, aos véus, aos sacos, para nos atermos ao principal, provinha de duas espécies botânicas diferentes, o linho e o cânhamo, mas as propriedades e as condições de cultivo eram próximas: os talos contêm fibras gomosas de grande resistência e que permitem uma tecelagem muito fina. Infelizmente, um e outro exauriam o solo, o que explica não ser plantado anualmente e, em geral, em espaços impróprios aos cereais, em fortes declives, encostas e em terras levantas. Além disso, a colheita se fazia por arranque, depois havia o descascamento exaustivo e fastidioso; as fibras eram, em seguida, colocadas para curtir em águas correntes, contaminando o ar e matando os peixes. Havia ainda a violência das querelas suscitadas por essa cultura, o pouco zelo aplicado pelos camponeses, a ira dos pescadores e dos moleiros. Mas a beleza dos tecidos ou sua solidez eram suficientes para sustentar às exigências dos senhores. Seria necessário o algodão para fazê-los renunciar.

E eu saudarei, terminando, a colheita das plantas tintoriais: o pastel-dos--tintureiros, o açafrão das planícies quentes, plantas que moemos ou cozinhamos as folhas ou os grãos, mas era um negócio de artesãos e nós os reencontraremos na cidade.

2.3.2 *Os procedimentos*

Vimos que a ideia simples do lavrador nos campos dissimula, na realidade, uma grande variedade de imposições e um amplo leque de obrigações. O primeiro problema levantado pelo trabalho da terra é aquele relacionado à mão de obra necessária à correta exploração. É necessário compreender que a imagem típica ideal dos trabalhos executados, na melhor das hipóteses do que permite o estado das técnicas em determinado tempo e lugar, tem todas as chances de relacionar-se somente a uma pequena fatia de trabalhadores, aqueles que trabalham para um senhor rico que os vigia, recompensa ou pune. Ora, nossa documentação, em quase todos os períodos, compreende somente a esses trabalhadores, predominantemente laicos ou da Igreja. Muito frequentemente, na falta de algo melhor, é sobre esses casos particulares que se fundamentam nossas observações acerca da agricultura e dos camponeses medievais. Nós estudamos o "sistema dominial", a "fazenda" senhorial, a "granja" cisterciense; a iconografia mostra-nos uma ferramenta e um gesto; um inventário notarial, detalha um equipamento. Mas todos esses quadros ocultam o trabalho familiar, as preocupações cotidianas, o peso dos costumes. Em suma, tudo aquilo que sustenta ou limita o esforço do "lavrador", agindo, exclusivamente, pelos seus.

Poderia parecer surpreendente interrogarmo-nos sobre a psicologia ou, sobretudo, sobre a mentalidade do trabalhador do campo. Em primeiro lugar, porque ele não diz nada sobre si mesmo; em seguida, porque não podemos, nesse assunto, ter uma resposta uníssona. No entanto, tal homem conquistou algo, enquanto seu vizinho falhou, apesar de uma situação técnica idêntica. Naturalmente, duvidamos que, nesses tempos como em todos os outros, existam os preguiçosos e os ativos, os rotineiros e os dinâmicos, os estúpidos e os hábeis. Mas assim que constatamos que a escravidão foi extinta por volta do ano 1000 porque o trabalho servil não era rentável ou que a corveia se apaga no início do século XII porque ela foi sabotada, é necessário buscar as motivações junto ao trabalhador. A primeira é evidente: cultivar, ou seja, produzir a vida para si e para os seus; sem isso, é conduzido à miséria. Não saberíamos qualificar o espírito de lucro em tal sentimento, ele é natural; e o suplemento do trabalho que implica a pulsão senhorial não teve, provavelmente, repercussões sobre o zelo do "lavrador". A segunda preocupação está relacionada à procura de se ganhar tempo. Se o camponês se desocupa das tarefas coercitivas e pouco rentáveis para ele, por exemplo, moer o grão, prensar as uvas, ou perder os seus dias em corveias inúteis, ele aceita pagar a substituição delas por taxas; mas, aqui, quem não puder fazê-lo, verá crescer a sua carga de trabalho – a discriminação é então mais social do que econômica. No entanto, uma força inversa entrava o trabalho produtivo: o peso do costume, este "tradicionalismo", frequentemente atribuído ao campo pelo homem das cidades, mas que é somente um medo legítimo daquele que pode incomodar a ordem da natureza, inovações técnicas ou jurídicas. A cólera de Deus ou o capricho dos elementos da natureza parecem, desde já, muito preocupantes para o camponês. Mas o plano de fundo mental não seria suficiente para esclarecer os contornos do grupo.

Naturalmente, o equipamento é um elemento muito importante. Se o homem que possuiu um arado, ou muitos, é, sem contestação, um *laborator*, o deslocamento do termo do seu sentido primeiro de "trabalhador" para aquele carregado de uma conotação relacionada ao "lavrador", indica muito bem que as condições de trabalho são julgadas eminentes. O jornaleiro que aluga os seus braços ocasionalmente, o trabalhador braçal que somente pode trabalhar a mão, esses tinham o mesmo "rendimento" no trabalho que um rico camponês que paga os primeiros ou que aluga a sua charrua aos segundos? O jornaleiro, o *operarius*, às vezes itinerante, não tem motivo para se exaurir por outro. O *brassier* deve penar por si mesmo, mas ele seria exaurido porque uma irônica evolução semântica chamaria seu "labor".

Eu falei do trabalho das mulheres ou das crianças. Não sem razão! Porque, excetuando mesmo a idade ou o estado de saúde, é evidente que o vigor muscular, corriqueiramente atribuído aos homens, lhes reservava certos trabalhos – a semeadura e a colheita, mas não necessariamente a ceifa. As mulheres juntavam as paveias, ajudavam a malhar o trigo, colhiam e cortavam as "ervas", moíam o grão ou ficavam na fila do moinho. Esse trabalho era, portanto, "familiar"; seria necessário envolver os criados, eles seriam mesmo os "domésticos" (e eu indiquei, anteriormente, sobre o que era necessário saber a seu respeito). No momento, sigamos no campo do homem no trabalho.

A preparação do solo era frequente por causa da secura natural, da finura da camada lamacenta ou da insuficiência de sais minerais. Mas ela toma sempre dois aspectos consecutivos. Primeiramente, estrumação com insumos naturais, dejetos humanos, palhas sujas, marga amassada; o excremento dos pombos que era recolhido nos pombais e cuja qualidade era julgada superior em relação aos demais dejetos, provinham somente das explorações senhoriais e era reservada aos jardins do senhor. Esses trabalhos eram efetuados por corveias. Corveias de raspagem das fossas e das pocilgas, corveia de transporte – em sacos – dos excrementos líquidos e do escorrimento do estrume, corveias de estrumação, *treubles* (as pás chatas) sobre as costas. O descontentamento desses trabalhos fétidos não parece ter indisposto os homens desses tempos. Eles tinham até orgulho em ser os maiores especialistas nesses trabalhos. A segunda etapa parece, ao contrário, mais familiar. Trata-se de fazer penetrar na terra essa estrumação de palha e de excrementos, se necessário até dejetos de alimentos; o enterramento fazia-se com enxada ou com enxadão, misturando húmus e restolho, ou seja, restos de palha no lugar ou elementos da resteva. Esse trabalho era individual, era extenuante: calcula-se que 20m^2

de terra, assim trabalhada, em uma hora, representaria um peso em torno de 4m³, em torno de 8t de reviradas. Embora um instrumento aratório de tração animal realizasse esse trabalho em vinte vezes menos tempo e esforço, o enterramento ou o trabalho a mão nas mesmas condições era considerado como de uma eficácia superior ao trabalho mecânico.

Abrir a terra para depositar a semente era o gesto masculino evidentemente natural e a lavoura era então a etapa primeira do culto agrário. Mas porque a mediocridade das ferramentas e a necessidade de enfiar o grão na melhor condição de sua preservação o exigiam, a época medieval pratica não uma ou duas lavouras como atualmente, mas ao menos três (*tertier* a terra), senão quatro ou seis, o que, nas condições de trabalho que eu acabei de descrever, fazia parte do trabalho agrícola de base, aquele que o senhor impunha, em forma de corveia aos seus rendeiros, ou ao qual o camponês livre deveria consagrar longas jornadas. Em um ritmo rápido e sobre um bom solo, podemos estimar que a charrua corretamente equipada e guiada, trabalharia de 25 a 40 ares por dia, uma "jornada", como ainda dizemos em nossos campos mecanizados. Se o homem fazia quatro lavouras em 3ha, uma superfície "mediana", ser-lhe-ia necessário quase um mês de trabalho a fio e em qualquer condição climática.

As querelas suscitadas pelas questões de aparelhamento dos animais, da disposição das peças do arado ou da charrua e mais ainda da direção dos sulcos abertos no solo levantam somente problemas técnicos. Os procedimentos adotados eram variados: em sulcos (traços longitudinais) ou em traços cruzados. Nos dois casos, os traços seriam estreitos e paralelos (lavoura plana), ou em prancha (lavoura em espiral, partindo do centro ou de um dos lados), ou ainda em camalhão (mesma técnica, mas para pranchas de quatro a dez traços). A drenagem da água dos flancos seria facilitada, pelos dois últimos métodos, nas terras úmidas e pesadas, que eram as mais ricas e que dominavam intensamente a disposição do parcelário camponês, a paisagem onde se move o homem. O esforço dos trabalhadores era múltiplo: um homem na rabiça do arado para apoiar sobre o mecanismo, outro à cabeça do equipamento para dirigir o andamento e, no limite do campo, a "virada" (se havia bois como na Inglaterra, melhor seria confiar essa tarefa a um criado experiente), um terceiro para açoitar os animais – e este poderia ser adolescente. Em conjunto, com o repouso incluído, essa operação demandava seis horas de trabalho por dia, do início de novembro ao início de janeiro; a duração diurna não excedia muito mais do que oito horas, e era preciso terminar antes das geadas.

O "gesto majestoso" do semeador demandava muita experiência a fim de obter a regularidade indispensável a uma boa tomada da terra. Era então um negócio de um homem de idade, com um bornal de uma dezena de litros, andando lentamente, com uma média de 2 a 3 hectolitros por hectare; número que não foi muito modificado a partir desse período, mas cujas variantes podemos imaginar, seria necessário ao semeador encher trinta vezes seu bornal e percorrer 15km por dia.

Os tempos medievais gradaram regularmente suas terras para recobrir as semeaduras, seja com uma lâmina dentada puxada por um animal, seja a mão através da utilização de uma enxada. Em seguida, era necessário começar todos esses gestos assim que chegavam, em março e abril, os trabalhos dos trigos da primavera e a aveia que se desenvolve em três meses (em *trémois*). Quanto ao mondar as ervas daninhas que cresciam com a espiga, algumas mulheres eram suficientes.

O trabalho do ceifeiro coloca muito menos questões do que esta do lavrador. Natureza do grão, época de trabalho, repartição das equipes, os homens no campo, as mulheres atrás, juntando as paveias, as crianças apanhando as espigas esquecidas, não havia muitas variações locais. Do mesmo modo que o instrumento era em todos os lugares a seiteira, geralmente sem dentes. Segurava-se um ramo com o braço esquerdo ou com a mão, o que exigia proteção para os dedos, ceifa-se com a direita, uma pedra de amolar na cintura, que era usada em todas as horas. Mas o gesto tinha efeitos variados: se o caule fosse cortado alto, como durante quase toda a Idade Média, a palha deveria ser serrada em uma segunda etapa para as liteiras ou restolho para os telhados, senão seria necessário proceder a serradura depois da batedura; se o corte fosse realizado baixo, o trabalho era muito mais cansativo para a região lombar, a não ser que se usasse uma foice curta, a foicinha. Quanto à ceifa propriamente dita, a colheita cerealífera não a adotaria antes do século XIX. A foice continua reservada ao feno dos prados. Mas notamos que seu corte – se for adotada a mesma repartição do trabalho que a colheita de cereal; homem na ferramenta, mulher na coleta – não tem a mesma importância, porque os prados são raros. Talvez, isso explicasse o motivo pelo qual a ceifa permaneceu uma das últimas corveias exigidas pelos senhores, ele tinha todos os motivos para recear de não encontrar voluntários para esse trabalho.

A batedura do grão era um dos gestos mais representativos acerca do trabalho dos meses, e um dos quais a perenidade é tamanha que, em inúmeras regiões, ainda se praticam os métodos medievais – que, sem dúvida, são neolíticos. Trata-se de fazer sair o grão da gluma que o envolve. Ou se pisa as paveias com os pés dos homens ou dos animais, ou passava sobre a eira, onde elas eram estendidas, um rolo ou uma roda de pedra ou, enfim, se não se podia estar certo quanto à clemência do tempo, batia-se a colheita a malho e a cobria. Esses procedimentos não eram concorrentes, eles se davam mais pelos costumes do que por um instrumento particular, e foram empregados durante todo o período medieval. Trabalho duro, trabalho familiar, cada um substituindo o outro, mesmo as crianças que apanhavam a palha abandonada depois da batedura. O ar estava carregado de poeira, o calor era insuportável (batia-se em agosto); o peso da palha e das glumas era duas vezes mais elevado do que o do grão e era necessário os separar pelo processo de peneiragem. Tudo isso exigia a contratação sazonal que se pagava muito caro. Curiosamente, o custo desta última etapa do trabalho era, nos livros de conta, uma "função" preponderante.

Eis, enfim, o grão preparado. Se já não estivesse presente na colheita para exigir a sua parte, o oficial do senhor verifica, conta e retira do celeiro os sacos de grãos correspondentes à taxa ou aluguel previsto. O resto ia para o celeiro e ficava à espera dos roedores. Era o momento de ir aos colmos para recolher o que restava das palhas, a menos que, fechando os olhos de forma cristã, se deixasse aos rebusqueiros famintos o direito de se alimentarem com as espigas deixadas para trás pelos ceifadores. Às vezes, por um momento ainda – segundo certos agrônomos do século XIV, mais de três meses – o grão permanecia ensilado. Depois, intervinha o moleiro.

2.3.3 A máquina

Na verdade, não imediatamente. A imagem da mulher agachada, moendo o grão em um almofariz com a ajuda de um pilão – assim ainda se pratica nos países chamados, pudicamente, de "em desenvolvimento" – remete à técnica de base nos campos antigos, depois medievais. Era um trabalho feminino, um trabalho doméstico, no qual os adolescentes participavam na peneiragem da farinha obtida para separá-la das cascas saídas da moagem, o farelo que incomodaria, em seguida, à retirada da massa alimentar. Os almofarizes que encontramos nos sítios datados do século X ao XV, por exemplo, uma quinzena do século XIV em Rougier na Provença, tinham raramente um diâmetro superior a 25cm, o que limitava a quantidade de grão moído ou que prolongava exageradamente o trabalho. Nessas condições, e, em uma jornada plena, o que era difícil, uma mulher poderia moer 20kg de grãos, obter 15kg de farinha, depois de 22 a 25kg de massa misturada à água, o que poderia gerar o cozimento de seis a oito pães, o que era suficiente para um "forno" de quatro ou cinco bocas.

O cansaço, a lentidão e a mediocridade dos resultados seriam suficientes para explicar que se tenha preferido, se isso fosse possível, remeter tal trabalho para um escravo ou para um artesão provido de uma máquina. Mas foi, certamente, um erro de Marx associar a dominação de um mestre ou de um "senhor" sobre seus homens à construção de seu moinho, porque os textos como as escavações provam que a moagem em casa continuou durante todo o período medieval, e que a obrigação estrita de servir ao moinho "banal" não era seguida. Naturalmente, não negamos que a posse de uma máquina, pelo uso da qual se fazia pagar generosamente, a "moagem" que podia chegar a um saco sobre dez ou doze, tenha fortemente ajudado a reforçar o controle do senhor sobre a economia camponesa, mas o moinho era apenas um elemento e não a raiz da chamada sociedade "feudal".

O princípio da moagem mecânica do grão traz elementos idênticos (e são eles que é preciso relembrar). Pode-se imaginar e, fez-se funcionar, moinhos movidos por homens, escravos, cativos ou, até mesmo, voluntários que faziam voltas em torno da mó, ou animais (o que condicionava a velocidade e tornava os custos diferentes), ou ainda, a forma a mais conhecida, colocando a roda motriz em um curso de água, ou até mesmo, em uma queda de água, que a movia, ou, enfim, a força do vento movendo as pás. Mas esses diferentes procedimentos obedeciam a uma série de princípios idênticos.

O primeiro é que, independentemente do método usado, a construção do moinho era fora do alcance do aldeão. Existem alguns exemplos, da região de Auvergne ou da Itália, de associações de camponeses para estabelecer a máquina, mas eram exceções, e nos casos dos moinhos urbanos, entre os arcos das pontes, essas associações "burguesas", como aquelas de Daurade e da Bazacle em Toulouse, no século XIII, reuniram os capitais mercantis. No século XIII, estima-se que a construção de um moinho (movido por água, incluindo as mós, os eixos, a roda motriz e as comportas) representasse um valor de 8 a 15ha de uma boa terra, e como seria necessário ainda ser o senhor da água, da represa, dos diques ou dos canais, era um negócio de ricos. Por que se incomodar com o senhor que investiu o seu capital na sua construção cobre pela sua utilização? Ser-lhe-ia necessário procurar por madeiras pouco putrescíveis, por chumbo para os carretes, por ferro para a colocação dos arcos e dos martelos, por toras de madeira dura para os malhos de árvore de cames, quando se tratava de martelar o metal ou esmagar os estofados e, sobretudo, de duas mós de pedra monolítica. Estas últimas, cuja arqueologia demonstrou que elas poderiam chegar a 3m de diâmetro e a um peso de 2t, exigiam uma pedreira e um *carrier*[25], segeiros e carreto para fazer o transporte de peças. Ora, para girar a mó corrente a 60 ou a 80 rotações por minuto para moer a gluma de trigos revestidos, para suportar as variações térmicas que as fustigam, as mós deveriam ser, frequentemente, substituídas. Seria necessária então uma mão de obra disponível em que, pelo menos uma parte, deveria possuir alguma experiência artesanal. Seria necessário também dispor de uma instalação, a mais econômica possível, à margem, próxima à mina, ou da estrada, ou da pedreira. Enfim, era necessário um moleiro.

Este personagem ocupava um lugar particular no mundo aldeão, depois do pároco ou do ferreiro. Como era necessário manter a sua máquina, vigiar a segurança dos sacos recebidos, colocar de lado tudo aquilo que deveria enviar ao senhor ou o que, este último, lhe deixaria contar e pesar tudo o que era trazido pelos camponeses, com suas mulas ou nas costas, ele deveria estar sempre presente, morar no moinho. Assim, distante das demais casas, pago em dinheiro ou em produtos pelo senhor, exigindo mais ou menos, de forma brutal, a entrega da moedura de grãos, ele era contestado, detestado. Ele era visto como um agente da tirania do senhor, e se este último tivesse castelo ou abadia, suspeitava-se que o moleiro trapaceava, roubava, ele era denegrido de todas as formas possíveis, porque, tecnicamente, seu trabalho era somente de vigilância. Em casos de necessidade, era acusado de costumes indignos. Muitos foram vítimas da fúria campesina até o século XIX, ocasião em que a indústria da moagem salvaria sua vida, mas destruiria o seu ofício.

Muito curiosamente, o cervejeiro não conheceu um descrédito semelhante, embora o equipamento de sua *camba* fosse também um negócio de mestre (as caldeiras de cobre eram caras e raras, a manutenção do fogo era difícil e impunha o recurso aos cortes de madeiras em grande quantidade, retiradas de lugares próximos). Mas o mestre exigia somente uma pequena taxa, o cervejeiro que tinha a sua oficina na aldeia não passava por explorador do pobre camponês. Além disso, a consumação de cerveja não tinha um lugar comparável à do pão. O mesmo não se poderia dizer do vinho.

---

25. Explorador, trabalhador de uma pedreira. Em português não há um termo exato para definir o ofício do trabalhador da pedreira; portanto, preferiu-se manter o original.

2.4 O viticultor

O recuo da consumação do vinho, observado atualmente, em benefício (a palavra está em sentido amplo) de bebidas açucaradas, gaseificadas e pouco alcoolizadas, é um fenômeno da sociedade em que o medo do vício no álcool desempenha um pequeno papel. Quanto à sua recusa pela cultura muçulmana, sua origem provém, às vezes, do dano que poderia ocasionar, em um clima tropical, um consumo abusivo dessa bebida, e da ausência então da recusa da vinha na Arábia profética. Ao contrário, as culturas judaicas, e depois a cristã, viram no vinho um elemento de convivência, o símbolo de uma aliança ou, ao menos, de uma convivência entre indivíduos. Muito antes da identificação ao sangue de Cristo ter elevado o vinho à posição de espécie eucarística junto aos cristãos, esta bebida ocupava, nas regiões mediterrâneas, um lugar dominante na vida cotidiana; a arte e a literatura confirmam isso, e Dionísio, deus do Vinho, era também aquele de uma força vital.

Essa tradição antiga foi notada na Idade Média pela natureza, muitas vezes, aleatória da cultura do vinho ao norte de certa latitude; a videira pode produzir, nessa região, um vinho de qualidade somente quando as preocupações de sua produção eram reservadas a uma elite rica e poderosa. O vinho se transformou em um elemento de prestígio, a característica de um alto nível social, e "beber seu vinho" a marca de uma distinção natural na aristocracia – esta atitude, a partir do século XII, transformou-se em um objetivo junto aos burgueses ou aos proprietários de terra. Era o símbolo de promoção social. A cultura da videira generalizou-se então em todo o Ocidente, e a figura do viticultor transformou-se naquela de um trabalhador excepcional. Os manuais de viticultura multiplicaram-se, recopiando os antigos, Columela ou Paládio. No fim da Idade Média, Pietro dei Crescenzi consagrou-lhe uma grande parte de sua *Somme* rural. Discutiam-se, diante de Filipe Augusto, os méritos dos vinhos, dando lugar à "Batalha dos vinhos". As tabernas multiplicam-se a ponto de escandalizar o austero São Luís.

2.4.1 A videira rainha

A situação medieval é, portanto, bem diferente da nossa. O trabalhador da vinha não é o trabalhador por empreitada de uma grande empresa comercial ou o modesto cultivador de um vinhedo pessoal, é o protótipo do campônio "nobre" e que despreza facilmente o homem da lavoura. Os historiadores não se entendem no que se refere às exigências ou à qualidade das videiras, mas as variações do paladar são comprováveis: falou-se, por exemplo, da "ofensiva dos vinhos fortes" no século XIV. Chegamos em um elemento primordial da viticultura. Parece-nos evidente que o "suco da pérgola" deve ser de qualidade quando se cultiva uma videira, o que implica excluir os solos, os relevos ou os climas que não lhe convém ao estado natural. Todavia, com isto não se importam os homens dos séculos medievais: é necessário vinho por toda parte, mesmo se tratando de uma zurrapa, de um agraço ou de um vinagre – planta-se, então, o vinho da Sicília na Suécia, da Irlanda na Polônia. Não é somente para fornecer ao celebrante do culto o conteúdo diário do cálice exigido pela Eucaristia, como se repete por toda parte sem se refletir sobre a insignificância dessa necessidade. Não surpreende que a mediocridade do produto colhido tenha custado aos ingleses ou aos noruegueses a desastrosa reputação de serem incapazes de cultivar o gosto refinado e suscitado os sarcasmos dos continentais. Mas, mesmo entre os últimos – considerando que no continente a reputação do vinho é mais forte – os cuidados com o sol, com a exposição, com a escolha do solo, também não contam; e se planta a videira nas margens da água porque o rio ou o mar servem de transporte de tonéis – incapazes de resistir aos obstáculos dos caminhos. Em tais condições, o problema da origem da videira perde muito de seu interesse. O que importa não é saber se se trata de uma planta vinda do Oriente Próximo, ou se ela é nativa da Gália, ou ainda se os romanos favoreceram sua cultura. O essencial é esta generalização por regiões que não possuíam condições para recebê-la.

A imutabilidade dos gestos do trabalhador da vinha é evidente, dos antigos à mecanização atual. E nós conhecemos esse trabalho melhor do que todos os outros; além disso, os tratados teóricos, as alusões literárias e os objetos desenterrados nas escavações nos esclarecem, sem contar a iconografia abundante – nos trabalhos do mês, por exemplo, três ou quatro são reservados à videira e ao vinho: a ceifa, a vindima, a pisa.

Nos países mais meridionais, a videira é erguida em pérgolas ou sobre estacas, as "vinhas altas". Mais ao norte, as cepas ficam embaixo e são acompanhadas de forma mais modesta. Na maioria das vezes, a videira, embora em várias parcelas, é fechada – entenda-se protegida – por uma cerca baixa ou um trançado, supostamente para defender as plantas contra os animais carnívoros, como os cães selvagens, mas não contra os roedores ou os saqueadores. As cepas são dispostas em fila, mas dificilmente conhecemos a *coltora promiscua* à italiana onde se misturam as videiras, as oliveiras e as árvores frutíferas. De qualquer maneira, existiram por muito tempo nas margens do Mediterrâneo os arrendamentos "a plantar", ou seja, prevendo regras de cultivo e de viticultura associadas a um acesso parcial do rendeiro à propriedade.

O trabalho é o mesmo por toda a parte, e sempre árduo. É verdade que às vezes o trabalhador da vinha também precisa se encarregar de algum campo de trigo, mas os "métodos" da vinha bastariam para absorver seus dias. A partir do fim do inverno – março, ou mesmo fevereiro, dizem os calendários pintados e esculpidos – é preciso cortar os pés com a foice, revolver o solo com a enxada e o fertilizar. Na primavera, verifica-se e substitui-se as estacas, sobretudo no caso das "vinhas altas" (aqui é necessário um bom carvalho que somente com direitos de uso específicos é possível coletar na floresta); em seguida, o plantio das mudas, o enxerto e a estratificação. Pietro dei Crescenzi cita mais de uma dúzia de técnicas rivais somente na região de Pádua, na Itália. No início do verão, as mulheres separam os cachos inúteis, retiram os ramos secos. A data das vindimas varia a cada ano, segundo o clima ou o solo. Geralmente, onde o principal senhor do solo possui os vinhedos, é este quem disponibiliza as datas, mas guarda-se a impressão que frequentemente se trata de uma decisão coletiva. O único obstáculo à escolha do momento mais oportuno pode vir do velho direito senhorial que autoriza o senhor a vender primeiro o que lhe resta de vinho velho, o *banvin*, proclamado algumas vezes inclusive na Igreja, mas registrado assim que surgiram os registros paroquiais. Para o historiador dos climas, é um indício singular que esta data das vindimas dificilmente apareça antes do século XIV.

O momento das vindimas é uma grande etapa na vida do campo – e em todo o Ocidente – porque a vinha está por toda parte. Excetuando os brutais tratamentos mecânicos que devastam aqui e ali, a vindima medieval é próxima da nossa. É um trabalho de mulheres ou adolescentes cortando os cachos com faca, auxiliados, quando necessário, por jornaleiros pagos por serviço. Os homens, sejam submetidos à corveia, assalariados ou que trabalham por conta própria, carregam o cesto abarrotado para a prensa ou, se houver condição – e disso não sabemos muita coisa – para o celeiro onde serão reservados os cachos destinados à mesa. As vindimas duravam frequentemente várias semanas, ao menos duas, e foram a ocasião de uma convivência camponesa marcada por cantos, danças, cortejos por vezes licenciosos, em uma tradição dionisíaca que a Igreja não pode ou não quis impedir; aliás, o padre e os monges na ocasião não repugnavam esses ritos agrários, eles se limitavam a invocar as Bodas de Caná ou a Eucaristia e não esqueciam de recolher o dízimo no caminho.

2.4.2 ...e o rei vinho

A uva de mesa não parece ter conhecido, nesses tempos, o apreço que nós lhe reservamos atualmente. Em terras do Islã, onde o vinho é proscrito, na Itália ou na Espanha por uma tradição talvez antiga, ela surge tanto na iconografia quanto na contabilidade. Porém, mais ao norte, somente os notáveis, como a Condessa de Artois no início do século XIV, dela se servem – a menos que se tratasse de grãos secos, muitas vezes de importação oriental. É verdade que ao norte de uma certa latitude a qualidade devia diminuir – e a preteriam por outras frutas. Aliás, beber vinho em uma sociedade na qual a água não oferecia sempre a pureza desejável era frequentemente uma obrigação mais econômica do que dietética. O essencial dos cachos ia, portanto, para a prensa.

Esmagar os grãos para extrair o suco consiste em uma técnica de tamanha simplicidade e antiguidade que nós a conhecemos muito bem em seus aspectos materiais. Podia se tratar de um trabalho doméstico ou mesmo de uma solicitação de acesso à prensa senhorial mediante pagamento – mas essa obrigação sempre foi muito menos frequente se comparada ao moinho de água. Os grãos são derramados na cuba, geralmente de madeira, o que exige do tanoeiro um cuidado que ultrapassa a simples confecção dos barris – há que se considerar suas cascas, suas hastes, às vezes folhas e capins. O primeiro suco que escorre embaixo da cuba em uma bacia – de pedra, tesouro para o arqueólogo – é a "primeira prensa", o mais saboroso, segundo sua reputação. Em seguida, a prensagem se exerce o mais simplesmente possível por pisoteamento contínuo, graças às mulheres – ou com a ajuda de bastões e malhos (neste caso, graças aos homens). Se se está equipado, a moagem com uma mó através de uma rosca de madeira é mais rápida e menos extenuante, mas trata-se aqui de tarefa de ricos, de modo que as prensas com alavanca, com malhos ou de mó giratória que chegaram até nós desde o século XV são frequentemente máquinas de alto custo, cujo proprietário, um burguês ou um abade, intermediará o uso.

O processo de vinificação não parece se distanciar muito dos nossos. A fermentação dos mostos se efetua em barris de madeira; as práticas de atestadora para eliminar as borras; a adição de ervas para o suco ainda jovem, o "clarete" tão apreciado entre os ingleses, ou, inversamente, a separação rigorosa das cascas para deixar o suco com uma pureza maior, são objeto de um cuidado que os agrônomos enaltecem. Por outro lado – e provavelmente porque o aquecimento do líquido era insuficiente – parece que a qualidade desses vinhos, pelo menos antes da "ofensiva" dos vinhos fortes do Vale de Saône e do Ródano nos séculos XV e XVI, era muito inferior para nossas exigências. Esses vinhos não "tomam" o ano; além disso, temos provas de destruição de vinhos "velhos" ou de sua conversão em vinagre utilizado para a conservação dos alimentos. Os homens desse tempo parecem ter claramente preferido os vinhos brancos, bastante frutados pela adição de mel. O agraço, obtido a partir de cachos colhidos ainda verdes – ou provenientes de uma cepa particular – é muito abundante onde a vinha é pouco generosa, e ainda serve para a cozinha.

Uma questão permanece, questão capital, porém, obscura. É muito provável que o sabor da bebida tenha sido fortemente marcado, como, sem dúvida, na Antiguidade, pelos depósitos de resina que forravam os barris, como ocorria outrora com as ânforas; mas, nesse caso, trata-se somente de gosto. Por outro lado, o grau de álcool obtido nos escapa. Disto possuímos um indício indireto: todas as contas, rurais ou citadinas, laicas ou religiosas, carolíngias ou da Renascença atestam uma prodigiosa consumação individual de vinho, aproximadamente de um litro a um litro e meio por dia, por pessoa, igualmente nos dois sexos e incluindo homens da Igreja. Recomendava-se às damas beber em jejum copos de vinho para clarear a tez (e essa bebida ainda curaria várias doenças). É difícil imaginar que tamanha consumação fosse possível se o teor alcoólico do vinho fosse elevado. Sem dúvida a embriaguez pode ser constatada sem dificuldade na Idade Média. São Luís decidiu que seus oficiais esvaziassem todas as noites as tabernas abarrotadas, Filipe Augusto parece ter morrido de uma cirrose hepática e Carlos o Temerário, duque de Borgonha, embriagava-se em um a cada dois dias.

Uma última questão: o trabalhador da vinha, pela natureza de seu trabalho e o lugar do vinho na mentalidade na vida cotidiana desse tempo, torna-se um trabalhador de elite; ele o sabe e disso se vangloria. O historiador da economia a isto associa um traço: o trabalho da vinha é de excelente rendimento, e isto poderia ser um elemento de importância para justificar sua extensão a todo o Ocidente. Certamente, o preço de um vinhedo ultrapassava consideravelmente o de uma lavoura de mesmo tamanho e os riscos da vindima eram, como em todos os tempos, imprevisíveis e assustadores. Mas, em condições satisfatórias, a vinha rendia 25% de seu valor fundiário enquanto o cereal obtinha de 8 a 10 %, na melhor das hipóteses.

Pastores, lavradores, viticultores, sustentados pela caça e pela colheita, são, pois, os trabalhadores medievais de base, os que fornecem o necessário e o supérfluo. Seus trabalhos são, às vezes, equiparados – os contratos de gestão preveem que se possa ser de uma só vez pastor e lavrador, lavrador e viticultor. No mercado aldeão, e mesmo na cidade, os produtos do solo não consumidos pela família ou coletados pelo senhor alimentam esse "esplendor das trocas" sem o qual o sistema econômico ficaria confinado a uma autossuficiência que, de fato, nunca existiu. De oito ou nove entre dez homens que, nesses séculos, vivem da terra, seis ou sete formam essa massa essencial dos *laboratores*. Eles também são capazes de moer seus grãos, prensar seus cachos, serrar suas pranchas, juntar suas palhas, sustentar suas casas e, até mesmo, fiar, costurar ou tingir. Mas esse pequeno mundo doméstico não pode viver somente "do seu": lhe falta ferro para suas ferramentas, argila para sua construção e suas reservas. Portanto, existe uma necessidade essencial do artesanato.

3

O homem das minas e
o homem da água

A maior parte dos nossos contemporâneos tem como ancestral um campo-nês. Todavia, a palavra carrega, pouco a pouco, uma conotação pejorativa em um mundo que se urbaniza em um ritmo crescente. Esse desprezo é antigo: ele nasceu entre os nobres do século XVII, as pessoas de corte do XVIII, os bur-gueses do XIX. As palavras revelam a depreciação do sentido: *vilanus* = vilão, *paganus* = pagão, *rusticus* = rústico, decaíram para um registro depreciativo; seu sentido original de aldeão, de residente, de homem da terra ou do campo foi ocultado.

Entretanto, nem todas as pessoas da aldeia foram rejeitadas no mundo dos "bons costumes": o pedreiro, às vezes livre de impostos, mais ainda o ferreiro de nossos antigos campos ou o moleiro e sua máquina escapam desse despre-zo; com mais forte razão, na cidade, o tecelão, o cervejeiro ou o ourives. É por-que são tidos como "homens de arte", no sentido que lembrei mais acima. Mas o que predomina sobre todos os outros é o marinheiro, um simples homem de tripulação. De fato, ele afronta o monstro implacável que é o mar. Aquele que se aventura longe da terra firme no desconhecido é admirado e invejado por sua ousadia, dentro do limite do que Deus tolera de suas criaturas.

3.1 O ceramista e o mineiro

Há muito tempo que o homem sabe reconhecer o solo e o subsolo sobre os quais ele vive e trabalha. Certamente, esse conhecimento possui uma di-mensão empírica, essencialmente baseada nas capacidades desse meio ao qual a espécie está sujeita e que necessita para viver – vegetais ou animais, grãos ou carne, água ou madeira. Não é necessário ao homem possuir conhecimentos geológicos, ele se limita – mesmo atualmente – a falar de terras "quentes" ou "frias", secas ou úmidas, "atrativas" ou "repulsivas", e ele modela suas atividades em função dessas propriedades – suas atividades ou mesmo seu *habitat*. Os séculos medievais não contrastam em nada com essa constatação banal. "Lapidários" descrevendo pedras foram redigidos pelos teóricos, não pelos trabalhadores de ocasião.

A exploração dos elementos minerais não teve, evidentemente, uma característica uniforme no espaço ou no tempo. Mas qualquer que seja a via seguida pelo trabalhador, que seja ceramista ou mineiro, o homem necessita de ferramentas, de uma habilidade, de métodos que fazem dele um especialista, um artesão inteiramente unido à sua obra. Além disso, o traço comum que se encontra por todo esse setor produtivo é o emprego do fogo e da picareta, da picareta para cavar, do fogo para modelar.

3.1.1 Extrair a pedra

Os séculos medievais utilizaram abundantemente a madeira. Ela está em toda parte, de fato: ferramentas, estruturas, cercas, ancoradouros, naves e carroças. Na Europa Central, pranchas de madeira foram usadas na pavimentação de estradas, ou nas igrejas na Escandinávia. Entretanto, mesmo onde a madeira não falta, ao norte do Loire e do Danúbio ou nos maciços montanhosos, a pedra rivaliza impiedosamente com ela. Mas a extrema variedade de seu emprego obscurece uma visão de conjunto.

Primeiramente – e porque as exigências técnicas decorrentes de pesados comboios reservam a prática a alguns setores excepcionais – é localmente que se busca a pedra. Os arqueólogos evidenciam, ao preço de uma análise minuciosa, o problema da proveniência do material utilizado pelos construtores de castelos ou de catedrais. E não podemos negar que certas observações são surpreendentes: empregou-se mármores dos Pireneus para as tumbas da alta Idade Média na Ile-de-France; foram construídas igrejas românicas inglesas com pedra de Caen. Mas estes são fenômenos de moda ou o resultado de uma vontade principesca. Na prática comum, onde a argila se propaga consideravelmente, os ceramistas se instalam; onde a areia é espessa, o vidreiro triunfa; onde o calcário não é denso, prefere-se este à madeira que queima, tanto na aldeia quanto no abrigo das muralhas citadinas. Ademais, duvidamos que o calçamento dos caminhos se fazia com o sílex e os escombros locais, ou que as pedras secas do estábulo fossem um produto importado.

Temos alguns problemas, entretanto, em conhecer o trabalho do *carrier*, sem dúvida porque sua atividade reveste uma dimensão familiar sem a exigência de contrato e, talvez, nem mesmo de ordem prévia. A escolha do lugar e, neste lugar, do veio a trabalhar é tarefa pessoal, um segredo transmitido. Além disso, nossa documentação escrita é de uma pobreza notável; a observação arqueológica é nossa principal via de aproximação. As pedreiras que foram identificadas conservam frequentemente a marca dos procedimentos técnicos utilizados para a extração; e como estes variaram pouco até o final do século XVIII, pouco importa que os trabalhadores tenham se sucedido sobre o mesmo local no decorrer dos séculos. A picareta para golpear o leito, o martelo para uniformizar os blocos, a serra de mão – excepcionalmente hidráulica – para talhar, o cinzel para retocar, a lima para polimento, etapas que serão mais ou menos longas segundo a solidez da rocha – o filão de lava não era tratado como o bolsão de argila que só precisava ser peneirado. Quando se tratava de obter um monólito de grande tamanho, para um lintel ou uma mó, o talhador tentará retirar o volume necessário fazendo eclodir a rocha com a ajuda de cunhas de madeira embebidas em água ou barras coradas no fogo. Todos esses trabalhos, longos e penosos, são feitos com o auxílio de ferramentas às vezes adaptadas pelo próprio trabalhador para melhor servi-lo e que lhe são próprias. As marcas que ele incrusta na pedra são o testemunho de sua intervenção pessoal, um tipo de assinatura, mas cuja eventual dimensão jurídica nós não sabemos bem.

A pedra extraída e talhada, ou grosseiramente cortada, coloca um problema de uma outra amplitude e que exige equipes e equipamentos; afinal, é necessário transportar os blocos. As miniaturas abundam – até narrativas, às vezes – demonstrando o transporte em cestos ou mesmo nos braços. Trata-se de pequenos volumes, de curtas distâncias e de modestos canteiros (aliás, talvez a maioria dos casos), nesses casos, é o suficiente. Logo, começa o reinado do carrinho de mão, a *birota* conhecida no século V com duas rodas (como quer sua etimologia) e transformada, não se sabe quando – antes de 1200, em todo caso – no instrumento com uma roda giratória e que reina em nossos canteiros e nossos jardins. Mas uma mó de tamanho médio (de um diâmetro de 2m, p. ex.) pesa 3t. E uma igreja aldeã demanda milhares de blocos pesando várias centenas de quilos cada. Muito curiosamente, nossas fontes são limitadíssimas acerca dos problemas colocados por tais pesos.

166

Os arquitetos e os engenheiros da Antiguidade os haviam resolvido seja por um planejamento colossal do quadro físico – rampas helicoidais, por exemplo – seja por uma exploração sem limites da força escrava. Com a ausência dessas duas possibilidades entre os construtores medievais, era-lhes necessário criar procedimentos de levantamento e transporte mais aperfeiçoados: o emprego – ficamos tentados em dizer a invenção – do parafuso e do guincho permitia içar a pedra, do solo até a altura desejada, sobre uma carroça ou uma embarcação. Contudo, dispunha-se nesse tempo de capacidades de tração ou de medida indispensáveis? Uma zorra do século XIII com dois eixos e puxado por quatro cavalos ou oito bois carregava 4 ou 5t, na melhor das hipóteses – e com caminhos em boas condições. Uma embarcação sem quilha aguentava menos ainda. Podemos sem prejuízo calcular que, nas melhores circunstâncias, os "construtores de catedrais" precisaram de vários anos para alimentar seus canteiros. No referente à tração por cordas, sobre treliças ou toras, frequentemente o obstáculo era o relevo. Somemos a isso que, devido à duração e ao comprimento dos comboios – carroças de quarenta e dois bois foram relatadas na rota de Sainte-Foy de Conques nas proximidades do ano 1000 –, estes não podiam ser trabalho apenas dos *carriers*. Quando se tratava de um castelo, de uma igreja ou de uma muralha, era a corveia senhorial que fornecia os braços e o maquinário.

Dois tipos particulares de extração exigiam métodos diferentes, porém, com um pessoal não qualificado. Nas regiões anfíbias onde se depositava – estuários, pântanos, costas lamacentas –, a turfa oferecia aos aldeões a ocasião de adquirir um combustível, de baixo custo, mas, decerto, de baixa qualidade, até mesmo um material de construção para as paredes ou para usos locais. A turfa é talhada em cubos, com a pá de madeira, pelo próprio aldeão. Parece que normalmente essa licença fazia parte dos direitos de uso acordados em uma comunidade. A arqueologia aérea revela numerosos traços dessa extração; atualmente, com os buracos cheios d'água ou escondidos sob a grama – oferecendo um grande perigo aos transeuntes ou aos animais. Quanto à marga[26] espalhada pela terra (às vezes devido à obrigação senhorial), carente de elementos nítricos ou fosfato, provém da dissecação e da desoxidação por fogo de detritos calcários. Os fornos muito rudimentares e a adubação proveniente de seus detritos requerem poucas intervenções técnicas específicas. Ainda aqui, trata-se de um trabalho familiar e o número considerável de sobrenomes paternos saídos dessas atividades nos mostra seu caráter comum.

---

26. Também chamada *marna*. Um tipo de rocha argilosa com grande proporção de calcário.

3.1.2 *Utilizar e transformar*

Eis, portanto, a pedra pronta para o trabalho. Sua produção se apresenta a nós sob duas facetas bem diferentes. Se fosse o caso de uma construção de qualidade comum – uma casa de aldeia ou de subúrbio, um cercado ou estábulo – os blocos mais ou menos preparados podiam ser postos sem a necessidade de um mestre de obras escorando, nos intervalos, os pedaços de sílex ou da mesma rocha, para garantir a estabilidade do conjunto. Se a rocha utilizada tivesse uma consistência fraca – por exemplo, argilosa ou com grãos calcários muito finos –, esse tipo de produção não seria suficientemente efetiva; comprimia-se, então, essa matéria deixando-a secar, o *torchis*, ou misturava-se com palha e cascalho, o *pisé*. Esses dois procedimentos exigiam um entrançado (ou um suporte com uma armação de madeira, a viga), enquanto assenta sobre uma base de pedras mais duras, o *solin*, apoiando as estacas. Esses métodos não emergem de um tipo de "arquitetura regional", mas resultam de uma imposição geológica que é um desastre para o arqueólogo, pois este não encontrará nenhum traço de alicerce, de fato inúteis com tais procedimentos; e também para o historiador que, por conta disso, ignorará a existência dessas construções incontáveis, mas fugidias, e apenas levará em conta os grandes conjuntos senhoriais.

Na realidade, esses grandes conjuntos – da *villa* antiga ao paço do século XV, do oratório carolíngio à catedral, da fortaleza do século X àquela do XVI – são construídos com pedras moldadas. Eles demandam a intervenção de uma mão de obra assalariada, de um mestre de obras habilidoso em calcular a pressão e os pesos brutos. Eles exigem também um controle, um investimento – e os atrasos não se devem sempre às dificuldades técnicas. Se uma fortaleza da Aquitânia exigia vinte anos de trabalho, isto não é nada comparado a dois ou três séculos necessários para construir uma imponente igreja urbana. Contudo, não nos esqueçamos da intervenção de agrupamentos piedosos, como os frades antonistas "pontifícios", cujo papel consistia em edificar pontes de pedra, ou ainda da intervenção dos trabalhadores da corveia, principalmente entre os laicos, que invocam o interesse da defesa comum, ou – Por que não? – desses voluntários de ocasião que a historiografia tradicional e romântica tomou por "construtores de catedrais". Muitas dessas construções ainda estão de pé e o domínio da arquitetura religiosa ou laica é perfeitamente conhecido. Mas nós não conhecemos bem os motivos que determinaram as variações de estilo na edificação – pode ser apenas um resultado da moda – como não sabemos os das técnicas nas quais intervêm apenas moderadamente o desenvolvimento científico. Assim, porque se passou da construção de muros às camas de tijolos dispostos em espinhas de peixe (*opus spicatum*), opostas a uma produção em pedras talhadas – e isto na mesma região, o que exclui a tirania do material local? Por outro lado, as razões para o controle fazem intervir a vontade dos poderosos – o interesse militar ou fiscal da construção castelã, o poder espiritual ou econômico do grande edifício da igreja, a vanglória ou o lucro do "palácio" nobre ou burguês na cidade. Todos esses "controles" são apenas de puro prestígio. Primeiramente, eles distribuem obras e dinheiro no mundo do trabalho, sobretudo quando o recuo das corveias após 1200 tornou indispensável recorrer ao salário; em seguida, essas construções e essas tentativas de planejamento do contexto de vida engendram um progresso econômico indiscutível, mesmo que a fiscalidade encontre aí sua atribuição. Não é o gosto pelo prestígio que guia Filipe Augusto quando ordena a pavimentação das ruas de Paris ou quando Felipe o Bom esboça as vias de saída de Lille, mas uma precaução de saneamento, de facilidades e de benefícios.

Se a preparação de pedras secas era o suficiente para as construções rústicas, ela não convém para as edificações de grande porte. É nesse nível que intervém o pedreiro. Essa atividade, denegrida atualmente, gozava de um prestígio nos tempos medievais que se media pelas isenções fiscais que ela, às vezes, gozava, além da considerável demanda de equipes especializadas que os poderosos angariavam. Confiava-se voluntariamente ao pedreiro uma parte notável da construção, pois deixava-se a ele o cuidado de confeccionar e de manusear a argamassa entre os revestimentos preparados de um muro. Porém, evidentemente, era a união entre as pedras que ele tinha por tarefa preparar e aplicar. Ainda hoje hesita-se acerca da composição química do cimento utilizado pelos pedreiros romanos e cuja resistência excepcional justifica em várias ruínas seu aspecto quase geológico. Mas dificilmente teremos um melhor conhecimento sobre as receitas dos pedreiros medievais (Ainda aqui teríamos segredos de fabricação?). Aliás, observa-se as desigualdades de qualidade segundo as edificações e, no conjunto, uma certa inferioridade em relação aos procedimentos da Antiguidade. Pelo menos, pode-se constatar alguma coisa na medida em que nos distanciamos das costas mediterrâneas: estas conservaram, até nossos dias, a reputação de fornecer os melhores pedreiros da Europa. Mais ao norte, estes eram menos habilidosos, se bem que a boa conservação das construções medievais, apesar de duas guerras mundiais, testemunha em favor da arte de seus pedreiros.

A modelagem da argila e a criação do vidro são duas atividades que exigem o fogo no fim de operações prévias muito mais comuns. Por outro lado, pode-se dizer que a cerâmica era de longe a melhor medida de datação de um sítio habitado, ou que a forma de um pote, a arte de um vidreiro, a cor de uma lajota, ensinam ao historiador das sociedades, das tradições, das modas, até mesmo das trocas, bem mais do que cem textos. Além disso, ao menos no estágio final de sua fabricação, a necessidade de habilidades ou práticas garantidas faz do trabalhador um especialista procurado; e se a obra oferece algum perigo, como o assoprar do vidro, reconhece-se nele um valor excepcional – neste último caso, aliás, é a única forma de trabalho vulgar que acolhe os trabalhadores de origem aristocrática.

A telha, plana ou semicilíndrica (que erroneamente se diz "redonda"), é de um uso mais do que milenar e suas técnicas de fabricação pouco mudaram entre os faraós e o equipamento atual. O emprego da telha, que nos aparece ainda familiar e natural, deve ser visto como uma solução paliativa: rachando no fogo, quebrando nas intempéries, sem importância no isolamento térmico, a telha não se equipara à cobertura em pedra dura – em ardósia ou mesmo em pranchas (evidentemente frágeis ao fogo, mas repousando, como a outra, sobre pergolados combustíveis). Se a escolhem desde a Antiguidade, é pela falta de madeira ou xisto.

O caso do tijolo é diferente. Primeiramente, porque seu emprego – também desde a mais alta Antiguidade e reservado à construção – apresenta menos do que a pedra (calcária ou não, talhada e preparada) dificuldades de preparo e transporte. Em seguida, porque este emprego, que poderíamos supor reservado às regiões altamente providas de placas argilosas, generalizou-se em construções de todo tipo e todos os países. Sua facilidade de fabricação e de transporte e seu custo baixo foram a causa. Entretanto, onde ele era muito presente, na França do Norte ou nos Países Baixos, será preciso aguardar o século XVII para vê-lo triunfar sobre o calcário local.

O ceramista é um personagem central do mundo medieval. Na verdade, isto não é muito exato, pois há que considerar dois artesãos bem-separados em suas atividades. O primeiro, muito pouco acessível – pelo menos nos textos –, é um personagem que trabalha no nível doméstico, na necessidade familiar. Ele pode ser uma mulher, anteriormente era um escravo. Sua tarefa, de primeira ordem, é simples: com a ajuda de um torno que é acionado pela mão ou por um pedal, ele modela a argila para lhe dar a forma exigida – cuba, pote, copo,

170

vaso; se necessário, ele aí imprime alguma decoração com a ajuda de um buril ou de uma roleta. Mas o estágio seguinte, o do cozimento, exige a intervenção de um artesão do fogo, de um forneiro. Encontramos oficinas, grandes fornalhas agrupando dezenas de fornos como em Saintonge ou em Dauphiné, alimentados por carvão vegetal e podendo desenvolver uma temperatura de 600 a 1.000°. É no momento do resfriamento do objeto que se aplica, se assim se desejar, o esmalte à base de óxidos metálicos que suprime a porosidade ou embeleza o exterior. Estamos aqui diante de uma organização artesanal complexa, em vários níveis, compreendendo circuitos de difusão, a qual a arqueologia demonstrou que se levava os produtos a centenas de quilômetros do local do cozimento, frequentemente assinalados por algum tipo de marcação.

O estágio do esmalte constitui por si só uma etapa muito longa. Ele inclui o telhador, o mosaísta e o ceramista que trabalham sob ordens e introduzem no setor da olaria uma clientela rica e poderosa, laica ou eclesiástica. Desta vez, é a evolução do gosto que faz surgir as obras – e ajuda o historiador. Esse aspecto do trabalho, aliás, possui aos olhos de alguns um valor técnico ou artístico de importância; o "Monge Teófilo", este desconhecido do século XII que nos deixou um tratado de palavras e técnicas de seu tempo, nisto se deteve longamente.

Na composição dos revestimentos ou vernizes, que ornam os potes e as tigelas, já entram corpos exteriores à pedra: os óxidos de ferro, de estanho, de cobre, de cobalto e de chumbo. A fabricação do vidro apela, desta vez, à cinza, essencialmente de faia, que se mistura à areia meticulosamente lavada. A arte do vidreiro era certamente conhecida dos antigos, mas sua propagação por todo o Ocidente foi tão lenta que, durante um longo período, foi considerada uma técnica de maestria muito difícil, quase de natureza mágica – até mesmo diabólica. Temos segurança no conhecimento acerca da ascensão da fabricação do vidro somente no referente aos séculos XI e XII, momento no qual se introduz – ou, talvez, se inventa – o tubo de soprar, de manuseio delicado e perigoso (porque se devia encher a bexiga quase em contato com o fogo). Quanto à coloração da massa, ela é preparada antes do cozimento, pela imersão de pós minerais, idênticos aos utilizados pelo esmalte das cerâmicas. Ela está na origem de ramificações artesanais tidas como o ápice da arte medieval: as composições em vitral ou a fundição do esmalte. Porém, observamos que se a beleza dos vitrais e dos esmaltes, particularmente nos séculos XII e XIII, alcançou – e especialmente na França do Norte e do Oeste – um nível muito alto de qualidade, os mestres vidreiros ou esmaltadores (que são, anonimamente, os autores) trabalham em pequena quantidade e sob encomenda. Somente após o fim do século XIV – e muito lentamente – que se introduz, nas cidades e primeiramente na Itália, a prática do vidro colorido para as habitações nobres ou burguesas.

3.1.3 Cavar o solo

O ponto de vista dos historiadores não é unânime sobre o lugar real do metal – e particularmente do ferro – na cultura material medieval; mas ninguém contesta a importância desses elementos, primeiro no armamento, depois, nas ferramentas. Após o século XI – quando a cavalaria pesada impõe sua lei na batalha, o ferro no cavalo, na lavoura ou no carreto, o machado no recuo dos bosques – o ferro transforma-se num elemento capital da riqueza e do poder. Os pequenos senhores necessitados da Europa do Noroeste, os aldeões audaciosos da Península Ibérica, os mercadores ávidos da Itália, não hesitam em assaltar os comboios, pilhar os moinhos ou ocupar as minas em busca de metal.

Uma das razões dessa avidez é a mediocridade dos recursos naturais da Europa a esse respeito. A exploração mineral intensiva na Antiguidade mediterrânea ou mesmo germano-eslava esgotou bastante as fontes. O metal precioso era bem raro, o que pode explicar a fraqueza do volume monetário em circulação: mais ouro antes de algumas descobertas em Silésia ou na Boêmia; a prata, ainda bastante abundante até o século XIV no oeste da França, Norte da Espanha e sobretudo Alemanha Central, mas de qualidade medíocre – pois era consideravelmente misturada com chumbo. O estanho, que reinara na Idade do Bronze, era mediocremente limitado à Cornualha e o cobre, às Ardenas. Resta o próprio ferro que era explorado onde era possível – Normandia, Lorena, Itália média, oeste da Alemanha –, mas cuja composição química era pouco satisfatória porque continha excesso de manganês e óxidos fosfóricos. Por outro lado, a abundância de microtopônimos ferrosos, os *feragia*, demonstra que a busca e exploração do metal se efetuava por toda parte onde um filão metalífero a céu aberto era identificado.

As condições de exploração são próximas das dos antigos, mas elas se aperfeiçoam gradativamente até o século XVIII – época de um desenvolvimento de procedimentos mais seguros que a busca do carvão betuminoso[27] torna-

---

27. Também chamado de hulha. Trata-se de um tipo de carvão mineral que, como o nome informa, contém betume.

va indispensáveis. O metal – aliás, qualquer que seja – se explora por poços, quando não é possível alcançar o filão diretamente sob o húmus ou por escavação em flanco. Os problemas postos pela arborização, que os antigos não puderam praticar, implicam a associação à mina do escavador (o *fossarius*) do carpinteiro e do perfurador que se lança ao filão com a picareta. Quanto mais a galeria se aprofundava no subsolo, mais se tornava difícil a retirada dos blocos partidos e dos detritos – estes eram carregados em sacos de couro e levantados por guinchos, para, posteriormente, serem esmagados com martelo e limpos a mão. As gangas[28] podiam representar mais de três quartos do que era trazido ao ar livre. O trabalho, particularmente penoso no fundo das galerias que não passavam de tripas estreitas, era mais perigoso na medida em que a fraqueza do madeiramento e a presença de poças d'água tornavam constantes os desmoronamentos. Somente no século XV o progresso do bombeamento de ar saudável – ou de drenagem, ou seja, da aspiração e evacuação da água – pode alcançar um nível de segurança e de técnica satisfatório. É nesse momento que o ofício de mineiro, até esse momento depreciado e confiado aos escravos ou aos condenados, torna-se atrativo. Os trabalhadores alemães, então, construíram uma agradável reputação: suprimiram as equipes, tornaram-se itinerantes de mina em mina.

A complexidade das operações que comportava uma mineração em associação com especialistas da madeira, da água e do metal, explica várias características originais desse setor artesanal. Primeiramente, o caráter oneroso do equipamento reservava o controle aos ricos e poderosos: senhores "cavadores", monges cistercienses, operadores do dinheiro, na Normandia, na Champagne, na Província Lionesa, para ficar nos exemplos franceses do século XV. A mina é, portanto, um tipo de organização que permitia o investimento de grandes capitais. Depois, o tamanho e a variedade das equipes envolvidas abriram caminho para verdadeiros aldeões mineiros, mesmo em cidades como Massa na Toscana, que, em cinquenta anos, fez surgir e reuniu milhares de homens – que, depois, no século XIII, desapareceram. Aliás, a arqueologia apurou em Poitou, em Oisans e na Lionesa, sítios que agrupavam toda uma população de trabalhadores. Enfim – e talvez por essas duas razões –, o trabalho da mina proporcionou uma regulamentação muito sólida, os "códigos mineiros" como os de Massa, de Iglau na Morávia, de Allevard na Savoia, entre 1240 e 1390. O conjunto dessas condições técnicas, econômicas ou sociais explica que não era

---

28. Termo que designa as impurezas, a parte não aproveitada da extração de minérios.

raro, por exemplo da parte da Igreja, a recusa em abrir ou a ordem para fechar as minas, como na Chartreuse desde o século XII.

Enumerar os setores menores nos quais determinada prática se estabelecia seria se distanciar demais de nossa análise do mundo do trabalho, pois, no conjunto, as técnicas de busca do metal permaneciam idênticas. Contudo, não se pode passar em silêncio por dois domínios mineiros específicos: o primeiro diz respeito ao emprego do mineral de alumínio, o alúmen, cuja decocção gozava, entre os tintureiros, de uma reputação de fixador muito superior à da cinza da madeira ou a do silício. Infelizmente, durante vários séculos, apenas se conhecia e se explorava as minas abertas sobre a costa "iônica" da Anatólia. Os genoveses, principalmente o clã dos Zaccaria, haviam conseguido garantir o transporte a altos preços em toda a Europa. A descoberta, em torno de 1453, de minas de alúmen nos confins da Toscana e do Lácio em terras do papado próximas de Tolfa, arruinou esse monopólio em proveito dos Médici de Florença e do papa que compartilharam os amplos benefícios daí provenientes. Esses traços de expansão da burguesia urbana são aqui expostos, como no caso das minas cistercienses ou as de Jacques Cœur, apenas para sublinhar o quanto esse setor artesanal estava ligado ao desenvolvimento de um capitalismo poderoso que administrava a produção para o bem de seus próprios interesses.

O segundo domínio nos distancia um pouco dos metais, mas fundamenta, pelos efeitos que engendra, resultados comparáveis. Trata-se das origens da exploração do "carvão da terra", da hulha. Ignorada pelos antigos, talvez reconhecida na Inglaterra do século X (mas, indiscutivelmente, no término do século XIII nos Pireneus ou nas margens do Mosa), a hulha começa então uma ascensão que somente o petróleo irá interromper. Se a extração não colocou problemas diferentes dos que aqui percorremos, em compensação, as qualidades químicas da hulha, muito superiores as do carvão vegetal, promoveu proezas térmicas – particularmente nos fornos ou forjas – permitindo profundas modificações no equipamento europeu – ela está na origem do maquinário a vapor, de um novo maquinismo, espécie de ofício de passagem do artesanato à indústria.

3.1.4 Trabalhar o metal

Eis, portanto, trazidos à luz os blocos de metais arrancados da mina. No estado em que foram encontrados e trabalhados pelo perfurador, eles são inúteis, cobertos de resíduos e impurezas. Eu dissera, mais acima, que os primeiros tratamentos de britagem e limpeza se efetuavam localmente a mão, com o martelo ou a fio d'água. Também, nesse caso, a arqueologia apurou os restos de numerosos locais de lavagem de minérios onde trabalhavam equipes assalariadas, nas quais se constata que o parco ganho indica a ausência de especialização. Por outro lado, os estágios de purificação dos minerais não parecem ter sido operados nas proximidades imediatas da mina. Portanto, era pelo transporte em sacos, em cestos, em cubas, seja por água ou por terra, que as peças tratadas chegavam à fundição. Como para a pedra, a organização de carroças ou de flotilhas impunha o concurso dos transportadores e seu controle fiscal pelos senhores dos pedágios.

Para a obtenção de metais livres de corpos químicos estranhos, era preciso tratá-los no fogo: retirar o chumbo do mineral da prata, o enxofre do mineral do cobre, o fósforo do mineral do ferro. Conhecemos mal essas operações, ao menos em sua forma mais antiga; temos a impressão de que o empirismo guiou o fundidor por muito tempo. Mas os princípios, que consistem nas etapas da redução do metal à mais pura composição possível, parecem ter sido conhecidos desde o Neolítico e são apenas gradativamente aperfeiçoados. Trata-se de submeter o mineral a altas temperaturas em um forno de terra refratária, provido de uma entrada regular de ar; mistura-se ao metal um fundente como a cal e, alcançado o ponto de fusão, as impurezas (o *laitier*) escorrem por um orifício especial frequentemente tratado até a superfície pelo metal em fusão.

Utilizou-se no início dos tempos medievais um tipo de forno herdado da Antiguidade e do qual foram encontrados numerosos exemplares, às vezes em conjunto e datáveis do século V ao IX. Trata-se de uma calota hemisférica feita de terra argilosa, arejada por um fole na base, que podia ser manuseado caso a entrada natural de ar não fosse suficiente. Inicialmente preso a um torrão ou mesmo enterrado pela metade, esses fornos-baixos talvez tivessem melhor rendimento para além do Reno, em terras germânicas – e isto antes mesmo do século V. Foi, contudo, o nome de "procedimento catalão" que designou o referido aparelho. No curso dos séculos XIII ao XV, o aperfeiçoamento dos foles pela hidráulica, a introdução do combustível carbônico para obter a fusão, em seguida, o desenvolvimento da descarbonização desta última, gerando o aço, levaram a fundição a um grau de qualidade mais elevado. Assim, inicia-se a época do forno-alto. Mas a arqueologia, sempre ela, deu a prova de que fusão e aço já eram conhecidos desde o século IX ou X, talvez, é verdade, fortuitamente após um acidente de cozimento. Naturalmente, como no caso da mina – compreendendo, aliás, que esses dois domínios vieram a fundir-se – a complexidade e o custo da aparelhagem, escapando do modesto quadro senhorial, acarretam a formação de grupos sociais que investem conjuntamente seu dinheiro e suas equipes. Essas associações, que possuem às vezes uma dimensão familiar, como entre os mercadores, dotam-se de *status* e privilégios voltados somente para seu próprio interesse – na Normandia foram chamados "ferreiros"; nós diríamos "mestres da forja".

As ligas continuam pouco conhecidas. O Monge Teófilo é muito obscuro nesse aspecto. As fundições de bronze certamente continuaram a funcionar, mas era apenas para a fabricação dos sinos. Mais exatamente, nós ignoramos porque os mais raros exemplos anteriores ao século XVII que possuímos desses últimos possuem tal ou tal forma. Sem dúvida por causa do caráter semissagrado do instrumento, o fundidor transmitia suas fórmulas e sua tradição no segredo de uma herança oral – o caráter hereditário dessa atividade parece certo. Entretanto, a introdução de chumbo na moeda de prata oferece menos mistério porque esses dois metais já se encontram em composição ao estado natural.

Coletados em placas, em feixes, em rodelas, ou seja, resfriados ao sair do forno nos moldes de silício, os metais estão doravante em condições para serem modelados de acordo com as necessidades. A isto retornarei mais adiante. Por ora, deixemos a terra para ganharmos a água.

3.2 O pescador e o marinheiro

Voluntariamente ou não, o homem pode se privar por várias semanas de pão, de carne ou vegetais. Mas ele não pode ficar sem água por mais de alguns dias. Esta observação não é assim tão banal quanto parece. Naturalmente, nosso corpo sendo composto de dois terços de água, vê-se bem que há aí uma imperiosa necessidade fisiológica, tal como a do ar que se respira. Ademais, vimos a água incessantemente, irrigando os campos, fazendo rodar as máquinas, lavando o mineral, hidratando o gado, levando os barris ou as pedras. Se nela se pesca peixes ou almas, como os apóstolos e o Cristo, temos a atriz eminente da vida humana. Se nela se aventuram em direção ao horizonte, tocamos no desconhecido e no mistério.

3.2.1 Buscar a água

Quer seja alcançada pela escavação de poços, pela descoberta de uma fonte ou por um curso d'água nas proximidades, a água do solo atrai e fixa os homens – aquela vinda do céu jamais foi abundante o bastante para suprir a anterior e os séculos medievais raramente possuíram coleta em reservatórios (os "castelos" d'água que evidenciam nos campos atuais os solos excessivamente permeáveis onde a água não cessa). Vital, a água é objeto de um cuidado exagerado, de uma proteção por vezes armada, em todo caso, de uma valorização que a diviniza. Mesmo onde não há o risco de sua falta – as zonas "úmidas" da Europa céltica ou germânica – uma reverência, até mesmo um culto, a ela se associa. Numa região como a da França, a hidronimia é quase inteiramente anterior à conquista de Roma. A força da devoção às fontes aí é tamanha que, malgrado o caráter pagão desse culto, a Igreja cristã não chegou a destruí-lo – e, para remediar, instalou-se apenas um altar ou uma cruz onde os aldeões vinham se reunir, ou mesmo um eremita e uma capela para conduzir esse zelo piedoso. A fonte, símbolo de um novo nascimento, será a partir daí associada à veneração voltada aos homens santos.

Observamos, contudo, que, contrariamente aos antigos – que esperavam dela efeitos terapêuticos – a fonte medieval não atrai aglomeração, mesmo modesta. Ela permanece, frequentemente, no ermo, em contato com as forças naturais das quais ela é uma manifestação de benevolência voluntária julgada mágica. Pelo contrário, o lençol subterrâneo, portanto, o poço, fixa as casas. Infelizmente, a documentação, mesmo a de proveniência arqueológica, é bem escassa sobre esse ponto. O conhecimento do lençol freático parece acentuar o empirismo, talvez uma observação sobre a natureza dos solos, principalmente os solos superficiais. Aquele que sabe, que indica onde está a água que não se vê é um personagem misterioso e reverenciado, é o "*sourcier*"[29], espécie de mago, mas que, sem dúvida, não passa de um bom observador. Quanto à forquilha de aveleira[30] que a tradição popular lhe atribui, ela só surge no século XVI – e a ciência moderna se inclina a ver nela somente um objetivo publicitário. Com o

---

29. Optou-se em manter o original *sourcier* para que a intenção do autor fosse preservada, a saber: aquele que descobre as fontes (*sources*).

30. No original *baguette de coudrier*. Trata-se de uma forquilha retirada geralmente dos galhos da aveleira que era usada para se encontrar lençóis freáticos. Embora ainda hoje os adeptos da chamada radiestesia acreditem ser este um método eficaz, a ciência demonstra não haver correlação alguma entre os movimentos da ponta da forquilha e os lençóis subterrâneos.

lençol identificado, o *habitat* aí se instala. Atualmente, atribui-se várias dessas fases de deslocamento e reagrupamento (do VI ao VII, do X ao XI, do XIV ao XV) ao esgotamento dos lençóis constrangendo o grupo humano a se deslocar.

A perfuração dos poços não parece ter posto problemas técnicos sérios aos camponeses, a não ser pela alvenaria do furo. Utilizava-se a picareta e a broca, mas temos a impressão de que era difícil descer além de 10 a 15m. Entretanto, o perfurador não é somente o trabalhador encarregado da perfuração, frequentemente ele é também um agente senhorial, um sargento ministerial responsável pela sobrevivência e pela manutenção do poço; mas não se exclui a existência de poços privados. É por canalizações, geralmente em tijolo ou em telha, que a água é levada para os bebedouros de animais ou para as fontes públicas.

A água é o domínio das mulheres, tanto na cidade como nos campos. O lavadouro de água corrente e a fonte de onde se tira a água doméstica são dois dos principais "parlamentos das mulheres", o lugar da convivência mais próxima da vida cotidiana, porque é aí que circulam as novidades do dia, que se regulam os problemas familiares, que se fortificam as crenças populares. Mas não se pode esquecer a contrapartida material de tais agrupamentos: é preciso, posteriormente, carregar a água até as habitações, e esta corveia – no sentido moderno da palavra – podia ser exaustiva, por exemplo se for preciso que uma fonte isolada recupere uma planície seca a quase uma légua de distância.

Sem dúvida, é de se admirar que o consumo de água seja um domínio totalmente desconhecido para o historiador. As panelas, os jarros, os copos que a arqueologia e a iconografia oferecem são nossos únicos recursos – e não fazem nenhuma alusão aos números. Ignoramos até mesmo se a má qualidade e os efeitos danosos que ela podia provocar na saúde resultavam na substituição da água dita pura por outras bebidas. Se o vinho ou a maioria dos sucos de outras frutas, como a cidra, não tinham a intervenção da água em sua fabricação, este é, ao contrário, o caso da cerveja. Esta bebida, conhecida na Antiguidade celta sob o nome de *cervoise*[31], é uma decocção da cevada fermentada. O malte obtido é esmagado, agitado várias vezes nas cubas de cobre e, em seguida, mistura-se nele o mel e as ervas. O resultado é um tipo de líquido muito espesso, um "mingau diluído", particularmente rico em carboidratos, mas de sabor ácido, o que explica seu pouco sucesso entre os amantes do vinho. A preparação da beberagem podia ser uma tarefa doméstica; mas o cervejeiro é frequentemente

---

31. Cerveja antiga, cuja origem é atribuída aos antigos gauleses, conforme explicado pelo autor.

um artesão especializado na produção maciça. Nessa etapa, sua cervejaria, sua *camba*, podia reunir membros e caldeiras fervendo o malte; por vezes, era um oficial senhorial. No século XIII, os cervejeiros parisienses agrupavam-se mediante juramento e, somente mais tarde, contava-se mais de mil e duzentos cervejeiros em Londres. É a partir do início do século XV que a cerveja propriamente dita irá concorrer com a *cervoise* – e com um grande e rápido sucesso. Trata-se de procedimentos de fermentação da cevada oriunda da Alemanha e dos Países Baixos, mais rápidas, mais leves com a adição de lúpulo no lugar dos ingredientes misturados na *cervoise*. Esta nova bebida, mais aquosa, foi rapidamente bem-recebida até as margens mediterrâneas.

3.2.2 A água corrente

Não estamos bem-representados acerca da utilização da água dos rios. Certamente, as dragagens e tratamentos mediante corveias senhoriais, os diques de terra quase de origem pública, como as *"turcies"* do Loire ou as barragens do Pó no século XII, esforçavam-se em manter acessíveis as vias fluviais, mas, no conjunto, a rede navegável se apresentava com variadas considerações, bem diferentes da nossa. De um lado, porque os vales sendo invadidos pelas zonas úmidas dos leitos maiores – pântanos, lodaçais, lagos – portanto, de passagem muito difícil e de aproximação ribeirinha precária, com toda uma vegetação hidrófila – refúgio de galináceos para caçar ou de juncos para cortar – também demandavam cais e pilotis antes das áreas com grandes correntes. A arqueologia revelou muito acerca das margens do Loire ou do Pó. Por outro lado, a multiplicidade de pequenos cursos d'água considerados hoje sem valor econômico, mas acessíveis às naus de tirante fraco, permitia a penetração dos barcos a uma boa distância no interior das terras. Os canais e declives levando aos moinhos, os esteiros e canais dos pântanos costeiros podiam, assim, até suportar flotilhas significativas.

Foi possível revelar os restos desses barcos rudimentares. Sua forma muito larga e sua falta de quilha só autorizavam um uso de menos de 1m de tirante d'água. Não parece que tenha havido muito progresso técnico nesse domínio entre a época neolítica e o século XVIII. Essas balsas e esses barcos são manipulados com remo de popa; eles dificilmente ultrapassam algumas dezenas de tonéis de porte. Certamente, datados da alta Idade Média, são monóxilos; mais tarde, emergidos mediante pranchas unidas. Podemos avançar que sua construção não foi o produto de carpinteiros de alto nível; são construções fabricadas com a madeira local e a arte dos marceneiros da aldeia. O carregamento, por exemplo de pedras ou de tonéis, dois elementos que podiam sofrer com os solavancos da estrada, fazia-se por plataformas flutuantes e o descarregamento, frequentemente, puxando o esquife em terra firme sobre a costa. No caso dos rios com correntes fortes, o problema da sirgagem em aclive era realizado com grande dificuldade devido ao estado irregular das costas. Temos a certeza de que por um jogo de cordas em formato pentagonal de uma margem à outra, podia-se obter, com pares de cavalos, uma sirgagem correta – assim foi constatado no Ródano. Porém, também é possível saber que, incapaz de realizar esse método facilmente, a embarcação era descarregada na chegada e a madeira vendida localmente; atividade extremamente primitiva, mas que implicava uma rede de acordos entre o barqueiro que chegava, o pontoneiro que fiscalizava o descarregamento e o carpinteiro que ficava com a madeira.

O curso d'água na economia medieval exerce, portanto, um papel essencial, mas, provavelmente, mais no âmbito das trocas regionais, de mercado em mercado, do que no tráfico de dimensão internacional. Nós dispomos, aliás, sobretudo a partir do século VIII, e para toda a Europa Ocidental, de tarifas de pedágio nas pontes, nos pontos de parada de carga, na travessia de uma cidade. Elas atestam que, com exceção do vinho, as vias fluviais só alimentam o grande comércio com pequenos carregamentos. O essencial se faz por mar, em seguida, por terra. Existe, todavia, um domínio que dificilmente conheceremos hoje mais do que o que se sabe sobre as regiões montanhosas ou sobre os continentes distantes: a flutuação de troncos de madeira cortados das florestas. Temos provas aproximadas de canteiros navais que desses troncos só usavam o essencial – por exemplo, nas montanhas ao norte de Veneza ou de Gênova. Contudo, essa flutuação de lenha ameaçava as pontes, bloqueava os vaus[32], cobria as margens; procedimento rudimentar e perigoso, mas vantajoso para os ribeirinhos que pegavam a madeira encalhada.

A água corrente, assim como a água parada dos mares ou dos viveiros que o homem soube captar ou construir, igualmente exercem um papel importante para a pesca. O consumo de peixe provavelmente foi maior durante os séculos medievais do que atualmente, sobretudo do peixe de água-doce. Os números, os livros de receitas e os romances o demonstram. Talvez a medíocre qualidade

---

32. Um vau é um trecho do rio cuja profundidade é suficientemente rasa para se fazer a travessia a pé ou a cavalo.

da carne bovina seja a causa. Temos um bom conhecimento dos procedimentos utilizados pelos pescadores porque sua atividade é uma das principais fontes de conflitos entre senhores rivais – ou entre um deles e uma comunidade: inquirições, processos e acordos abarrotam nossos arquivos. Em alguns casos, é a autoridade pública quem legisla – como no tempo de Felipe o Belo, quando o rei toma medidas para fixar, fora do período de desova, os meses de pesca autorizada, ou para proibir o uso de redes de malha muito fina que retinham espécimes excessivamente jovens. De sua parte, a iconografia é bastante generosa sobre este ponto.

A pesca se praticava com a ajuda de nassas fixadas no fundo, ou redes estendidas entre dois arcos ou duas ilhotas, por ganapões balançantes que eram movimentados ao longo do rio. O vocabulário técnico, eminentemente variável segundo os lugares e os tempos, é infinito. Poderíamos citar facilmente uma quinzena de termos utilizados na Île-de-France nos séculos XIV e XV. A colocação e a consolidação desses aparatos são idênticas: é o trabalho dos aldeões do campo, trabalhando às vezes em equipe, talvez de domésticos assalariados na cidade. A base jurídica da pesca é, aliás, não o equipamento ou o homem, mas a propriedade da costa. Inclusive, não parece ter existido, como atualmente, uma pesca a barco em lagos ou nos rios.

Quanto à variedade dos peixes, ela somente interessa pelo fato das espécies não serem pescadas de maneira idêntica: enguias, lampreias e alburnos, muito apreciados na Antiguidade, eram pegos pela rede; os peixes carnívoros, como o lúcio ou a tenca, eram elevados em lagos especiais quando se conseguia isolá-los; a carpa, muito abundante, era colocada em viveiros, mas sua introdução data somente, ao que parece, do século XII. Quanto ao salmão ou à truta, considerados muito próximos um do outro, eram pescados com linha e iscas naturais (como as moscas). Sem que se possa falar de piscicultura, nota-se no século XIV, na contabilidade senhorial, que o tratamento, o esvaziamento, depois a reinstalação dos peixes nos lagos, eram efetuados regularmente pelos aldeões; nesse caso assalariados, sem dúvida.

3.2.3 O homem e o litoral

Terrestre por natureza e por necessidade, o homem sempre teve medo e gosto pelo mar. A mitologia, depois, o cristianismo, a ele associou os espíritos ou a divindade. Aventurar-se nele, portanto, é uma marca de orgulho e de imprudência. Ademais, os homens contentaram-se durante muito tempo, caso se tentasse, em nunca perder de vista as costas hospitaleiras, sobretudo à noite. O que se sabe das navegações oceânicas – sedução de uma viagem pela África na Antiguidade, trajetos nórdicos de ilha em ilha antes do ano 1000, frotas italianas em fins da Idade Média indo do Mediterrâneo à Mancha – é dessa natureza. A cartografia medieval, desde o século XIII e, sobretudo, o XIV, compõe-se majoritariamente de "portulanos", ou seja, de um resumo muito minucioso de todos as atracações possíveis num itinerário previsto. É, sobretudo, nessa rejeição da segurança e nesse salto no desconhecido que reside a façanha de Colombo. Essa ruptura psicológica com a tradição merece marcar o fim de um tempo mais do que os efeitos que dela decorrem.

Na costa ou nas enseadas e estuários transformados em postos, o homem está diante do mundo líquido. Mas não é indispensável que ele o afronte. A margem por si só possui suas riquezas e suas atividades. Em relação às primeiras, é necessário distinguir o que provém do meio marinho em si, sem outra intervenção humana, e aquelas que exigem um trabalho pessoal de especialista. Por exemplo, a coleta de mariscos, principalmente mexilhões e ostras, é uma atividade regular das populações costeiras, frequentemente das mulheres e crianças. O gosto por esses moluscos remonta à mais alta Antiguidade: numerosos sítios da época romana apresentaram, nos depósitos, camadas superpostas de conchas e escamas testemunhando a importância do consumo e as mudanças de paladar valorizando ora uma, ora outra dessas espécies. Encontramos estacas do século XI às quais se penduravam os moluscos – mas poderia tratar-se de equipamentos destinados a atrair as aves marinhas que, eventualmente, foram transformados em viveiros de mexilhões. No entanto, nós não sabemos nada sobre o transporte e a conservação desses animais. Classifica-se no mesmo grupo o caso da *grapois*, a carne de baleia. Sabemos que este cetáceo encalha de vez em quando nas margens. O tamanho do animal permite o fornecimento aos ribeirinhos de um volume de óleo e de carne que, estima-se, devia bastar para alimentar uma aldeia de cem almas durante todo o inverno. Esse incidente é, pois, um tipo de *aubaine*, ou seja, de benefício tirado do que vem de outro lugar. Entretanto, a comunidade deve ter obtido esse direito dos senhores locais. Como é compensador para os homens, vende-se a carne a alto preço – na Inglaterra do século XIV, o rei se reservava a totalidade do animal do qual ele, em seguida, revendia a carne; e as tarifas de pedágio registram a passagem de carroças carregando a *grapois* salgada.

Salgada, eis o segundo tipo de atividade costeira: a coleta do sal. Sem demorar nisto, eu lembrarei primeiramente que o pastoreio de ovinos sobre as margens cuja maré baixou recentemente – ou seja, ainda mais encharcadas de sal – permitiram a criação "pré-salgada", que, segundo acreditavam, proporcionava à carne, principalmente de ovelha, um gosto apreciado. Sobre as margens da Mancha, do Mar do Norte ou da Itália, essa prática foi possível na medida do recuo das águas do mar e da conquista de terras novas, entre o século XI e o XIII, pelo menos. Em seguida, a parte da costa abandonada pelo mar foi reconquistada desde o fim do século XII e mais ainda nos séculos XV e XVI. No referente ao sal em si, é desnecessário sublinhar sua importância para a conservação das carnes e dos peixes, além do seu papel como condimento. Essa importância se mede pelo fato de que o transporte e a venda desse ingrediente estavam sob controle senhorial – até mesmo sob controle real na França do século XIV. O sal transformou-se, assim, em um elemento da fiscalidade.

Quais são as condições de coleta do sal proveniente das águas salinas subterrâneas e do sal marinho? Os bolsões de água salobra, formados a partir de camadas rochosas com forte teor de cloreto de sódio, podiam ser alcançados por poços que desciam até a camada impermeável que lhe servia de base, ou captando as fontes que emanavam na superfície. Se a espessura das camadas de sal o permitisse, buscava-se então o sal-gema depositado em bancos entre duas camadas impermeáveis – podia-se até mesmo perfurar galerias, às vezes de tamanho majestoso. O norte da Lorena ou da Espanha, por trás do Jura, abrigavam assim todo um aparato de guinchos, de canalizações, de cubas, onde se juntavam a água e os cristais. Era preciso, em seguida, obter a evaporação dos líquidos nas caldeiras – de ferro, desde o século X – onde lhes submetiam a várias etapas de aquecimento em um só dia.

Essas salinas exigiam, portanto, um pessoal especializado no transporte e no fogo – alguns cinco ou seis homens por caldeira. Os salários elevados concedidos a esses salineiros faziam deles um tipo de aristocracia artesanal, porém, submissos às abadias senhoras das fontes e dos lençóis ou aos senhores laicos à espreita de ganhos seguros. No Império, onde o próprio nome de Salzbourg, na Baviera, dispensa explicações, o soberano se reservava a taxação sobre o sal que alimentava assim um ofício imperial, o Salzkammer. Em 1350 na França, o rei converte em imposto (a *gabelle*) a revenda do sal real acumulado nos celeiros públicos.

Todavia, esse sal da terra tinha uma reputação inferior em relação ao sal marinho. Este último, considerado mais fino e mais puro, provinha da evaporação da água do mar, seja sob efeito dos raios solares onde o clima o permitia, seja por aquecimento em caldeiras após uma primeira dessecação. As condições de coleta são absolutamente idênticas de Plínio a nossos dias: era feita em bacias onde se depositava a água, separadas pelos diques de circulação, seja por bombeamento – os primeiros exemplos datam do século X – seja por depósito natural das marés fortes. Os salineiros passavam progressivamente as águas, pouco a pouco menos salinizadas, de caixa em caixa. Essa coleta, ao menos quando não era necessário o uso de uma série de caldeiras, era um trabalho exclusivamente feminino. Naturalmente, para ser mais eficaz, era recomendável estabelecer as salinas onde os movimentos de fluxo eram fracos – lagunas do Adriático, Golfo de Lion, enseadas de Charente, costas bálticas. Algumas aglomerações, como Bourgneuf-en-Aunis, conquistaram a reputação de porto internacional do comércio salino.

Assim, as populações costeiras forneciam um condimento, um produto de troca, um recurso fiscal. Porém, não omitiremos que desde uma muito longínqua Antiguidade e através das convicções e dos ritos judeus, cristãos ou muçulmanos, o sal, símbolo de convivência e alegria, ocupava um lugar importante no imaginário humano.

3.2.4 Navegar

Porque ele é uma reserva aparentemente inesgotável de recursos alimentares, porque uma embarcação corretamente equipada viaja de forma mais rápida, mais segura, mais regular, de um porto a outro do que faria um comboio de carroças, o mar é um lugar de pesca e um espaço comercial sem limites. Ainda é necessário determo-nos sobre ele.

Nós conservamos documentos arqueológicos, iconográficos ou contábeis o suficiente para que se possa representar – e para todo o período medieval – o trabalho efetuado nos canteiros navais, em Bruges, em Lubeck, em Rouen, em Hull, em Barcelona, em Veneza e alhures. Também conhecemos as técnicas e as ferramentas desses carpinteiros de marinha e a evolução da arte náutica nos é bem acessível. Nota-se, aliás, que essa riqueza de dados é um claro sinal do interesse voltado às coisas do mar. Três observações prévias são necessárias, mesmo que pareçam banais. Os navios são feitos de madeira, as velas são de linho, as cordas de cânhamo, o uso do metal é limitado aos pregos e aos rebites que substituíam as cavilhas. Por outro lado, os dois grandes tipos de embarcações dos quais falarei não se opõem por razões de usos ancestrais ou de tradição, mas porque uns – os do sul – enfrentam um mar de ondas curtas e agressivas, de clima instável, enquanto que os do norte conhecem ondas poderosas e regulares, além dos grandes ventos oceânicos, definitivamente mais seguros. Enfim, não nos deixemos impressionar pelas cifras das embarcações exageradas pelos cronistas: com uma tonelagem média de 300 a 500 tonéis de porte, essas embarcações medievais não passavam de barcos grandes.

A Antiguidade colocara em movimento as embarcações, das quais o remo era o motor principal. Uns, drómon ou galé, serviam antes ao combate naval, muito comum na Antiguidade. Tratava-se de navios movidos por duas fileïras de remadores em cada lado, aproximadamente 40m de comprimento e 5m de largura, com duas cabines (na frente e no meio). A direção era dada por dois remos de popa laterais e uma única vela ou dois mastros, em formato quadrangular – mais tarde, triangular. Os outros navios eram naus, barcos de carga e de comércio muito curvados (quase redondos) em vários pontos, mas de manejo difícil, pela ausência de uma quilha satisfatória para limitar as derivas – com suas bordagens unidas. Esses navios mediterrâneos, os quais não variaram muito em seu tipo ao longo da Idade Média, podem alcançar, no século XV, mil tonéis, em Gênova ou Veneza. A tripulação é recrutada amplamente de maneira compulsória, como na Antiguidade.

Ao norte, não situamos bem em qual momento teve lugar a principal articulação na história dos canteiros navais. Não sabemos praticamente nada das embarcações vênetas que enfrentaram César na Bretanha, e bem pouco sobre as dos frisões do século VII no Mar do Norte. As canoas de um só tronco da Antiguidade longínqua tiveram que se adaptar, segundo os destroços encontrados na Inglaterra ou na Escandinávia entre os séculos V e IX, montadas com ripas, ou seja, com bordos formados por pranchas sobrepostas para evitar embarcar, calafetadas, se necessário presas com pregos. O navio movimenta-se à vela quadrada e a remo e suas dimensões são muito próximas daquelas citadas mais acima; mas ele possui quilha, com mastro removível e sem ponto, o que lhe rende muita leveza, acessível aos cavalos. De acordo com a necessidade, à época viking, os remadores se transformavam em guerreiros. Ao longo dos séculos X ao XIII, o navio nórdico, então essencialmente mercante, tomou a largura e a profundidade, atingiu uma forma mais redonda e dotou-se de pontos e de cabines – a *hogge* em *kogge*, uma nau rápida cujo aperfeiçoamento essencial – provavelmente em torno de 1200 – é a fixação do leme de popa, ou seja, em posição mediana em relação à nau, única maneira de dirigir corretamente o esquife.

Essas considerações técnicas, aqui reduzidas ao mínimo, somente possuem importância se estão integradas no mundo do trabalho; não sem dificuldade, porém – pois não conhecemos a proveniência das tripulações. No sul, talvez fossem os condenados às galés, homens decaídos ou cativos; porém, no norte – com mais certeza – eram pescadores, hábeis em reconhecer as correntes pelas suas cores ou por sua população de peixe. Mas como e quem lhes pagava? Em relação aos mestres, é uma suposição razoável que se veja neles técnicos capazes de usar um sextante, de decifrar um mapa e de usar a bússola quando esta foi introduzida no Ocidente, por volta de 1200. É evidentemente o mundo dos canteiros navais que fazia intervir a maior variedade de artesãos, carpinteiros, rebocadores e, se necessário, ferreiros, fiadores, tecelões e cordoeiros – infelizmente, não há como penetrar no estudo de seus *status* e seus salários.

Que se embarque em cruzados, peregrinos, mercantes de sal, vinho ou alúmen, esses navios possuíam tripulações fixas de aproximadamente quarenta homens ou mais, sofridos pela vida dura a bordo, de bom grado ou à força. Eles estão presos à embarcação e desaparecem com ela se o "risco do mar" lhes atinge. Isto porque a navegação medieval é ameaçada tanto pela pirataria quanto pela tempestade. Ora, esses piratas, marginais de diversas origens ou especialistas do contrabando, não navegam com as galés ou os *kogge*. Eles possuem esquifes mais rápidos e menores, sem ponte de comando para facilmente acumular o butim e, mais raramente, os cativos.

São pequenos barcos, quase unicamente a remo, espécies de chalupas, que serviam à pesca em alto-mar. Na verdade, este termo é ambicioso, pois os pescadores se distanciavam muito pouco das costas. Uma das razões dessa prudência vem do próprio sistema de pesca. Utilizava-se frequentemente redes muito longas e largas – de 30 X 10m, por exemplo – que, uma vez efetuadas a dragagem e a sondagem, bastavam para encher o barco que retornava rapidamente ao porto. Percebe-se aqui que essa pesca só excepcionalmente era de longa duração, mas ela dava gradativamente aos marinheiros um real conhecimento da movimentação dos peixes. É o caso dos arenques, muito apreciados – e uma vez defumados, praticamente imperecíveis – dos quais se aguardava a passagem em massa ao longo de seu trajeto anual pelas Órcadas, na Bretanha. Numerosas espécies frequentavam as costas atlânticas que elas abandonaram hoje em dia: o bacalhau, a cavala, o atum. Este último frequentemente era capturado com linha, como a baleia, a foca, até o tubarão, com o uso do arpão. Esperava-se dessas espécies o óleo e a pele mais do que a carne.

Salgados em barris, toda essa fauna podia viajar a longas distâncias terra a dentro – é de se admirar a extraordinária multiplicidade das rendas em peixes que estabeleciam, por exemplo, os estabelecimentos religiosos. Como os porcos que eram aproveitados do focinho à cauda, os arenques incontáveis e resistentes à decomposição salvaram a Idade Média cristã.

O sal e a água são evidentemente os contextos naturais da vida dos homens. Sua exploração, como a do mundo vegetal ou animal, evidencia as técnicas de aquisição, o que os economistas qualificariam de setor primário. Se insisti nesse ponto, é porque todos os tipos de trabalho indicados no início deste livro aqui se encontram representados. Observou-se também que nesse aspecto o mundo rural ocupa um lugar dominante. Não é ele que reúne a produção, de víveres ou não, que o grupo humano necessita? Mas, nas condições em que ela se apresentava, essa produção nem sempre era aproveitável – era necessário transformá-la para colocá-la em condições de equipar as ferramentas, de abastecer os mercados. Entramos, assim – e mais frequentemente no referente à cidade – no setor secundário, aquele do artesanato desenvolvido e das trocas.

4

O homem da oficina e o homem do mercado

O camponês com sua charrua, o marinheiro içando sua vela, o cavaleiro passando com sua cota de malha e o burguês com sua túnica forrada realizam gestos indispensáveis a seus estados, mas nenhum deles é inteiramente senhor do que utiliza: o lavrador não forjou a relha, o cavaleiro não pregou as malhas; o burguês não teceu o pano. Todos dependem, portanto, de setores de transformação específicos aos quais, finalmente, eles estão ligados. Melhor ainda: o trabalho dos artesãos que forjaram, trançaram, costuraram o metal, o cânhamo ou a lã, não se efetua – ou nem sempre – sobre os lugares onde são consumidos os frutos de sua arte. É preciso ir procurá-los na feira ou alhures. O setor das trocas e o papel dos que o dominam são, pois, de igual importância – e, por isso, se justifica tratá-los conjuntamente. Na sociedade medieval, aqueles que dominam o ferro e o dinheiro possuem também o poder político. Essa situação não é realmente diferente da do nosso tempo – e compreende-se que seja nesse setor que os historiadores da economia buscam as raízes do capitalismo, uma palavra que é preciso compreender para além de seu sentido, um pouco simples, de acumulação de capitais, mas sob um ângulo social de alienação dos trabalhadores aos senhores do lucro.

Todavia, impõe-se aqui uma significativa nuança. Nós vamos encontrar empresas solidamente estruturadas, com níveis sucessivos de trabalho e trabalhadores, mas essas formas de artesanato evoluindo para a indústria são ainda raras no século XV. A forma mais recorrente é aquela do artesanato doméstico, frequentemente familiar ou mesmo individual. A dimensão de ajuda mútua, de vida comum, domina a oficina dos confrades ou mesmo os mercadores de uma companhia, duas palavras que referenciam quem sente o peso do trabalho. Era possível existir estatutos de ofício, uma legislação municipal ou mesmo real, para enquadrar os homens e suas obras; mas a legislação englobava a todos, mestres e subordinados. A história social da Idade Média demonstra que as dificuldades surgidas no seio do mundo artesão são antes o efeito das evoluções externas, as do mercado ou da moeda, do que uma oposição de princípios entre patrões e trabalhadores.

4.1 O ferreiro e o tecelão

A historiografia romântica do século XIX frequentemente opôs a Antiguidade branca e nua, coberta apenas por um véu sutil, à Idade Média vilosa, atolada no ferro, no couro e na lã. A imagem é, naturalmente, exagerada; contudo, ela possui seu mérito, desde que seja projetada igualmente no mundo antigo, valorizando o artesanato do ferro e da lã como um dos pilares da economia – a criação de ovinos e os campos metalíferos formam sua base.

4.1.1 O "mecânico" da aldeia

A importância das ferramentas de ferro, tanto na cidade quanto no campo, não guarda nenhuma relação com o que nos é familiar atualmente. Dos inventários carolíngios às cabanas em ruínas do século XIV, indiscutivelmente o ferro fica depois da madeira que forma "o essencial", ou seja, as ferramentas, a construção ou o armamento dos navios. Porém, como não é menos evidente que o uso do ferro é um sinal de evolução positiva em uma sociedade em desenvolvimento, vários historiadores se esforçam em demonstrar seu lugar na Antiguidade ou na alta Idade Média – tem-se aqui uma fonte de querela entre os pesquisadores (em todas as coisas, a moderação deveria conduzir os entusiasmos divergentes). Sendo mudos os textos antes dos séculos X ou XI, a arqueologia fornece informações apresentando indiscutíveis testemunhos metálicos anteriores ao ano 1000. Mas o volume modesto desses achados, na Europa Central ou na Lorena, demonstra que ainda não se havia chegado à categoria de uma atividade de peso. Por outro lado, já sabemos que a excepcional habilidade dos ferreiros germânicos produziu ferros de uma qualidade tão superior quanto aquela das espadas romanas, tanto que se considerou que se tratava de um dos elementos essenciais do sucesso guerreiro dos bárbaros que invadiram o Império.

Deixemos essas disputas eruditas. Um fato parece comprovado: entre os anos de 950 e 1000 e meados do século XII, o Ocidente viu se multiplicar no campo, eventualmente na cidade, as forjas e os ferreiros. Tem-se a impressão de que antes dessas datas o artesão era instalado nas proximidades de sua matéria--prima e de seu combustível, portanto, frequentemente distante de seu *habitat*. É, aliás, assim que foi descrito, nos cantos épicos dos *Nibelungen*, Wieland, o ferreiro genial. Esse isolamento talvez justifique a escassez de testemunhos sobre esse artesanato. Em seguida, o trabalhador e suas ferramentas aproximaram-se de sua clientela na aldeia. Na França do Norte ou na Alemanha renana, esse evento considerável se situa em torno de 1100. Considerável, porque a forja confere na aldeia um centro econômico indispensável aos trabalhos dos campos e das madeiras; de minha parte, eu veria de bom grado nesse fenômeno um "ato de nascimento" desse aglomerado ou, antes, sua passagem à idade adulta.

A iconografia é relativamente generosa no referente à forja. Ela nos apresenta uma construção bastante simples: uma calota de terra refratária sobre um tabuleiro onde o carvão vegetal queima, os foles laterais, geralmente operados a mão, e uma bigorna para trabalhar e martelar o metal quente completam um equipamento muito rudimentar – as miniaturas dos séculos XI ao XV são consideravelmente idênticas nesse ponto. Geralmente, os trabalhadores trabalham em dois ou três: o mestre da forja bate com o martelo sobre uma bancada metálica, o encarregado, com torquês ou pá em mãos, leva o metal ao forno, depois, ao mestre. Uma criança, vez ou outra, ativa os foles. Para se proteger das faíscas, os trabalhadores vestem longos aventais de couro e, por vezes, também luvas.

A grande variedade dos objetos, ferramentas e armas que se esperava do ferreiro, explica que o ofício era acompanhado de trabalhos anexos, praticados pelos especialistas da transformação. O cuteleiro apara as ferramentas, os machados e as relhas; o fabricante das cotas de malha e o armeiro tecem as malhas de uma cota, pregam um capacete, refundem e mergulham os fios das espadas; o segeiro ajusta os aros das rodas da carroça. No século XIII, em Paris, podemos listar uma dúzia de ofícios ligados ao trabalho do ferro e à soldagem. E muito dessas atividades eram exercidas sob o controle direto do ferreiro de aldeia ou de bairro. Se ele possuísse conhecimentos veterinários, iria se encarregar da ferradura dos cascos dos cavalos – a partir do momento no qual essa prática se desenvolveu, em torno de 950-1000; ele fornecia o ferro, os pregos e ele mesmo calçaria o animal. Era, então – e continuaria sendo até o século XIX – o "marechal-ferrador".

190

Este último papel conferiu ao ferreiro na sociedade, especialmente no campo, um prestígio – inclusive até o início deste século – que não se podia igualar ao de nenhum outro artesão. Este homem, mestre do ferro e do fogo, que trabalha em meio às faíscas, à frente dos aldeões tomados de medo e admiração, é como o senhor da comunidade. Entre suas mãos ou sob seu controle passam as montagens e as rodas, as facas e as relhas, as foices e os machados, os eixos e os aros, as argolas dos barris. Ele tem o senhor como cliente e em sua forja estão as armas dos cavaleiros que ele costuma endireitar, ressoldar, polir. Ele é o trabalhador por excelência, o *faber*, o *fevre*, o *fabre*, aquele que, em outros lugares, se chama *herrero* ou ainda *Smith, Schmidt*. Temos provas que, assalariado por um senhor ou vivendo por si só do produto de sua arte, ele não era totalmente arrancado do mundo do campo onde podia ter terra ou madeira – da qual provém seu combustível. Esse duplo pertencimento a setores diferentes de produção teve por efeito designar o ferreiro como o representante natural e o porta-voz dos camponeses quando era preciso subir ao castelo para obter alguma promessa do senhor. O padre, nesse caso, apenas ajudava com algumas palavras latinas e falando da caridade.

O trabalho de outros metais além do ferro não oferecia perfis diferentes. Há uma exceção, contudo, e nada negligenciável: o tratamento dos metais preciosos usados no mundo monetário, ouro e prata. A cunhagem das moedas metálicas era um apanágio do poder público, mesmo que fosse delegada a uma abadia ou a um modesto castelão. Os trabalhadores responsáveis são, portanto, ministeriais submetidos a um rígido controle por parte daquele que ordenava a cunhagem. É possível suspeitar de sua desonestidade – pois eles eram remunerados por "mistura", ou seja, pela parte de fragmentos de metal a mais na cunhagem. É, de fato, da maneira mais simples possível que se efetuava o trabalho: o trabalhador segurava com a torquês a folha de metal dividida em pequenos quadrados; ele a levava a uma bancada provida de uma pequena bigorna. Em seguida, com o auxílio de um malho chamado "cunha", ele "batia" o metal aquecido para separar um pequeno disco; o cunho e a extremidade levavam impressões cavadas, feitas com um tipo de pinça chamada *trousseau* e que se imprimia sobre o disco. Era preciso, portanto, uma certa precisão para acertar a cunhagem e economizar o máximo de metal possível. O moedeiro gozava, pois, de uma reputação invejável e de diversas isenções fiscais, ainda que a multa ou o reembolso pudessem facilmente punir sua falta. O conjunto da oficina de cunhagem era rigidamente hierarquizado. A preparação dos discos metálicos era confiada às mulheres, as "talhadoras";

a cunhagem propriamente dita, aos moedeiros; os guardas conservavam os ferros que serviam para fabricar e variar os calços. Esse pessoal, entre dez e vinte por oficina, dependia de um mestre moedeiro que consentia um arrendamento – e que comportava a compra do metal. Tudo incluindo juramento de lealdade e de obediência. No século XVI, constituíram-se em um ofício particular, no qual aquele que ordenava a cunhagem – o rei ou qualquer outro – vigiava estreitamente o bom funcionamento. É neste último nível que era tomada a decisão sobre o valor pelo qual as peças deviam ser recebidas. Quanto à forja aldeã, evidentemente, estamos ainda muito distantes de saber algo sobre ela.

4.1.2 Da ovelha ao tear

O mundo vegetal forneceu ao homem uma vasta gama de escolhas de fibras, trabalhadas para produzir vestimentas, panos, véus, laços. Citei mais acima algumas delas: linho, cânhamo e, após 1300, algodão vindo do Oriente. De sua parte, o mundo animal, do Oriente Próximo ao Mediterrâneo Ocidental desde a alta Idade Média e, mais tarde, na França a partir do século XV, fornecia a seda dos bichos-da-seda das amoreiras. E ainda não mencionei as "sedas" do porco, das barbatanas da baleia, das penas do pavão, do coro da vaca ou da pele do esquilo, o "veiro" de *Cinderela*. As técnicas, essencialmente de proveniência asiática, eram muito particulares. Mas nenhum produto conheceu um uso e uma organização de fabricação tão importantes e complexas quanto a lã. Tratarei aqui exclusivamente dela.

A particularidade do trabalho da lã é a superposição, a interdependência de atividades diferentes que vão da criação ovina ao tecido selado vendido na feira ou por intermédio de uma companhia mercante. Como foi possível constatar que toda essa cadeia de fabricação era realizada manualmente por um único homem ou uma única família, viu-se nesse tipo de trabalho uma atividade que merecia o vocábulo de indústria, em oposição ao artesanato segmentado e modesto. Falou-se até de *holding* medieval. Em todo caso, o lugar econômico dos tecidos e o tamanho das dificuldades sociais ligadas à sua fabricação foram um dos elementos motores da história medieval. É sem dúvida a razão pela qual a documentação que lhes concerne é superabundante: regulamentos, contabilidade, descrições técnicas ou literárias. É a razão também pela qual os historiadores envolveram-se consideravelmente em estudar todos os problemas a isto relacionados, da transumância ibérica às revoltas flamengas dos pisoeiros.

No princípio, o contexto era simples e rústico. As ovelhas não possuem todas a mesma lã: a da ovelha gascoa ou ibérica, a *churro*, não vale o mesmo que a do animal inglês das Cotswolds e das Ilhas Shetland, com longos pelos resistentes. O merino magrebino só chegará na Espanha no fim do século XIV. Tosquiava-se os animais em maio, mas os tufos da barriga e dos membros eram danificados pela sujeira e muito embolados, portanto, não davam outra coisa além de estopa ou fios grosseiros. Em seguida, interviam as mulheres para bater a lã sobre uma esteira a fim de eliminar as impurezas, depois, elas retiravam a suarda através de repetidas lavagens seguidas da "enzimagem", ou seja, de uma lubrificação das fibras. Em seguida, elas penteavam a fim de separar os fios e desemaranhar, para avolumar a lã; um pente de dentes finos e até mesmo a carda eram suficientes. Passava-se, em seguida, à etapa principal da fiação: algumas miniaturas que demonstram camponesas fiando e o número de contrapesos de chumbo ou de pedra encontrados nas ruínas das habitações demonstram bem o lugar capital da fiação na vida feminina. O vocabulário também o demonstra; pois a roca, na qual se fixa o rolo de lã, é o símbolo da camponesa (e *spinster* em inglês significa fiandeira, mas também "solteirona"). A mulher desenrola a bola de lã, torcendo as fibras, depois, as enrola sobre um fuso ao qual é suspendido um peso – um contrapeso – para esticar o fio. Esses gestos quase mecânicos vinham da mais alta Antiguidade, mas eles são demorados, mais ainda, são penosos. Munir o fuso de um pedal para permitir sua rotação e fixar a roca num carretel poupando esforço e tempo, é este objetivo que pretendia alcançar a roda de fiar, manuseada pelo pedal – mas dificilmente conseguido antes do fim do século XIV. Ignoramos a origem e as condições da introdução da máquina, provavelmente na Pérsia – ou ainda mais distante – e no comércio italiano. Temos a confirmação de sua existência por volta de 1290 (para ser proibida, aliás) e parece que já era comum cem anos mais tarde, de fato assinala um certo progresso, mas cujo efeito social não pode ser ocultado: a camponesa nos campos, roca sob o braço, é doravante presa em sua casa pela nova máquina, irremovível.

Chegamos aqui na articulação central do trabalho de produção da lã: a passagem de uma atividade doméstica e campesina para uma etapa mecânica e urbana. Além disso, é também o momento no qual pode se romper a cadeia de produção. Transformada nessa etapa da produção, a lã pode ser fechada em bolas de cerca de 200kg e se tornar um objeto de comércio, para ser despachada a distância até as oficinas estrangeiras; assim procederam os fiandeiros da Inglaterra em benefício dos comerciantes de tecidos da Flandres e outras localidades – até da Île – após 1330 ou 1350, dedicando-se por sua vez à totalidade das etapas. Saídas da fiação e partindo para a cidade, as fibras eram convertidas em meadas, e estas eram organizadas em urdiduras – ou seja, um enquadramento destinado a dispor paralelamente os fios da cadeia visando a tecelagem. Mas estas duas operações marcavam uma articulação: a primeira permanecia, de fato, rural; ela era confiada às crianças – e qual velho de hoje não guarda a lembrança que teve, na infância, de esticar os braços para que sua avó enrolasse sua bola? A segunda, pelo contrário, exigia uma aparelhagem de ganchos e grades; trata-se, portanto, de um trabalho urbano e os homens, descartados após a tosquia, recuperavam a utilidade.

A tecelagem praticamente não conheceu revoluções técnicas da Antiguidade ao século XVIII, a não ser alguns aperfeiçoamentos destinados a garantir mais resistência ao tecido. O princípio é dos mais simples: é preciso passar, com uma lançadeira, um fio de lã perpendicularmente aos que a urdidura dispôs paralelamente; esse fio faz a trama que passa sucessivamente acima de um fio do cordão e abaixo do seguinte. Os textos regulamentam com extrema minúcia os gestos e os resultados a obter e a iconografia é muito rica nesse ponto, desde o início do século XIII. Esta nos mostra os tecelões (geralmente, em duplas) sentados diante de um quadro ou "batente" que mantém eretos os fios do cordão; com a ajuda de um pedal, eles os fazem levantar e abaixar, um após o outro; eles passam a lançadeira por toda a largura e recomeçam no sentido inverso. É preciso vigiar atentamente aos erros da passagem da lançadeira, aos eventuais rompimentos de fios, ao ajuste progressivo da parte tecida. É preciso, pois, exigir dos trabalhadores algumas qualidades técnicas e humanas, o que lhes conferia uma boa reputação e lhes conduzia, infelizmente, a certa arrogância. Alguns podiam ser proprietários de seu maquinário e ser remunerados pela venda do que produziam. Mas a maioria trabalhava por tarefa e era assalariada. De qualquer maneira, nenhum tecido poderia ultrapassar essa etapa sem ter sido submetido a um severo controle dos guardas – em Flandres, chamavam-se *eswardeurs* – encarregados de verificar se as condições de fabricação haviam sido respeitadas; somente eles podiam selar os tecidos julgados corretos e corrigir, até destruir, os outros. Ficamos impressionados pelo grande cuidado dos responsáveis urbanos em abastecer a clientela, local ou não, de tecidos de tamanho e qualidade apropriados a cada uso. No referente aos mercados internacionais, a "peça" era vendida por metro, e cada uma era tecida segundo os usos de sua cidade de origem; muito geralmente, ela media uns 20m X 5m, o suficiente para demonstrar a importância dos ofícios da tecelagem.

4.1.3 *Do tecelão ao comerciante*

Quando sai da oficina do tecelão, o tecido não é, em princípio, imediatamente utilizável. Ele é áspero, de cor acinzentada e, se foram utilizadas lãs de queda, de aparência irregular. É provavelmente esse tipo de tecido que os monges, especialmente os cistercienses, adotavam para seus hábitos. As coberturas destinadas aos cavalos ou aos pobres, as colchas ou *queutes*, eram da mesma natureza. Na França do Norte, os senhores exigiam que os aldeões os fabricassem em condições certamente bastante rudimentares, mas que nós não conhecemos bem.

Nos outros casos, o tecido era submetido a três outros tratamentos exigindo novas intervenções humanas e técnicas. O primeiro, mais ou menos prolongado e cuidadoso, segundo a qualidade que se queria alcançar, dizia respeito ao adorno do pano, de onde vem o nome de acabadores ou alisadores, dado a esses artesãos. Eles tinham de lavar várias vezes o tecido, passá-lo com a carda para dar volume, retirar os nós. Vinha em seguida a fase de bater o tecido para lhe dar mais corpo. Essa operação fazia-se com o pé, pisando o pano numa cuba onde se havia diluído areia ou borra de vinho – vários pisoteamentos eram necessários. Tarefa exaustiva que exigia do trabalhador nada além de bons músculos nas coxas – e que quase não era remunerada. Também os pisoeiros, geralmente de nível social muito modesto, formavam tropas de descontentes prontos a se misturar a todas as desordens urbanas, sobretudo quando os mestres tecelões decidiam "pisar" os tecidos mecanicamente adaptando os malhos sobre um "veio de ressaltos" nos moinhos hidráulicos. Esses "pisões", de uso excepcional no fim do século XI, cresceram em número no ritmo dos progressos da tecelagem. No século XIII, contava-se centenas na França, cento e vinte na Inglaterra. Eles se mostraram uma concorrência prejudicial para os trabalhadores urbanos; os séculos XIV e XV abundam em expedições organizadas por eles para destruir as máquinas no campo invocando a perda de seu ganha-pão e, o que não era falso, a brutalidade do tratamento mecânico que danificava o tecido.

A terceira etapa, a mais delicada, era o tingimento do tecido. Ele se efetuava após ou ao mesmo tempo que a "pisa", por pisoteamento nas imersões contendo o corante e um fixador que, frequentemente, era o alúmen. O azul sendo a cor dominante, deu-se a esses homens, empregados na pisa e no tingimento, o nome de "unhas azuis". As tinturas não eram nem fabricadas nem importadas pelos pisoeiros. Nós conhecemos bem sua procedência: o azul vinha essencialmente do pastel, planta que crescia às margens da água, na França, sobre os rios Somme, Escaut, Garona. Após moagem, secagem e fermentação das folhas, obtinha-se um pó índigo que era diluído em caldeira para que se procedesse ao banho de tintura. As outras cores básicas provinham também de uma fonte vegetal – o pau-brasil para o rosa, a gauda para o amarelo e o verde, a casca de noz para o negro – ou animal – *kermès* e cochonilhas para o vermelho. Enfim, finalizava-se o preparo do pano por toda uma série de operações novamente de medição e de tosadura.

O apanhado que aqui desenvolvo ainda não está completo. Pois, mesmo se as etapas gerais que eu percorri se encontrassem na maioria dos ramos do artesanato têxtil, deve-se saber que, às vezes, uma etapa era omitida – como a sarja que não era uma lã lubrificada e, por causa disso, gerava um tecido frágil e "seco" – às vezes, uma etapa era somada, como quando se misturava outras fibras à lã. Aliás, os tecidos assim misturados conheceram um desenvolvimento considerável nos séculos XIV e XV, talvez no momento no qual a "grande tecelagem" tradicional tornava-se inacessível a uma clientela pouco afortunada, talvez também por causa de uma busca de aptidões mais flexíveis do que aquelas relacionadas ao tecido diante das variações térmicas ou dos fenômenos da moda. Assim era o caso do fustão, híbrido de algodão e linho, da sarja, que misturava lã e linho, do feltro formado de lã e de pelos de animais – coelhos, castores, texugos e outros.

Vê-se, evidentemente, que nesse grau de divisão do trabalho o tecido é mesmo o fruto de uma estreita associação entre cidade e campo, comércio e mecânica, regulamentação e modas. Portanto, é nesse contexto que floresce com perfeição a estrutura artesanal medieval em seu grau pleno: oficinas que são a propriedade de um mestre ou de uma família, aprendizes cada vez mais ligados a eles pelo sangue, encarregados contratados por tarefa e, às vezes, com suas próprias ferramentas. O conjunto é extremamente estruturado por regulamentação; por exemplo, a Arte della Lana em Florença detinha toda a fabricação do tecido, do rebanho à venda no mercado. Em tais estruturas, o dinheiro desempenha um papel essencial: o tecelão é certamente um "industrial", mas ele é também um "homem de negócios", frequentemente um "homem político", dependendo do caso, um grande proprietário fundiário. Ele possui seus rebanhos, seus moinhos, suas madeiras, seus navios. Ele envia ao campo seus agentes, seus *woolmen* como se diz na Inglaterra, para comprar a lã das ovelhas ainda não tosquiadas, fazendo uma espécie de adiantamento de fundos e crédito, especulando, assim, sobre o campesinato. Sua influência ultrapassa, portanto, o simples domínio do tecido: senhor dos salários, ele o é também do trabalho. Ele modifica a estrutura econômica em função de seu interesse e orienta o destino de uma região e de seus habitantes; porque "o pé da ovelha transforma a areia em ouro", os senhores ingleses da lã multiplicaram nas ilhas as terras em "cercamentos" para aí criarem os animais para a produção de lã. O campesinato gradativamente prejudicado se refugiou na cidade, sem recursos, tornando-se presa perfeita para os chefes de empresa que fundaram sobre ele – e antes de qualquer outro país – a indústria inglesa triunfante.

Em Castela, os lucros exorbitantes acumulados pela nobreza dos "grandes" e pelas ordens militares pela exploração dos merinos arruinaram, além do campesinato, a pequena nobreza que só encontrou saída na aventura de além-mar e na América. Estamos longe das rocas? Talvez, mas o fio da história se rompe menos que o dos tecidos.

4.2 O mercador e o banqueiro

Quando, no início do século XII, os pensadores cristãos retomaram as teorias sobre a divisão dos homens segundo o projeto de Deus, eles viram nos *laboratores* somente os trabalhadores manuais, particularmente os da terra, a rigor os artesãos: São José não era um e foi preciso cortar o linho branco para o manto de Cristo. Mas, nesse contexto, sem o dinheiro – a não ser os denários de Judas condenados à danação – nem mercadores que o manuseassem. Sua atividade, fundada sobre o lucro, é mesmo o contrário da santa ociosidade que aproxima de Deus, porque ela é o *neg-otium*. Estamos em 1220, quando Adalberon de Laon condena essa corporação. Duas gerações mais tarde, quando o papa canoniza um mercador, ninguém mais teria a ideia arcaica de considerar o comércio como um pecado e a moeda como um instrumento do maligno. Também os bispos benzem os navios na partida e se colocava uma cruz no verso dos denários. Aliás, sobre as ondas e as rotas, circulam homens de negócio, viajantes, peregrinos e, infelizmente, guerreiros.

4.2.1 Circular

Somente podemos reconstituir como funcionava a rede fluvial medieval e não compreendemos quais eram as condições de circulação sobre a terra. Nossas vias asfaltadas ou concretadas das regiões ocidentais são, mesmo atualmente, frequentemente atravessadas, prolongadas ou unidas por caminhos sem revestimento artificial e somente "transitável", segundo a terminologia oficial, ou seja, aptas a suportar um trânsito regular. Terra batida ou terra comprimida sobre um estrepe de seixos, essas vias constituem o essencial da rede medieval ou mesmo antiga. Seu curso demonstra que elas eram destinadas, sobretudo, a ligar duas aldeias sem uma preocupação realmente clara em ir de cidade em cidade – e sua manutenção dependia de uma corveia senhorial. Mas essa rede devia parecer com um novelo de itinerários emaranhados: sulcos lamacentos, desabamentos bruscos, postos de pedágio para evitar, obstáculos imprevistos levando a desvios, alterações, "atalhos". Nesses lugares de taxação mercantil, vários postos de terrádego monitoravam os caminhos sobre algumas dez ou quinze léguas de distância; os cobradores percorriam a cavalo as proximidades à procura dos fraudadores. No século XIII, se acreditarmos no jurista Beaumanoir, foi possível esboçar-se uma reordenação desses caminhos, principalmente em função de sua largura; mas nada que se assemelhasse às estradas reais do século XVIII.

Mencionei as fracas tentativas de pavimentação na cidade. Tratava-se de eliminar o lixo que se formava no meio das ruas, por causa da rápida obstrução das sarjetas pelas chuvas e pelas águas residuais. Mas, nos campos e em toda parte do Ocidente onde Roma havia dominado, colocava-se o problema das vias calçadas que cruzavam as províncias. Fez-se – e com razão – honra ao Império, se bem que dificilmente saberíamos quem, do primeiro ao quarto século, realmente realizou esses "trabalhos de romanos" na Itália, na Ibéria e na Gália. Revestidas sobre leitos superpostos de areia e cascalho, essas vias sobreviveram longamente ao desaparecimento do Império. Ao contrário do que se disse durante muito tempo, elas estavam em bom estado até o século XV, quando os exércitos em marcha as tomavam frequentemente. Transformadas em servidões rurais, ainda hoje encontramos sólidos segmentos delas nos campos. Aliás, os copistas não se enganam quanto a isto: *via publica, strata, calceata*, estrada dita de César, de Brunehaut ou dos Géants – é sempre uma via romana, tomada como limite de território, pois sua localização é indiscutível. Por outro lado, essas vias, como nossas rodovias, zombam das aldeias. Sua finalidade militar ou urbana faz com que – como artérias de comércio e administração – liguem os caminhos de cidade em cidade o mais perfeitamente possível, porém, com ladeiras íngremes e um pouco de curvas. Sua travessia, por exemplo em carruagem, devia oferecer dificuldades semelhantes àquelas dos aterros ou desaterros das rodovias e ferrovias de hoje. Enfim, se a solidez do revestimento assegurava o trânsito mais estável do que em outros lugares, os declives e a irregularidade da pavimentação impediam uma rapidez superior àquela dos outros caminhos – a cavalo ou em carroça, uma velocidade de alguns 5 ou 6km por hora, na melhor das hipóteses.

Nosso século, sedento de rapidez, interessou-se pela circulação do passado durante os séculos medievais. Tem-se a impressão de que nenhum progresso importante foi realizado desde os tempos antigos. O homem a pé, e sobretudo se ele carregava um alforge cheio, pode manter, dentro dos limites de sua fisiologia, um ritmo de 4km por hora em terreno plano. Mas esse esforço só poderia ser constante, mormente se fosse diário, no ritmo de quatro a seis horas, portanto, um total de 20 a 30km por dia[33]. Seria preciso um mês para atravessar o reino da França. Se ele integrasse um comboio de animais de carga, burros ou mulas, tal como os mercadores alemães do século XV acompanhados de homens de armas e de tecidos, ele não andaria mais rápido do que os animais; nem mesmo se estivesse a cavalo, pois seria necessário deixar o animal descansar e caminhar a seu lado. Certamente, quando era preciso levar com pressa uma carta ou uma notícia, cavalgava-se mais rápido – no século XIV, os mensageiros pontificais de Avignon podiam atravessar de 200 a 250km diariamente. Mas trata-se de casos particulares e esses cavaleiros eram generosamente pagos. A rica dama sobre sua hacaneia ou o bispo sobre sua mula não tinham tal pretensão.

Se a carga do comboio fosse muito pesada ou o viajante pouco atento, utilizava-se uma charrete de duas rodas, a *biga*, ou uma carroça de quatro rodas, a *quadriga*. Esta última oferecia uma capacidade e uma estabilidade que a destinavam aos transportes volumosos: pedras, tonéis, troncos de árvores. A Antiguidade a conhecia bem, a Idade Média a melhorou; primeiramente na atrelagem, dispondo os animais em fila e não de frente, posteriormente, desde o século XI, entre cada um deles colocava-se os balancins, ou seja, barras de madeira mantendo o paralelismo longitudinalmente; enfim, como esse tipo de atrelagem tinha um manuseio incômodo para as curvas, adaptou-se nela um *avant-train* móvel – mas dificilmente antes de 1350. Quanto à carroça com eixo, ela era pouquíssimo conhecida dos antigos, porque as padiolas,

---

33. Como o leitor pode perceber, se for levado em conta o dado anterior (o ritmo de 4km por hora), com quatro a seis horas diárias, o total seria de 16 a 24km.

entre as quais se colocava o cavalo, exigiam um tipo de atrelagem que não sufocasse o animal. Lembremos o papel do colar e dos ferros que permitiam o desenvolvimento completo da força de tração do cavalo e o peso total – quase 5t – que um par de cavalos corretamente atrelados podia puxar no ritmo dos passos do comboio.

4.2.2 Vender

Eis aqui os ovos e as galinhas, os machados e as facas, as camisas e as sandálias levados para a venda. A transação mercantil somente podia ser uma permuta, uma troca de bens. Os tempos medievais conheceram até o século XII esses procedimentos de tipo rudimentar: barra de sal por cavalo, saco de trigo por lança; o gado, o sal, a pimenta, podiam, assim, ser produtos de troca. Os exemplos são numerosos na Europa Central e a Igreja fecha os olhos porque, em princípio, não havia busca de lucro – mesmo que a constituição de um dote para uma jovem esposa não passasse, de fato, de uma compra de mulher. Ela se incomodava se a contrapartida não fosse mais um contradom, mas uma entrega de metal precioso e a peso. Tendo um valor equivalente à metade da libra romana (corrigida no século IX), o "marco" de ouro ou prata, que oscilava entre 230 e 260g, servia – em toda a Europa e por mais tempo que em outros lugares no Império – para regular um valor elaborado para a "moeda de conta". A longo prazo, chegou-se a assimilar esse simples peso a um certo tipo monetário. Mas, de fato, a dificuldade de se obter e, sobretudo, de entesourar os dois metais brutos, deixou rapidamente o caminho livre à circulação de fichas monetárias. Aqui, é evidente que se delineia uma margem entre o preço de revenda e o da venda: é o lucro do mercador, mas ele apela a seu esforço, seus custos, a qualidade de sua arte – de modo que os doutores deviam considerar que o benefício possui sua justificação, mesmo ao olhar da lei divina. Ainda era preciso evitar os excessos cometidos e Tomás de Aquino, em meados do século XIII, evocava um *lucrum moderatum*, um ganho razoável.

Conhecemos muito mal como era o mercado aldeão. Realmente existia – e desde os carolíngios – uma legislação que prevê uma periodicidade regular, em geral semanal, para essas reuniões. Assim, em dia de festa, a do chefe da paróquia, por exemplo, havia desfiles, jogos, procissões que acompanhavam as trocas, mas nos explicam pouco acerca de seu desenvolvimento. Mais frequentemente, sem dúvida, ocorria uma venda direta do produtor, vinda com seu asno, até o comprador precavido. Subsistiam em numerosos burgos da Europa os mercados cobertos, porém raramente anteriores ao século XV, onde se vendiam produtos mais perecíveis. Um agente senhorial – um tipo de preboste municipal – fiscalizava as transações. Particularmente para os grãos e os líquidos, ele era o senhor das medidas: cubas de pedra ou de metal, calibradas e verificadas, nas quais se colocava a mercadoria, pois seria muito fácil para os sólidos, somente, contar a medida "cheia", ou seja, transbordando por cima da superfície da medida, ou "rasa", estacionada na borda superior da cuba.

Na cidade, a situação é diferente por causa da fabricação artesanal. O cliente pode assistir ao acabamento de seu pedido fiscalizando o trabalhador que trabalha na rua ou o assistindo em sua oficina através de um largo vão aberto para o exterior. Aliás, é aí que todo comprador pode adquirir os produtos, víveres ou não, que ele procura. Essa venda é chamada "na janela". Um sinal adverte e atrai o amador: as persianas de madeira obstruindo o vão se levantam ou se abaixam através de um eixo horizontal, uma tenda se abre diante do comprador e um toldo o protege das intempéries. Mormente nos países mediterrâneos, como a Itália, não faltam casas que, talvez desde o século XIII, conservaram essa organização até nossos dias. Isto não exclui em nada a venda no mercado quando se tratava de grandes quantidades e de proveniências distantes. Onde a estupidez feroz de nosso século não os aniquilaram, encontramos ainda esses grandes mercados dos séculos XIV-XVI, nas cidades da Itália, da Espanha e da Bélgica; muitos, aliás, reconstruídos de forma idêntica. Fiscais, medidas, seladores para marcar os produtos adequados, até juízes ordenando apreensões (quando frequentam os mercados). Se uma empresa mercantil fixou aí um ponto de venda permanente, um gerente de sucursal aí tem seu abrigo, um cambista aí tem sua mesa.

A partir do século XII, o comércio medieval atravessou uma nova etapa, a das feiras. Certamente, desde o século IX menciona-se grandes encontros mercantis nas proximidades das cidades, mas sem um retorno regular. A afirmação desses mercados internacionais deve muito à vontade pública: garantindo salvo-condutos aos mercadores vindos de longe, sozinhos ou em comboios, lhes escoltando com homens armados, instituindo guardas juramentadas para assegurar o andamento da feira, numerosos príncipes nelas se estabeleceram como os condes de Champagne, os de Barcelona, da Provença ou de Flandres, ou ainda de grandes cidades mercantis da longo do Reno e do Pó – e mesmo os reis da França, de Castela ou da Inglaterra. Durante muito tempo, mais especificamente até o século XV, essas feiras não se detiveram em uma ou outra transação; depois, com a ajuda da concorrência, elas se especializaram: o metal em Turnhout ou Dinant, os tecidos em Troyes, Bar-sur-Aube e Lagny, o gado em Pézenas ou Medina del Campo, o vinho em Chalon-sur-Saône, a seda em Lyon etc.

Temos um bom conhecimento acerca de sua organização material. Se as julgarmos pelas feiras de Champagne que se difundiram sobretudo entre 1180 e 1280, estamos lidando com o que chamaríamos de feiras-exposições. Elas se sucedem durante o ano, de cidade em cidade, as feiras "quentes" de verão e de outono, as feiras "frias" de inverno e primavera. O local escolhido era fora da cidade, próximo de um estabelecimento religioso, que supostamente exercia sua proteção sobre o negócio e cujo superior – o abade ou o bispo – vinha abençoar a reunião. Os mercadores expõem suas ofertas sob as tendas e eles próprios aí se abrigam, pelo menos a maioria. Essa exposição sem venda dura uma semana; em seguida, durante oito a dez dias, as transações ocorrem; enfim, ainda uma semana é consagrada à "retirada de feira", ou seja, aos pagamentos recíprocos em uma espécie de "*clearing*". Entre as tendas circulavam os aprendizes dos mercadores, convidados – ou às vezes obrigados, como no caso dos jovens alemães – a se habituarem à circulação das moedas, à técnica das vendas, à qualidade dos produtos, sob o controle de um "gerente corporativo".

Essas empresas, essas "companhias", fascinam os historiadores. De fato, elas deixaram arquivos bem volumosos: cartas, contratos, tabelas salariais e de preço, contabilidade de todo tipo. É sobre elas que numerosos pesquisadores baseiam a convicção do nascimento do capitalismo no fim da Idade Média. A associação familiar e mercantil – que implica a palavra companhia – pode, na verdade, estar nas mãos de um único homem. Os extraordinários arquivos deixados no fim do século XIV por um mercador de Prato, na Toscana, Francesco di Marco Datini, são os de um único especulador.

Na Itália, particularmente em Florença, Gênova, Veneza, Siena, Placência, essas "casas" (*case, alberghi*) agruparam seus capitais de base, aos quais se associaram os aportes de participantes externos. Essas conciliações de interesse fundaram-se sobre contratos que previam uma divisão dos lucros (ou das perdas) entre os participantes que recolhiam assim as partes (*sortes*) em proporção ao capital investido. Sabemos que no caso do comércio marítimo, desde o século X em Veneza, havia os contratos de *commanda* ou *colleganza* pelos quais, no primeiro caso, um marinheiro sem capitais, mas desejoso de navegar, conduziria a operação e ganharia um quarto dos lucros, enquanto o resto era reservado ao investidor que ficava em terra; no segundo caso, ele contribuiria com um terço dos fundos e ficaria com a metade do lucro. Esses tipos de associação eram destinados a estimular, nos circuitos de troca, aqueles que não dispunham de fundos suficientes para tentar por si próprios a "grande aventura".

A Itália é, por excelência, o país das companhias. Estas eram fundadas por ocasião de um tráfico ou para uma operação específica e se dissolviam posteriormente. Raras eram aquelas que duravam mais de uma geração. Às vezes, elas conseguiam adquirir um monopólio sobre um ramo comercial qualquer, como os Zaccaria de Gênova sobre o alúmen da Ásia Menor. Outras praticavam o comércio terrestre, como os Bardi, os Perruzi de Florença no século XIV e, naturalmente, os Médici no século XV. Outras regiões da Europa também conheceram esse tipo de associação, mas nunca em um nível comparável ao da península. Na Inglaterra, na Flandres e, sobretudo, ao longo do Báltico alemão, as associações – "guilda" ou "hansa" – reuniam mais ofícios mercantis de várias cidades do que membros de uma única família. Nas costas da Mancha agrupou-se a Hansa de dezessete cidades, em cada lado do Pas-de-Calais. Quanto à Hansa alemã propriamente dita, verdadeiro poder político, ela reunia os burgueses mercadores de toda a costa báltica: Lubeck, Rostock, Stettin, Gdansk e até da Riga, na Estônia.

Diante desses poderes reunindo acionistas, mercadores experientes fixados localmente, jovens gerentes encarregados de dirigir as sucursais espalhadas por outros lugares, filhos de família se arriscando no ofício, tesoureiros, escribas, guardas, condutores de comboios, cem pessoas ao menos, o mercador itinerante exerce um papel coadjuvante. Sua modesta atividade era frequentemente a única que, com exceção do mercado da aldeia, chegava aos rústicos, às necessidades da plebe da cidade. A pé, ele ia de aldeia em aldeia, levando seu bornal (ou cesto, se possuísse um asno). Ele vendia o que não se encontrava no campo, nem às vezes na cidade: especiarias, perfumes, unguentos, couros trabalhados, argolas e amuletos da sorte. É possível que essa atividade tenha sido, na alta Idade Média, a única forma de comércio internacional acessível. Esses *negociatores* dos séculos VIII ou IX eram os frisões – ou eram chamados *Syri* se vinham do sul – pois os consideravam como orientais, o que está longe de ser verdadeiro. Esse comércio ambulante a domicílio perdurou durante todo o período medieval; sabemos pouco sobre ele, mas, no decorrer do tempo, tornou-se o domínio dos judeus, daí a desconfiança diante deles, porque se vê no pedestre passando, no estrangeiro que chega à aldeia, um homem perigoso que não possui nem fé, nem lei. Compra-se dele o que ele oferece, mas ainda é objeto de desconfiança. É verdade que ele também empresta como garantia e que, portanto, é necessário contar com ele.

4.2.3 Contar

A plebe, na cidade ou no campo, nada entende desses assuntos, aliás, não mais do que a aristocracia. Esta última é ainda mais ignorante do que o homem comum, porque ela não está em contato direto com o numerário. Suas rendas ou suas despesas se saldam seja *in natura*, seja pela mão dos tesoureiros, pois a essência mesma da "nobreza" é de não se deter para contar o que é vil e propriamente ignóbil. Todavia, é preciso comprar e receber, mesmo se for o caso de negócios bem modestos. Mas a desconfiança de quase todos a respeito da moeda é ferrenha; não porque a Igreja condena o dinheiro, mas porque o afortunado – e igualmente os clérigos eruditos – não entendem nada dos mecanismos econômicos. Quando, no século XIV, os príncipes como Eduardo III ou Ricardo II da Inglaterra, Felipe o Belo e João o Bom na França, foram constrangidos a multiplicar os controles, as "transferências" monetárias, pela falta do metal ou por causa das despesas, eles apelaram aos técnicos, como Nicolas Oresme no tempo de Carlos V, para tentar explicar as engrenagens desses mecanismos. O bom povo aí via apenas o arbitrário e a tirania: a moeda é diabólica, "chifruda", negra.

Contudo, desde que uma família ou uma empresa adquirisse algum destaque, era necessário contar as entradas e as saídas. Não é tarefa fácil, mesmo para um tesoureiro experiente em livros de contas. Enfrentava-se dificuldades das quais o cidadão de hoje sente apenas alguns ecos; a saber: em primeiro lugar, a numeração por 12 e a falta do zero que só virá mais tarde (da Índia, sem dúvida); o emprego dos números romanos que complicavam todas as operações; as práticas de notação de somas com os adiamentos de um ano após outro ou as indicações *in natura* sem o acompanhamento do equivalente monetário. Quando as dificuldades econômicas começaram a crescer, após 1250 ou 1270, na maioria dos países da Europa Ocidental, foi preciso multiplicar a contabilidade e fornecer soluções (para a imensa satisfação dos historiadores, até então severamente privados de fontes). A introdução do zero e, em seguida, dos algarismos árabes, permitiram cálculos mais fáceis; a contabilidade "de dupla entrada" iluminava o livro de contas com crédito, débito e balanço.

Introduzia-se estimativas de valor monetário para o grão, o vinho, o gado e os manuais de contabilidade apareceram no século XIV na Itália. Portanto, a Itália, evidentemente, interseção de trocas distantes, foi o berço dessas práticas novas. Mas, vê-se que o camponês, o artesão e mesmo o conselheiro ou o fidalgo estão excluídos dos métodos do "contador" de profissão, ainda mais do manejo de seus instrumentos de cálculo, tabelas e ábacos.

Habilidoso e honesto, o tesoureiro de um paço ou de um convento podia, assim, trabalhar sossegado. Mas o obstáculo era outro se ele saísse de seu distrito ou de sua aldeia; porque a área de utilização de uma moeda não era um contexto político definido – sobre um local, em uma feira, por exemplo em Troyes, circulavam conjuntamente as moedas de Provins e de Paris, ainda de Tours, de Viena, de Flandres, do Reno, da Inglaterra e dez outros lugares. Elas possuíam entre si uma relação que era "criada" na abertura da feira, mas que flutuava em seguida em função do mercado ou do estoque dos metais disponíveis aqui ou ali. Certamente, sempre soubemos desses problemas de "troca"; mas de um país estrangeiro ao nosso, nós utilizamos a moeda local ao longo do dia ou, a rigor, uma moeda de referência reconhecida e recebida como tal. E nós, ao adentrarmos a padaria, não somos confrontados com a coexistência de dez moedas às quais não podemos guardar as respectivas relações. Ora, tal era a situação medieval. Que fazer? Voltar-se a um profissional que conhece os valores e pode mediar, mormente se as quantias são consideráveis: o cambista.

O cambista é um personagem capital do mundo mercantil. Em lugares de alguma importância, nas feiras, ele tem sua *casa*, sua *casana*, seu abrigo onde ele põe sua mesa, sua *tavola* para efetuar as trocas – em espécie – necessárias; e este último traço indica bem que se trata de um personagem que dispõe de saldos notáveis. Como ele possui seus agentes em várias cidades e pertence a uma companhia da qual esta é a atividade essencial, ele pode facilitar os pagamentos de uma moeda em uma outra e de um lugar a outro. Ele também redige "letras de câmbio", que ainda não são cheques porque elas não podem ser utilizadas para efeito de pagamento, mas economizam a circulação difícil e perigosa do numerário: um primeiro passo em direção ao papel-moeda. Os placentinos, os sieneses, os florentinos, os piemonteses, todos os que na França eram chamados de "lombardos", dominam esse setor. Fora da península, os aquitanenses (os *"cahorcins"*), os flamengos e os hanseatas aí se entregam, porém, com menos competência e ousadia. Duvida-se que haja aí alguma filantropia: o cambista recebe com base no valor estimado – que ele decide em seu benefício – de uma moeda em um lugar ou em outro. É uma operação de crédito.

A massa monetária que lhe passa pelas mãos faz dele um senhor do dinheiro – o qual pode investir, emprestar ou entesourar. Nessa etapa, sua atividade não é mais unicamente a troca técnica entre moedas: ele se torna um "homem de negócios" que pode projetar as empresas mercantis, colocar seu dinheiro em um estabelecimento, adiantar quantias a um príncipe em troca de juros. É um banqueiro, um homem que, na cidade, possui seu "banco", onde ele atende o cliente. Figura bem arcaica, imperceptível na Itália (como sempre), desde o século XIII, devido à instalação da companhia bancária em algum palácio. Para assegurar a estabilidade de sua casa, ele se intromete no governo da cidade, como os Médici em Florença, ou compra bens e senhorios, como os *ysalguier* em Toulouse. Seu controle se exerce sobre a indústria nascente e sobre a circulação das moedas. Todavia, basta um negócio perigoso, um empréstimo recusado, e ele se retira, quebra seu banco (*banca rupta*, bancarrota). Não faltaram banqueiros vítimas de sua insensatez.

Existe, de fato, um último obstáculo à livre-exploração do dinheiro, portanto, à onipotência dos homens do capital: é a penúria de metal precioso (em um tempo no qual o papel-moeda, a "cédula", apenas existe e circula na China e, com dificuldade, no Islã Oriental). Essa ausência crônica de ouro e essa falta crescente da prata – enquanto as necessidades dos grandes ou do comércio não param de crescer – é de uma tal agudeza, que seria preciso procurar onde se podia encontrá-los: na África, certamente, no Extremo Oriente, talvez. Que os portugueses, pobres em tudo, e os italianos, especialistas em tudo, tenham desencadeado essas "descobertas" não é de se admirar. Mas elas datam de 1420 ou 1450, no mínimo[34]; anteriormente, era preciso tomar emprestado alguns denários no caso de um rústico sobrecarregado de taxas impagáveis ou, no caso de um rei, recrutar mercenários. Os que emprestavam eram aqueles que souberam entesourar procurando por toda parte o dinheiro disponível: os banqueiros italianos credores dos reis do Ocidente, aliás, malpagadores; os judeus bastante sábios para manter prudentemente todas as pequenas quantias acumuladas; a Igreja generosamente provida de esmolas e de rendas.

---

34. Mais exatamente, os portugueses chegaram no norte da África em 1415, com a conquista de Ceuta.

Emprestar poderia ser evangélico: "dar sem esperar", já dizia a Bíblia. "O dinheiro não pode gerar dinheiro", dizia Aristóteles. Mas é pura ficção. Desde o século XII se introduz a noção de que o dinheiro emprestado é como uma mercadoria vendida: o credor dele perde a disponibilidade ao longo do tempo de empréstimo e, em seguida, corre o risco, não negligenciável, de nunca mais o reaver. De modo que a Igreja em si não é a última a emprestar a juros; mas ela se limita a condenar firmemente o empréstimo com usura, canonicamente considerado quando o rendimento era superior a 20% ao ano. A margem é grande e as possibilidades infinitas, que vão desde alguns centavos para uma "pequena semana" do mascate judeu às centenas de milhares de libras dos Bardi penhorados nas portagens reais inglesas. O problema do endividamento, aquele do pobre camponês, aquele do empregado na cidade, tornou-se, nos séculos XIV e XV, um problema político. Marginalizados por causa de suas dívidas, despojados de casa e lugar, bandos de excluídos percorriam os campos e as ruas, prontos a se envolverem em todas as desordens, inclusive as rivalidades políticas que não lhes diziam respeito em nada, como, por exemplo, as dos Armagnacs e Borguinhões na França, dos Brancos e Negros na Toscana. A insegurança assim desencadeada quase não encontrou dificuldade em se estabelecer com os errantes e temíveis soldados mercenários que, inclusive, eram consentidos. Aliás, é necessário ressaltar que esses empréstimos não necessariamente adotaram a forma simples de um adiantamento em dinheiro como garantia geralmente fundiária, na qual as rendas embolsadas durante o empréstimo ficariam com o credor a título de juros. Encontramos arrendamentos rurais, frequentemente ligados à criação de animais, arrendamentos de alimentação etc., através dos quais um homem da cidade comprava seu gado de um camponês desamparado e recebia uma parte das crias, deixando os cuidados com o sustento a cargo do devedor. Essas formas de crédito rural não dissimulam a alienação que causaram no criador junto com o enriquecimento dos burgueses no campo. E porque não enumerar entre esses créditos mais ou menos ocultos o princípio – sempre italiano – do seguro marítimo, através do qual um banqueiro prevenia um navio e sua carga do "risco do mar", mediante uma polícia que lhe ficava assimilada, se não houvesse, obviamente, naufrágio?

Iniciei este capítulo pela fiandeira na roca e o finalizo com o banqueiro florentino. Este amplo intervalo não tem nada de meramente formal ou artificial. Os homens e mulheres que encontramos possuem todos um laço que os une: uma atividade de segundo grau; eles dependem dos produtores e dos trabalhadores manuais que lhes dão a base sobre a qual edificam sua obra. Eles não são ainda uma "ordem" de trabalhadores como os camponeses, os criadores ou os pescadores. Quando na Inglaterra em fins do século XII, na Espanha desde meados do século XIII e na França do século XIV (posteriormente, de forma mais ampla em meio aos distúrbios do século XV), os príncipes decidiram consultar seus "estados", as pessoas dessa "terceira ordem" seriam majoritariamente os cidadãos em primeiro lugar, depois, as pessoas de ofícios. O parlamento inglês, as cortes espanholas, os Estados Gerais da França não ouvem os homens do setor primário. O surdo murmúrio dos campos não chega a eles, pois os que alcançam os ouvidos do príncipe não são apenas os "burgueses", são também os indivíduos das outras ordens, aqueles dos quais se pensa, num primeiro olhar, que não "trabalham": os clérigos e os cavaleiros.

5

O homem da espada e o homem da pena

Oratores e *bellatores*, os que falam e os que combatem – e que possuem como função guiar o homem em sua via de salvação da vida eterna e defendê-lo contra os perigos do percurso. Para alcançar isto é preciso a uns a ciência, aos outros, a força; a todos os dois, a fé. O conhecimento e o dinheiro lhes asseguram o cuidado de dirigir a outrem, ou, antes, de vigiá-lo, de constrangê-lo, de dominá-lo. Mas essa visão simplista do gládio e do aspersório, senhores dos homens, não é a dos pensadores, nem, sem dúvida, da plebe em plena Idade Média. Dominantes sobre dominados, dir-se-ia após Marx? Certamente, mas a qual preço? A danação para o mau padre, a morte e também a danação para o cavaleiro abusivo. Em uma sociedade ávida em buscar a salvação, eis quem retifica uma apreciação tão ingênua. Somemos a isto que a riqueza, o poder e a força também residem além das duas "ordens" eminentes: na aldeia, um ferreiro fala mais alto do que o padre; na cidade, o que dizer de um banqueiro credor do rei?

Portanto, não é nesse nível que se deve colocar a "superioridade" do clérigo ou do "nobre", mas naquele, bem mais difícil de alcançar, do estado de espírito ou do gênero de vida que possuem. Eu disse que a característica de sua atividade era, aparentemente, que eles não "trabalhavam", que não produziam. Mas é preciso considerar aqui uma dimensão psicológica: conscientes da primazia, ao menos teórica, que possuíam na sociedade, eles ergueram uma barreira ou sentiram-se diferentes em relação ao *vulgum*, aos *minores*, todos os que não eram "bem-nascidos" ou ignoravam a língua da lei, o latim. A caridade é o padrão de seu comportamento, entendido no nível da esmola, da compaixão, da proteção;

segundo este olhar, seu comportamento é sempre louvável. Falou-se até que os hospitais e os asilos eram o "senhorio dos pobres". Mas essa caridade não se estende à compreensão do outro, ela é acompanhada de uma reação defensiva – não de hostilidade, mas de desconfiança. Para o nobre, o homem simples é um covarde, para o clérigo, é um ignorante e, para o rico citadino, um ladrão em potencial. Certamente Deus "ama" a pobreza, Jesus é filho de artesão e os apóstolos, de pessoas humildes, mas trata-se de um paternalismo hipócrita, atitude própria do dominante e uma forma de violência desprezível.

5.1 O guerreiro e o soldado

"Nobre" ou "cavaleiro", estas palavras atraem imediatamente o olhar para o homem que possui as armas – ou ao "senhor" ou ao "feudal". Tais acepções não coincidem necessariamente com o grupo de trabalhadores que nos interessa. Os oficiais reais receberam títulos de nobreza no século XV sem nunca ter pegado numa espada; um juiz de tribunal urbano podia ser chamado "cavaleiro em leis"; um abade ou um burguês são senhores que gerenciavam e faziam prosperar seus bens. No referente ao termo "feudal", apesar dos servos prestarem "homenagem" e de um cambista poder comprar fidelidade sem prestar os serviços, era necessário que a aristocracia armada os possuísse e exercesse as obrigações daí advindas. Assim, não evocarei aqui o senhorio, o *ban* que exerce o senhor, os ritos que a ele abrem o acesso, a natureza das rendas ou dos cargos. Trata-se aqui somente daqueles que possuem uma arma, os *armati*, e da maneira pela qual eles a usam.

5.1.1 O cavaleiro

Um problema de vocabulário se nos apresenta, em primeiro lugar. *Caballarius*, termo empregado desde a alta Idade Média, refere-se ao homem a cavalo; assim, ele continuou a designar, e mesmo após da Idade Média, o mensageiro, o alfandegueiro montado, o sargento senhorial ou mesmo o homem do comboio. Mas a partir do século X, se não mais cedo, ele deixou de ser o nome do soldado a cavalo; este começou a ser chamado de *miles*, que significa soldado *stricto sensu*. Foi a predominância da cavalaria no combate que a levou para este sentido de homem combatente. O uso, que só começa no século XIX, constitui-se em traduzir a palavra latina *miles*, que encontramos nos textos,

210

por "cavaleiro", apesar de ela não conter de fato nenhuma noção de montaria. Portanto, é, indiscutivelmente, um erro de tradução; mas, como o uso a adotou, eu conservarei o emprego.

A progressiva dominação da cavalaria nas expedições armadas muito preocupou os historiadores da guerra. Uns aí viram um movimento que só se iniciou no século IX; outros lembram que, desde o século IV, a superioridade dos guerreiros godos montados diante das legiões, chamadas "romanas" e a pé, era evidente – mas a maioria dos germanos, francos sobretudo, combatia a pé; ademais, a pretensa influência das incursões berberes (denominados equivocadamente de "árabes"), do século VIII ao X, parece discutível. O ponto de partida é conhecido: a Antiguidade egípcia, greco-romana ou persa só conhece a cavalaria de perseguição, de patrulha, ou o ligeiro assalto de arqueiros girando rapidamente as rédeas; o real empenho se dá a pé. As causas do retorno da tática são bastante claras, mas a datação é quase impossível. Elas promovem a introdução na Europa de equinos de grande resistência, mas não de grande tamanho – como se afirmou durante muito tempo – em todo caso, capazes de levar a galope um combatente pesadamente vestido. Ora, esse combatente não podia manter-se corretamente sobre sua montaria se ele não tivesse sela com arção, maçaneta e estribo, o que era o caso na Antiguidade. Porém, nada sabemos acerca do percurso dessas inovações capitais. Podemos constatá-las na China antes da era cristã, mas e depois? Entre os seminômades asiáticos, hunos e ávaros dos séculos VI a VIII? Nos húngaros e, em seguida, nos turcos nos séculos X e XI? O princípio essencial que comandou a decisão foi o ataque de cavalaria pesada, repetido em ondas sucessivas até a destruição total da infantaria, dos arqueiros e da cavalaria ligeira.

Ora, essa tática simples não se acomoda ante as condições de terreno ou ocasião, sejam quais forem. A batalha, a *bellum* à antiga, é das mais raras. Ela mobiliza os príncipes, os clérigos, as carroças. Ela é especialidade de guerreiros desde muito tempo, os *seniores* que possuem a perseverança e a experiência e são capazes, na luta, de se entregar num duelo até a morte com um adversário no mesmo extrato social. Às vezes, o dia e o lugar do confronto eram suspensos em comum acordo pelos chefes; isto porque a batalha era um tipo de "julgamento de Deus". Mas não se trata da guerra, a *werra*, da qual descrevi mais acima as motivações e os efeitos. Desta vez, não se trata da glória e do direito, mas da satisfação e do butim. A injúria alegada, uma vez vingada, comemora-se e rentabiliza-se as capturas, enquanto na *bellum* insulta-se a morte e reza-se em seguida.

Os perigos desses confrontos, nos quais o cavaleiro obtém sua soberba, não são negligenciáveis. Sem dúvida a Idade Média não conheceu as assustadoras hecatombes do século XX, mas nela os indivíduos morrem, ficam desesperados e, pior ainda, são capturados e postos sob resgate. Como os efetivos dos exércitos são os mais modestos – na melhor das hipóteses, algumas centenas de cavaleiros – as perdas não são muito consideráveis em volume, mas elas podem abalar bem as fortunas aristocráticas. Tentava-se evitar esses dramas familiares protegendo no combatente a cavalo: sua cabeça, porque um ferimento aí resulta em muita perda de sangue; seu peito, porque é aí que a lança de seu adversário pode alcançar; mais tarde, somente no século XV, sua montaria cuja queda lhe seria fatal – podendo ser esmagado sob o animal ou ficar emaranhado nos seus arreios. Não entrarei aqui em uma história dos armamentos ou das técnicas de combate a cavalo, mas duas observações são importantes. Em primeiro lugar, o peso crescente do capacete e da armadura – esta alcançava dezenas de quilos com todos os efeitos previsíveis em caso de queda. Em seguida, a preocupação com a proteção, a passagem do capacete cônico até o morrião cilíndrico (com o qual respirava-se mal, não se ouvia nada e se via com dificuldade, o que exigia do combatente, portanto, uma habilidade em guiar-se pelo gesto). Enfim, a proteção do corpo, que ia da grossa vestimenta de couro com aros costurados, a *brogne* do século IX, à fina camisa de malhas, muito cara e, enfim, à armadura com placas – as escamas articuladas que aprisionam o homem como um crustáceo. Todos esses elementos, a lança comprida, a espada de duas mãos, os ornamentos dos arreios, necessitavam da intervenção de um número considerável de artesãos e de altos custos – estima-se que, no século XII, um cavaleiro só podia ser corretamente equipado se possuísse ou explorasse 150ha; no século XIV, seria preciso três vezes mais.

O manejo do cavalo de batalha a galope – com a lança presa sob o braço para golpear e derrubar com mais eficiência o adversário – a esgrima da pesada espada: tudo isto deve ser aprendido.

Era nas liças que circundavam a torre que o jovem recebia os conselhos de um escudeiro ou de um primogênito; era na caça à "grande besta" que ele fortalecia sua coragem; era nesses jogos perigosos que são os torneios que ele aprendia as manobras em campo com o concurso de irmãos, primos e amigos. A Igreja não apreciava esses jogos de sangue que se tornaram uma moda na Europa do Noroeste no século XII, e pretendia impedi-los. Mas eles eram para a juventude guerreira uma boa ocasião para conseguir um pagamento, uma amizade ou uma jovem – então ela poderia ter esperança de convencer seu cavaleiro a renunciar. Desde que executasse suas provas, o adolescente podia ser admitido na elite guerreira. Então ele era "consagrado", o que quer dizer que ele recebia solenemente suas armas ao longo de uma cerimônia; primeiro, profana; depois, sacralizada pela Igreja, que abençoava a espada. Portanto, o guerreiro é, para nós, "cavaleiro". Mas eu me pouparei de entrar nas furiosas querelas que opõem os especialistas da ordem guerreira, que pretendem saber como, por que e onde esses ritos são identificáveis, ou ainda se eles são "nobres" ou não. Na prática, após 1200, a maioria dos primogênitos da aristocracia era formada por "cavaleiros"; pouco importa que eles sejam "nobres" por isso. Quanto aos torneios, as guerras incessantes dos séculos XIV e XV tornaram estes inúteis e o aspecto lúdico que eles representavam se limitaria, doravante, às justas individuais sem perigo real: é, aliás, a ideia que disso fazem os contemporâneos.

No torneio, mas também na caça, um laço de amizade aproximava os homens, o suficiente para que, em nosso século, se procurasse a homossexualidade nessas equipes de jovens. Não se pode negar a dimensão familiar, afetiva, das práticas guerreiras desse tempo. Não importa se o cavaleiro era recrutado pelo príncipe ou pelo conde para servir na hoste pública para uma campanha de verão, ou para participar durante alguns dias em uma cavalgada de pequeno raio, ou ainda para efetuar uma guarnição de algumas semanas no castelo de seu senhor, era, a cada vez, uma ocasião de acabar com o isolamento e o tédio da residência castelã repleta de rústicos. Combatia-se com seus parentes, sob o estandarte do mais poderoso, em *conrois*, ou seja, em companhia da família, garantia de solidez e de ajuda mútua na hora do combate. Mas as ameaças dos serviços exigidos no mundo feudal, ou as necessidades das alianças políticas ou matrimoniais, podia, inesperadamente, opor os parentes entre si, assim constrangidos a se enfrentar, o que seria um grande pecado. Para evitar esses dolorosos mal-entendidos e, sob a armadura, não identificar um primo, a prática de signos familiares, de brasões – como se dirá posteriormente – desenvolveu-se, primeiro, timidamente no século XI e, em seguida, de maneira mais generalizada. Aliás, podia-se ir além dessas convenções: no século XV, sejam cavaleiros parentes ou não, eles ostentariam as insígnias de uma ordem profana unindo todos os membros em um juramento comum de generosidade e ajuda mútua: Tosão de Ouro, Jarreteira, Estrela, São Luís. Certamente, era apenas um tipo de evocação nostálgica da cavalaria do século XIII e que não valeria a pena mencionar, se não encontrássemos aí a fonte de nossas "condecorações".

Sem dúvida, nós nos iludimos sobre as condições de vida do guerreiro em família em seu castelo ou seu paço. Temos testemunhos arqueológicos o suficiente para compreender que essas moradas de pedra, mal-iluminadas, impossíveis de aquecer, não ofereciam muito mais conforto do que os casebres camponeses ou as casas da cidade. Talvez o costume e a alimentação os diferenciassem do homem comum, mas não há certeza sobre isso, e os banquetes festivos, bois assados e mesa organizada, são a realidade dos príncipes – e era até bastante raro entre eles; o fidalgo faz uma ceia escassa. O que antes os distingue dos humildes é o que eles mantêm em seu redor, um clima psicológico que é, finalmente, a verdadeira especificidade de seu grupo social: no castelo se recita, canta-se uma "gesta", dança-se, joga-se diferentemente da cidade; no pomar, impressionam rondando as damas com um tipo de linguagem e de sentimentos, uma "cortesia", que elas apreciam sem nunca perceberem que não eram mais do que um empreendimento de conquista e de dominação masculinas. Até Deus ocupa um lugar especial nesse mundo fechado: um altar, um capelão, dedicados ao serviço pessoal da família. Ao invés de juntar seus ossos aos dos rústicos e camponeses no cemitério, a família possui sua necrópole. Nem todo mundo pode pretender Saint-Denis, Fontevrault, Westminster ou Oviedo, mas saber onde repousam os ancestrais, é estar certo de ser diferente dos outros.

5.1.2 O peão

Desprezada – e bem equivocadamente – a "infantaria" chama menos a atenção. Entretanto, é frequentemente dela que depende a saída de um combate. Se ela for boa, os cavaleiros se reagrupam atrás de suas filas para uma pausa, antes de um novo ataque; se ela for fraca, a debandada geral é certa. Esses combatentes são às vezes recrutados na batalha: eles ocupam, gradativamente, o terreno deixado pelo adversário e, após a reunião, levantam os feridos, os mortos, as armas. Sua ação propriamente ofensiva não é nula. Certamente, não são os soldados da falange ou da legião antiga e menos ainda os quadrados ocos dos suíços ou dos "tercios" espanhóis. Mas eles eram armados com piques, às vezes com adagas; eles atiram com o arco, o qual já usavam na caça, uma arma que é rápida, mas de pouca eficácia porque possui muito curto alcance, 20m na melhor das hipóteses, ademais, não provocava a perfuração de uma armadura (no máximo podia ferir o cavalo, para que o mesmo derrubasse seu cavaleiro). Aliás, a proteção pessoal desses combatentes é das mais rudimentares: um capacete de ferro, mas que permitisse a visão, uma veste revestida, às vezes grevas e luvas próprias para disparar.

É o problema do recrutamento desses combatentes que importa. Em teoria, como no velho princípio germânico, todo homem livre deve se render a uma convocação de seu senhor para servir na hoste ou na cavalgada. É a regra da alta Idade Média, mas tão difícil de aplicar que, desde o século IX, as dispensas para afastamento, por idade ou encargos familiares, fizeram costume. A fragmentação da autoridade central termina por alterar esse princípio. Apenas na Inglaterra que o *fyrd* continuou a reunir os homens em armas, mas, também aí, com exceções. O desenvolvimento das células senhoriais modificou o aspecto do serviço requerido: chamados pelo senhor, os camponeses se apresentavam insatisfeitos ou mal-armados; eles solicitavam para não se afastarem e propunham substituições. Podia-se somente empregá-los em algumas patrulhas nos bosques ou na guarda das paliçadas do castelo. Com a guerra se desenrolando entre maio e agosto, eles evocavam – e com razão – a urgência de outros trabalhos. Após 1100 ou 1120, numerosos senhores preferiam se contentar com requisições em forragem, em vinho, em madeira, se necessário até em cavalos de carga, o rocim. A prática da substituição por uma taxa, a talha, que não para de crescer e de se fortificar, apareceu em meados do século XII como uma excelente solução: livrar o camponês de jornadas de verão perdidas – enquanto ele tinha outras preocupações – e o senhor de recrutas incapazes e indóceis.

Na cidade a situação era diferente, porque se na aldeia os rústicos acreditavam que a guarnição de homens armados do castelo podia bastar para lhes defender, aqui, ao contrário, era a segurança pessoal dos burgueses que estava em causa: vigiar os muros, as portas, o abastecimento. Também aqui o serviço armado aparecia como uma obrigação ligada aos privilégios de comuna ou de consulado definidos pelo poder local. Relativamente mais bem-armados que os aldeões, os citadinos se constituíram em milícias de infantaria, rodeadas por oficiais a cavalo, pequenas tropas de uma centena de homens. Tal prática era menosprezada no mundo aristocrático, mas somente até os alemães de Barbarroxa (na Lombardia do século XII) e a hoste de Felipe o Belo (na Flandres) terem sido severamente esfolados por esses campônios capazes de cruzar os fossos guarnecidos de estacas, como os legionários de César e, como eles, capazes de desbaratar todos os ataques de cavalaria.

Essa revanche da infantaria no início do século XIV abre uma página nova na história da guerra. Ela marca o desaparecimento progressivo da cavalaria pesada: os arqueiros ingleses de Crécy e de Azincourt, os piqueiros suíços de Morat e de Marignan, ainda os espanhóis do duque de Albe e os franceses de Condé, restabeleceram o esquema antigo da infantaria, "rainha das batalhas". Os príncipes do Ocidente, em Castela e na França principalmente, compreenderam bem que era preciso seguir – diria até encorajar – essa evolução. Carlos V, no meio do século XIV e, sobretudo, Carlos VII, um século mais tarde, imaginaram criar, com os voluntários que tentavam uma exoneração fiscal, corpos de infantaria popular: os arqueiros se exercitavam regularmente na aldeia e esboçaram um serviço militar do homem comum. A tentativa foi de curta duração, porque essas tropas revelaram uma total inabilidade para o combate; portanto, foram abolidos. Assim se colocava um problema de efetivos: se os homens elevados ao título de *ban* real eram de segurança fraca, era preciso buscar e comprar soldados.

5.1.3 O mercenário

Sempre existiram homens armados pagos para servir, que exerciam frequentemente um papel defensivo ou de polícia. Os escravos armados guardavam as *villae* galo-romanas; os vigilantes equipados para caçar os pedintes que circulavam os palácios da alta Idade Média; mais tarde, os oficiais de um senhor na aldeia, que patrulhavam nos bosques, também foram assalariados. E na querela sobre a origem da "cavalaria", pode-se avançar que o soldado doméstico é o ancestral do cavaleiro nobre. Todavia, tratava-se apenas de uma atividade sem relação com os empenhos militares; para isto, era preciso recrutar – e amplamente.

Apesar de numerosos senhores de alta estirpe terem feito o mesmo, é sobretudo no âmbito principesco que se pode acompanhar bem o progresso de tais métodos. Porém, talvez não se tenha examinado bastante o que é a base dessas práticas: a abertura de um mercado de homens. Foi preciso, de fato, que o crescimento demográfico ultrapassasse, aqui ou ali, as necessidades ou as possibilidades de uma região para que, na busca de salário e aventura, escapassem os homens, jovens ainda e vigorosos. No decorrer dos séculos, foi esse o caso dos pirenaicos, dos italianos do Pó, dos camponeses dos Países Baixos e da Bretanha, em seguida, do Reno ou da Suíça; falar-se-á dos "navarros", dos "genoveses", dos "brabantes", dos "lansquenetes", sem que a palavra tenha um reflexo exato da procedência geográfica. No fim do século XII, Filipe Augusto e Henrique II plantageneta deram o exemplo – mal exemplo, assegurava a Igreja, que julgava escandaloso pagar um homem para que ele matasse. Contudo, o próprio São Luís não rejeitou a ideia e, nos séculos XIV e XV, a necessidade tornou-se imperiosa.

Frequentemente, esses soldados são da infantaria, mas são contratados para uma "rota", uma companhia organizada por um recrutador que podia ser um nobre de baixo escalão ou um aventureiro ou ainda um antigo chefe de milícia. Ele convoca esses homens em *banda*, em *condota*, ou seja, sob um contrato obrigando o homem a servir mediante salário onde e quando deseja o *condottiere*. Como esse capitão apenas tem em dinheiro o que lhe resta de uma pilhagem, ele oferece seus serviços e os de seus remunerados a um empregador – um rei ou um príncipe – em troca do pagamento de uma quantia que só é entregue após se ver a lista dos soldados propostos (a "mostra"). Contudo, nesse meio abundam as fraudes – como no momento em que o capitão paga os homens. Em tais condições, as noções de honra ou de fidelidade não tem lugar; se algum príncipe oferece quantia melhor, a tropa passa *in loco* para o outro lado. Ofensivo ao bom direito, perigoso para o empregador, a prática agrava-se devido aos procedimentos que adotam os *condottieres* do combate. Esses procedimentos são ignóbeis, no sentido etimológico. De fato, os *condottieres* atacam o inimigo por trás, utilizam ganchos e laços para derrubar o cavaleiro, retiram com a faca os rebites da armadura para o degolar porque sabem bem que não há, nesse contexto, pagamento de resgate, matam os feridos, furtam os pertences dos cadáveres. Cumprida essa empreitada – e com a falta de abrigo já prevista – eles se instalam nas casas dos habitantes, pilham suas reservas, matam seus animais, violentam as mulheres e queimam as casas quando partem.

Esse comportamento se agravava se, com a guerra relaxando, os mercenários ganhassem autorização. Na França, foi este o caso por volta de 1360-1420 e, em seguida, após 1440 até 1470. Os *routiers* formaram bandos de salteadores armados, terminando de destruir o país já devastado pelas cavalgadas; assaltos diversos se sucederam ao longo de todo o século. Conseguiu-se conduzir alguns deles, seja na Espanha à época de Du Guesclin, seja na Alemanha com o delfim Luís no fim do reinado de Carlos VII. Mas essa pausa foi somente de curta duração. Imaginou-se uma outra solução: fixar os homens. Carlos VII, em meados do século XV, criou assim as companhias de regulamentação que reagrupavam as "lanças", ou seja, conjuntos de cinco ou seis homens (dos quais dois a cavalo) e que recebiam pagamento. A tentativa foi mais feliz do que a dos arqueiros;

mas o pequeno efetivo restante, a falta de casernas, a moralidade duvidosa dos soldados, dificultaram consideravelmente os progressos que poderiam ter tido um grande futuro. Assim desapontados, os reis procuraram um outro recurso; encontraram, então, a artilharia. Aquela que permitia de uma só vez acabar com os blocos da infantaria e com a cavalaria, mas esta nova etapa – que garantiu os triunfos de Luís XIV ou de Napoleão, a Idade Média – viveu somente a aurora; é preciso, então, parar por aqui, pois aqueles que a empregam são os trabalhadores especializados, os homens de um tipo de arte.

5.1.4 Os especialistas

Sobre o terreno do combate, o tiro a distância, que, mesmo no tempo da baioneta, nos parece o único de alguma valia contra o adversário, antes que se introduzisse a pólvora no século XIV, só podia ser o arremesso. O arco podia guardar alguma pretensão quanto a isso, mas sua eficácia era limitada. Tentar-se-á algum aperfeiçoamento: a besta era um arco que projetava com sucesso as flechas de metal – que chamamos dardos – a uma distância que ultrapassava os 100m e que, a curta distância, perfuravam as armaduras. A mola sendo metálica, era esticada graças a uma alavanca até um gancho do qual e, após a mira, o gatilho era acionado. Para obter tamanha tensão, o atirador devia usar um estribo que permitia manter a besta na vertical durante a tração; o esforço não era negligenciável, o funcionamento do aparelho tomava dez vezes ou mais de tempo do que um arco, mas seu poder destrutivo era forte o suficiente para que o Concílio de Latrão II, em 1139, proibisse seu uso – com ausência total de sucesso, imagina-se. Conhecemos mal a origem e as etapas de evolução dessa arma, fala-se na China e também em representações mais ou menos precisas no século IV ou no X, mas o emprego da besta só se generaliza no século XII. Entretanto, a arma sendo muito pesada, de manejo delicado, foi preciso confiá-la a especialistas. Os italianos, especialmente genoveses, tinham muita reputação a esse respeito para que fossem recrutados e consolidados como tais especialistas em todos os exércitos do Ocidente.

Evidentemente, disparar com a besta ou empreender um ataque de cavalaria contra uma muralha não dava nenhum resultado. Ora, se as verdadeiras batalhas em campo aberto são muito raras, não se pode dizer o mesmo dos cercos. Os castelos senhoriais e reais abrigavam as guarnições que não se podia expor; ademais, as cidades muradas podiam manter as tropas recuadas entre os baluartes. Não havia guerra sem o ataque a cidades e, após a tomada, vinha a volumosa pilhagem, destruição, às vezes até massacres de "civis". Esses cercos duravam meses inteiros, primeiramente porque eles não eram imprevistos e que, antecipadamente, precavia-se com guarnições de víveres; em seguida, porque eles não eram geralmente herméticos. Salvo alguns assaltos – raros porque eram caros em armas e em homens –, estavam limitados a contar com o desencorajamento e com a traição. E esse desencorajamento podia vir de um "bombardeio" da cidade sitiada.

A artilharia era amplamente utilizada pelos antigos, os quais elevaram o uso à categoria de uma arte refinada, a poliorcética. Na terra ou no mar, utilizava-se catapultas, máquinas que exigiam, para lhes montar e lhes usar, carpinteiros, cordoeiros, artífices de grande talento. O princípio da ação era dos mais simples, o da funda: um braço, provido na extremidade de uma grande colher na qual se colocava o projétil, era, então, puxado com força para trás e bruscamente solto. A pedra projetada podia também ser substituída por um pote cheio de nafta que inflamava no momento do tiro – levando o incêndio à cidade ou ao navio inimigo. Era o "fogo grego", nome dado devido ao uso sistemático que dele fizeram os bizantinos, porém, antes deles, os príncipes orientais utilizaram-no amplamente, especialmente os assírios da alta Antiguidade, senhores do petróleo mesopotâmico. Os artilheiros medievais aperfeiçoaram essas máquinas empregando molas esticadas por um guincho, além do contrapeso que era preciso pôr sobre a haste: trata-se do trabuco (havia ainda a manganela, que apenas se diferenciava deste por alguns detalhes técnicos). Esses instrumentos conseguiam atingir de 10 a 15m de altura, exigindo a presença de um engenheiro e de seis a oito servidores. Havia perigo para os artífices. As bolas podiam pesar 100kg e não eram talhadas no local, elas atingiam de 200 a 250m de alcance, na proporção de um arremesso a cada cinco minutos, seja com tiros contra os muros, seja com tiros projetados por cima da cimalha.

O inconveniente maior dessa artilharia era sua relativa fragilidade, porque os sitiados que utilizavam as mesmas máquinas as podiam incendiar de longe. A dificuldade de construção – visto que eram montadas no local – e de transporte não era menor. Era preciso prever para seu deslocamento o uso de comboios de, aproximadamente, vinte carroças. Além disso, tentava-se abalar os muros e as portas diferentemente: primeiro, com o aríete, mas o risco de ver os servidores esmagados pelos projéteis vindos do alto era grande; com a torre de cerco, construção em madeira e sobre rodas com a qual se tinha a pretensão de aproximar-se do caminho da ronda, mas que, geralmente, não se chegava a alcançar; pelos fossos ou por baixo da torre, com os batedores se protegendo com um tipo de mantelete de madeira, por sinal bem frágil.

Essas imperfeições – e a medíocre eficácia das máquinas desse tipo – certamente abriram o caminho para a artilharia à base de pólvora. Esta última, obtida seja a partir de um salitre purificado, seja de nitratos de potássio, era utilizada na China desde o século VIII – mais como explosivo do que com função guerreira. Pensou-se que o Islã teria sido um intermediário para o oeste, mas parece que a Antiguidade a conhecera também. É talvez no fim do século XIII que os pensadores, como Bacon ou Alberto o Grande, conceberam o poder de projeção da pólvora; mas os primeiros instrumentos referidos nos textos datam do primeiro terço do século XIV. A esse respeito existem, aliás, estranhas rivalidades nacionais disputando a responsabilidade pelo aperfeiçoamento dessa máquina: ela é inglesa de 1321 ou 1327, alemã de 1314, 1324 ou 1331, italiana de 1326, espanhola de 1325 ou 1342? Pouco importa. Sabemos somente que os primeiros canhões eram formados de barras de ferro soldadas e, geralmente, fixados na terra em uma cavidade. Podemos supor que a explosão desses instrumentos primitivos matou mais de um atirador – e que eles causavam mais barulho e susto do que destruição nos muros. Praticamente, no caso da França, é somente em meados do século XV que se vê o rei servir-se de uma artilharia com bombardeio de bolas de pedra arremessadas a 200m. Mas será preciso esperar, no século XVI, a fundição de bronze e o suporte móvel para que essas armas acompanhassem regularmente os exércitos – e que passassem a ser usadas contra os homens e não contra as pedras.

Foi o percurso de minha narrativa que, naturalmente, me trouxe até o canhão. Mas esse ponto de chegada é dos mais simbólicos porque se vê reunidos ao seu redor o talhador de bolas, o carpinteiro do tripé de apoio, o fundidor do tubo, o fabricante de pólvora e o pelotão de servidores. Aí encontramos igualmente um engenheiro, um homem que possui a arte de calcular as curvas, o alcance, e que, talvez, consultara os tratados de armas, como o de Guy de Vigevano antes de 1330. Um homem de ciência, um homem que, outrora, era um "escolar".

5.2 O orador e o escriba

O conhecimento e suas diversas formas de expressão – religiosa, livresca, artística – formam um dos componentes do espírito humano. Compreende-se que muitos historiadores lhe consagraram o essencial de seu interesse, ou mesmo de sua paixão, sob o risco, assim, de negligenciar todos aqueles que a ele não tinham acesso. Observou-se que são, pelo contrário, esses últimos que eu procurei tirar do anonimato do "povo", dos *simplices*, dos *iliterati*. E se consagro apenas um único desenvolvimento aos 5 ou 10% que não os compõem, não é por desprezo, tão pouco para restabelecer algum equilíbrio em nossa historiografia; na realidade, é porque sobre esses 10% a pesquisa está mais avançada, os dados são mais ricos. Assim, eu passarei por caminhos já muito percorridos: os homens da Igreja, os universitários, os servidores do Estado, os notários.

Contudo, esses protagonistas da história possuem alguns traços particulares. Primeiramente, são todos homens. Tirar do nada uma Duoda no século IX, uma Hildegarda no século XI, uma Heloísa no século XII, uma Cristina de Pisano no século XIV, não salva o sexo feminino do esquecimento. Ora, na oficina, na feira, nos campos, a mulher está muito presente. Mesmo na guerra, é natural que a mulher participe nos comboios guerreiros, na defesa dos muros. Joana d'Arc absolutamente não é uma exceção; a docilidade dos soldados que ela comandava poderia resultar mais de uma habilidade do que de um carisma. Outro traço: são "intelectuais", ou seja, seu trabalho era o de pensar e o de fazer saber – mais acima, afirmei que esse tipo de trabalho é, acima de tudo, gratuito. Depois, são *litterati*, o que quer dizer que, ao menos em princípio, eles leem e praticam o latim, a língua da fé e da lei, de maneira que eles são os detentores do poder público e o encarnam. Enfim, eles são, como *Monsieur Prud'homme*[35], "armados para defender a ordem e, se necessário, para a destruir". Irresistivelmente, surge a imagem do filósofo antigo, grego de preferência, que anda pela cidade, machista e falador, desdenhoso da *polis*, mas também seu ardente defensor.

Antes de percorrer este último quadro de trabalhadores, é preciso esmiuçar um problema. De todos esses homens, dir-se-ia que são "clérigos", palavra que, por si só, não significa nada além de membro de um grupo, mas que nós imaginamos, por um acréscimo discutível, revestida de uma roupagem relacionada à Igreja. Sobre esta, eu não direi nada: nem no que diz respeito à sua mensagem, nem sobre sua organização e sua hierarquia interna (não se trata de um "ofício"), nem sobre as obrigações rituais de seus membros (o que seria um estudo sobre espiritualidade). De fato, e além do contexto pastoral, iremos

---

35. Nome de um personagem caricato criado pelo escritor Henry Monnier, no século XIX.

seguir alguns desses "clérigos", mas não importa saber se são diáconos ou bispos, autênticos ministros de culto ou juízes laicos, abade ou estudante.

5.2.1 O mestre de escola e o professor

No século XII, São Bernardo ressaltava – não isento de uma certa hipocrisia – que "aprende-se mais na natureza do que nos livros". Esta apreciação não é vazia de sentido, mas bem insuficiente. Afinal, não se adquire conhecimentos apenas olhando ou usando os sentidos; é preciso aprender de alguém mais velho ou de um mestre o que eles sabem, é o que faziam os homens de outrora. Para isto, é necessário um ensino, uma palavra, livros, resumindo, uma escola. A cidade antiga conhecera bem essa necessidade; mas o objetivo não era transmitir as técnicas, os truques, as fórmulas – para isso, a imitação de outrem era suficiente. O objetivo era antes o de formar os jovens espíritos em uma cultura que nós chamaríamos "geral", a qual, julgava-se, era indispensável para dirigir a cidade. Era isto o que os gregos e romanos consideravam necessário: formar uma elite de futuros governantes ou de futuros mestres. Isso porque a escola antiga só acolhia os filhos de homens livres, de "qualidade" como se diria mais tarde – mesmo se o cuidado em ensinar fosse confiado a um escravo instruído, diretor de um *studium* ou preceptor de um rico. Esse tipo "elitista" de ensino resistiu bem, no Ocidente, aos conflitos dos séculos III e IV – ainda era a forma natural de escola nos séculos VII ou VIII.

A solidez desse ensino se deduz do fato de que as disciplinas, apresentadas aos adolescentes ou aos mais velhos, permaneceram a base de acesso aos conhecimentos mais sutis (o direito, a medicina, a teologia) até as reformas de estrutura dos séculos XV ou XVIII. Elas foram codificadas no século VI, na Itália, por pensadores e filósofos, como Boécio e Cassiodoro, envolvidos na vida política como seus modelos greco-romanos. No que se chamava, no século XIII, de "artes liberais" (nota-se o emprego da palavra "arte" que evoca um ofício), distinguia-se a gramática, que era o conhecimento dos autores sobre os quais se devia basear o pensamento, a retórica ou arte do discurso e a dialética, que formava uma escola do raciocínio. A essas três vias, o *trivium*, juntavam-se quatro outras, o *quadrivium*, aritmética, geometria, astronomia e música, que se deve conceber como: o cálculo numérico, o conhecimento das regras de arquitetura e de construção, o estudo dos fenômenos naturais e, por último, o da harmonia, principalmente da harmonia do mundo, portanto da física.

Surpreende a ausência do estudo da lei e da medicina, cujos progressos haviam sido evidentes, todavia, no Oriente. Talvez a primeira se aprendesse no tribunal e "na prática" e a segunda era reservada a raros – e geralmente suspeitos – praticantes. Foi, portanto, um grande momento na história da cultura esse retorno – desde o século XI na Itália do Norte – da experiência do Direito Romano fortificada no Oriente e, em fins do século XII, de conhecimentos médicos conservados, desenvolvidos e ensinados no Islã, depois na Sicília e em torno do Mar Tirreno pelos "árabes" e os judeus. Mas observa-se bem que o que irá se tornar o cimento dos povos ocidentais, o dogma e os ritos cristãos, está completamente fora desse "programa". A Igreja se achava, portanto, diante de um vácuo no domínio religioso – e não é exagero de sentido lembrar que, nesses primeiros séculos medievais, o habitante de um território ou *pagus*, o *paganus*, é ao mesmo tempo um camponês (*paysan*) e um pagão (*païen*). Que fazer?

Em primeiro lugar, rezar. Viajar para levar aos ouvidos dos simples ou dos grandes as verdades da fé, colocando nelas algumas noções mais profanas. Ou então – e na medida da fragmentação do preceptorado entre os poderosos e dos *studia* na cidade – abrir escolas onde se acolheria as crianças da aristocracia para lhes dar os rudimentos do conhecimento, especialmente em matéria cristã. Os monastérios e o séquito dos bispos se apoderaram assim de uma importante margem de ensino. As origens datam somente do século VIII e a reputação elogiosa associada aos carolíngios, sobretudo a Carlos Magno, no fim desse mesmo século, provém do interesse demonstrado por esses reis pelas escolas monásticas, depois as episcopais. Nessas escolas eram recebidos, frequentemente com pouca idade, os alunos dos quais alguns se dedicariam a uma vida regular e haviam sido dados (*donats, oblats*) à Igreja com esta intenção. Aprendiam os salmos, o cálculo, os rudimentos do dogma retirados das Escrituras e um verniz das artes liberais. Mestres ilustres aí exibiam sua ciência, formavam discípulos para torná-los os mais brilhantes. Corbie, Bobbio, Lorsch, Chartres, Laon, Reims e tantos outros lugares brilhavam vivamente, do século IX ao XII. Sem se avançar aqui em um panorama do conhecimento, sublinhar-se-á que, por mais marcante que tenha sido para a história do espírito humano o "Renascimento Carolíngio" e, depois, o "Renascimento do século XII", foram, em matéria de cultura, produtos de uma ridícula minoria. O essencial da população continuava ignorante.

Seria traçar um retrato simplista da mudança que abalou o Ocidente nesse domínio se nos limitássemos a dizer que tudo mudou em meados do século XII. As desigualdades regionais eram evidentes e o progresso não se produziu em todos os campos de uma vez. O desenvolvimento econômico suscitou, primeiro na cidade, o sentimento de uma insuficiência cultural e de uma insatisfação face a uma cultura presa nas mãos dos clérigos profissionais. A partir do delineamento desse contexto em 1270 ou 1300, o que se observa?

Primeiramente, vê-se que os rudimentos de conhecimento, letras e números, permanecem sob o controle maternal – e para os dois sexos – até 7 ou 8 anos. Se fosse o caso de avaliar a importância do papel da mulher na sociedade medieval, isto bastaria. Entre 8 e 16 ou 17 anos há uma lacuna – esse difícil período da puberdade e da adolescência continua muito obscuro. Certamente, é o momento no qual o homem comum investe na aprendizagem do seu ofício; mas, ele a detém? Não, certamente. Porém, nada sabemos sobre as "pequenas escolas"; elas existem, mas não sabemos quem as dirige ou quem nelas ensina. O padre da paróquia? Para uma parte das meninas, sem dúvida, com a ajuda dos membros da confraria. Para os garotos, tem-se um mestre, geralmente nomeado pelo bispo, mas não seria isto apenas uma tutela? Esses mestres são "clérigos", ou seja, tonsurados, porém, de qual ciência? Aliás, é uma imagem que se tem no campo (ou entre os humildes da cidade). Os que querem aprender – e, desta vez, dos 10 aos 20 anos – vão à escola dos cônegos, onde um deles ensina, o mestre-escola. É para protestar contra a mediocridade desse ensino que alguns alunos – já chamados "escolares" – seguem fora dos claustros os mestres rebeldes: o exemplo de Abelardo em Paris, em 1230 ou 1130, é dos mais célebres. É a época na qual, não conseguindo obter uma cultura, um emprego ou um benefício da Igreja, bandos de insubordinados percorrem as ruas das cidades zombando de quase todo mundo; são os goliardos, os "*gueulards*"[36], amadores de provocações e de desvios sexuais.

Para muitos dos filhos de burgueses, de mercadores, de magistrados, o ensino para por aí. Os outros, que querem se inserir na Igreja – ou somente no governo da cidade – integram as universidades, essas associações de mestres e estudantes que possuem sua hierarquia, seus regulamentos, suas práticas, aliás, como qualquer ofício. Sem adentrar na história desses grandes corpos de ensino, hoje chamado "superior", vejamos somente alguns pontos de referência: Bolonha, Paris e Oxford disputavam a honra de serem as primeiras a acolherem essas associações, entre 1190-1198 e 1202-1219. Salerno e Montpellier afirmavam deter, muito mais tarde, a especificidade médica. Por

---

36. Termo francês que designa uma pessoa que, de maneira deseducada, fala muito e em alto tom.

volta de 1300, uma dúzia de estabelecimentos são abertos na Europa e, no fim do século XV, sessenta universidades distribuem um ensino. Retenhamos também que a preocupação de instruir é, na realidade, muito secundária para seus fundadores: algumas dessas comunidades universitárias são armas nas mãos do rei contra os bispos, outras uma manifestação de identidade regional, até nacional; e ainda há as que aparecem como a afirmação de uma hostilidade contra um outro centro cultural. Todavia, além dessas manifestações bastante miseráveis, o que faz a grandeza dessa eclosão é a solidez de uma organização que permite aos melhores espíritos dos tempos medievais nela aprender, nela ensinar, nela fazer progredir o conhecimento.

O ensino que aí se dispensa engloba as artes liberais, base cultural adquirida primeiro pelos jovens "clérigos" entre 16 e 22 anos. Depois, se ascende em um *cursus*, escalonado por exames, até a autorização (*licencia*) de ensinar e, no topo do curso, chega-se ao nível da teologia que, às vezes, não se alcançava antes dos 30 anos. Os professores empregavam métodos dialéticos que serão qualificados, no século XV, de "escolásticos" – com uma conotação pejorativa injustificada. A partir de um texto no qual o mestre fazia a *lectio*, os estudantes iniciavam com ele um diálogo que ele devia orientar, são as *questiones*, e das quais ele tira a lição, a *sententia*. Como não existiam locais especificamente atribuídos a esse ensino, o mestre alugava uma sala ou, se o clima permitisse, professava ao ar livre diante dos estudantes, sentados no chão ou sobre montes de feno. Estes tinham em mãos tinta, cálamo e prancheta sobre a qual se colocava uma folha de pergaminho, a *pecia*, para registrar o pensamento do mestre. Essa forma muito prática de ensino podia conduzir a confrontos públicos, em uma Igreja, por exemplo, e que se nomeava *disputationes*: são, frequentemente, desses duelos que brotavam ideias novas. Quanto aos mestres, tem-se a impressão de que, à exceção de alguns rendimentos ou alguns presentes trazidos pelos estudantes, eles deviam viver de um benefício da Igreja, aliás, sem que esta posição os houvesse impedido de continuarem laicos. Não era aqui o caso de pesadas restrições, mas os membros das ordens mendicantes, os dominicanos sobretudo, especialistas em teologia, fizeram uma concorrência feroz com os mestres laicos, porque, além de sua verdadeira ciência, eles ofereciam aos estudantes, primeiro, um lugar para as lições, seu convento, e, depois, os mestres, os frades que não precisavam ser pagos.

É difícil calcular o efetivo desses estudantes – fala-se de alguns milhares em Paris; mas além da incerteza desses números, permanece o fato de que constituíam somente uma fraca minoria da população. Além disso, depois do meio do século XV, um sentimento de desinteresse prejudicou esse tipo de ensino, tido como muito rígido, muito formal; ademais, um tipo de hereditariedade da função de mestre enrijeceu o recrutamento e a abertura às ideias novas. É, aliás, uma evolução que possui seus méritos. Tentou-se, entretanto, alguns relaxamentos, por exemplo transportando as lições aos colégios fundados e mantidos pelos grandes e os mecenas, mas que, até então, não passavam de "cidades universitárias". A Igreja esperava, assim, reanimar os debates mais livres, mas essa tendência teve rapidamente os efeitos pervertidos. Foram os burgueses ou os príncipes esclarecidos que se cercaram de pensadores e amigos, discutindo entre eles. Essas "academias", como a de Florença ao redor de Laurent de Medici o Magnífico, se reconciliaram com o uso antigo de Sócrates, de Platão, de Aristóteles. Nesse caso, pelo menos uma vez, a palavra Renascimento se justifica.

Os outros? Restava-lhes instruir-se por si próprios, olhando ou escutando. Eles iam ao tribunal, à igreja e ao mercado para ver e ouvir o pregador ou o juiz.

5.2.2 O pregador e o juiz

Todo fiel deve se render ao ofício no qual se celebra a Eucaristia e ouvir nessa ocasião a Palavra de Deus. Todo homem livre deve assistir ao pleito do conde ou do rei para participar na sentença e aplicar a lei civil. Eis a regra, mas ela não é seguida em nenhum século medieval: a assistência ao sermão é completamente episódica e no tribunal, mais ainda. Os motivos dessa deserção são bem fáceis de adivinhar. Se, no púlpito, o pregador fala latim, ninguém lhe compreende e, para ouvi-lo em língua vulgar, mais vale o aguardar em sua casa ou em praça pública. Quanto ao tribunal onde os debates poderiam se desenvolver em língua vernacular, era preciso que as pessoas aí estivessem por longos dias, longe de seus trabalhos e, às vezes, de suas casas. De modo que para fazer ouvir a voz da lei, divina e humana, era necessário usar técnicas que faziam do pregador e do juiz trabalhadores da língua.

Não é por acaso que a arte de falar com sucesso era, desde a Antiguidade, inscrita entre as técnicas a aprender para poder governar os homens. Ao menos, os homens do sul da Europa onde, ainda hoje, o discurso prevalece sobre a ação. É verdade que nós ignoramos tudo acerca desse aspecto entre os "bárbaros". Os gauleses, segundo César e outros, eram muito falantes, mas, e os germanos? Os nórdicos? E como se difundiu por toda a Europa esse gosto pelas palavras? Além disso, os etnólogos, cuja influência atual sobre a reflexão histórica é grande, convenceram-se de que o gesto ou a imagem podiam ter tanta – ou até mais – significação que as palavras. É verdade que quando nós descrevemos as atitudes obrigatórias de qualquer aspecto da vida cotidiana – as mãos juntas da escravidão, da homenagem vassálica, da oração cristã ou também o apelo sexual da cabeleira solta, ou ainda o bater palmas do contrato, e tantos outros – não temos nenhuma necessidade de palavras para apreendermos o sentido. De sua parte, a imagem vale um discurso. Falou-se de "Bíblia de pedra" para as esculturas dos edifícios religiosos do Ocidente entre o século IX e o XV. A expressão é exagerada, mas tanto quanto as histórias em quadrinhos ou os manuscritos, elas podiam ser "lidas". Porém, essas mensagens visuais são fixadas pelo uso ou pela representação imóvel. Portanto, nada valerá como a linguagem e, como o atesta a publicidade moderna, ante o "choque" imediato da imagem se levanta o "peso" durável das palavras.

Existiram em todos os tempos as fórmulas pedagógicas para se fazer bem-entendidas: as repetições, as assonâncias, o ritmo da frase, a salmodia e, até, o acompanhamento do canto. Os oradores medievais tiveram a sua disposição manuais de "bem-dizer", as *artes dicendi* – em sua maioria de origem italiana, o que não surpreende. Tratava-se de alcançar a audição para passar uma "mensagem". Naturalmente, esta podia ser puramente profana; tem-se exemplos de vigílias nas quais os "faladores" quase profissionais vinham narrar aventuras das lendas, nas quais os velhos contavam a história antiga da aldeia, esse folclore que – enfim! – paramos de desprezar como puras fábulas. Os velhos, agrupados em torno do olmo que orna a praça, na aldeia ou na cidade, comentam e, talvez, deturpam as notícias. No castelo, esses profissionais, esses jogadores (*joculatores*), esses trovadores (*trobadors*), jograis, montadores de animais, músicos, mímicos, dançarinos, rompem o tédio da "vida castelã". Conhece-se seu papel na redação e propagação dos ciclos épicos ou dos romances corteses; estes encantam os guerreiros e as damas que neles se reconhecem e se admiram. A menos que, mais realistas, eles não lessem as fórmulas, como esses *chatonnets*, mas os dísticos atribuídos a Catão o Antigo e que desempenham o papel de manuais de agricultura. Todos esses temas são profanos, mas podemos encontrar alguns que integram um ensino espiritual sob a cobertura da uma anedota moralizante. O pregador no púlpito e o dominicano nas escolas usavam assim o *exemplum*, esse relato elaborado sobre os fatos reais e observados – e convertidos em testemunho da fé. Os franciscanos, os "irmãos menores", geralmente de menor cultura, trabalhavam localmente. Sentados sobre as pedras do termo da cidade, persuadindo as pessoas na fila do moinho da aldeia, eles agitaram os curiosos utilizando uma linguagem simples e comum, zombando dos poderes estabelecidos, trovejando contra o mau senhor, cujo "navio afunda sob o vento de pompa e orgulho". Eco mudo e constante descontentamento dos humildes, eles se faziam o eco da opinião pública.

Mas o juiz não podia se permitir, a bem-dizer, essas licenças. Graduado em Direito – dizia-se *décret* na Idade Média – ele devia velar pela obediência à lei e pronunciava suas sentenças na aplicação formal daquela. Pura teoria, na verdade, porque não havia, como na Roma antiga, um pretor todo-poderoso que julga conscienciosamente. Só após o século XIII – inicialmente na Inglaterra ou Península Ibérica, finalizando na França – é que se restabeleceria a onipotência de uma justiça pública, real ou principesca. Anteriormente, o "juiz" podia ser um agente senhorial assistido pelos clérigos ou o próprio senhor sentado em seu "patamar"; esses homens, provavelmente, não julgaram pior do que o que teriam feito os profissionais ou do que pretendiam fazer os tribunais públicos que restavam. Aliás, mesmo após o início da recuperação do poder judiciário pelo Estado, um bailio em seu assento e um potentado em sua cidade só tinham por base sua experiência prática. Os homens estavam logo ali, ao lado – às vezes clérigos instruídos no sul da Europa, às vezes simples notáveis – para esclarecer, evocar os precedentes, citar um texto.

É justamente nesse ponto que se esconde o obstáculo principal: Este direito não existe! Não nos faltam, certamente, os códigos ditos "bárbaros", capitulares e editos reais, *corpus* civil ou canônico, estabelecidos e reorganizados ao longo dos séculos, nem mesmo os costumes redigidos onde o "Direito Romano" não reinava de maneira manifesta: a Europa ao norte do Loire e do Danúbio. A partir de 1170-1180, e até o século XIV, os juristas ou os grandes proprietários – como o bailio Beaumanoir – refletem por escrito tudo o que eles haviam retido e compilado dos costumes. Vã preocupação! Como todo texto normativo, o código ou o costume escrito fixa a situação de um momento, aquele de sua redação, e constitui-se numa aspiração e não num resultado. É a jurisprudência sempre maleável que prevalece, mesmo próximo ao Mediterrâneo. Julgava-se o mesmo fato de maneiras diferentes.

Isto não significa desacreditar a justiça e o juiz, não mais do que atualmente. As contingências locais, o clima do momento, o interesse de um grupo, tudo pesa sobre a sentença. Talvez seja necessário encontrar aí o motivo de um apelo, tão estendido quanto possível, para se entrar em acordo com a arbitragem e evitar um processo. Talvez também se encontre a prática de uma relativa clemência das sentenças – trata-se de uma velha tradição historiográfica, errônea como a maioria delas, a que evoca forcas, calabouços, estrapadas e outros processos de tortura. Tanto quanto podia, evitando um motim das vítimas, e, sem dúvida, porque não havia clareza sobre o fato, o juiz preferia à sentença de morte a multa, o exílio, a prisão breve, a composição pecuniária, no pior dos casos, a mutilação. Certamente, não acreditamos em uma Idade do Ouro! Mas nosso século é realmente o último a poder humilhar a justiça medieval.

Um último fato se impõe: para pronunciar uma sentença, os juízes deviam trazer os elementos probatórios. Eles poderiam se contentar com os testemunhos, o que fizeram por um longo tempo; mas a noção de inquérito prévio, o procedimento inquisitorial, se espalha consideravelmente, desde os tribunais que julgavam os casos de fé (a Inquisição dominicana de meados do século XIII) até os tribunais laicos. Era uma garantia para o suspeito, o qual, anteriormente, podia ser injuriado por testemunhos tendenciosos. A crueldade da Inquisição – suas fogueiras – é outra invenção do século XIX, pelo menos no referente ao período anterior aos seus reais excessos dos "Tempos Modernos". A Inglaterra deu à justiça um impulso muito particular, ao qual é preciso render homenagem, apesar das críticas que podia suscitar um tal sistema. Não se confia nem na convicção de um homem nem na ciência, mas na opinião de um grupo de homens; o princípio do júri de homens livres, muito usado atualmente nos processos criminais, remonta a Henrique II Plantageneta no meio do século XII. Todo mundo bem-sabe que os prejulgamentos, as ideias do momento, as reações psicológicas, possuem todas a chances de nortear, em qualquer sentido que seja, o julgamento "popular"; ao menos se vê que isto pode influenciar a "fria e cega" sentença formal de um especialista. Aliás, na ilha como no continente, restava sempre o recurso de se remeter a Deus o cuidado de decidir. As provas comprobatórias, os "ordálios", aos quais aceitavam se submeter os que se acreditavam injustamente acusados, não tiveram o aspecto sistemático que frequentemente se lhes atribuem, mesmo na primeira metade da Idade Média. Passado o século XI, orientavam-se mais pelo duelo judiciário. Como essa regra dependia da habilidade das duas partes em manejar a espada, adotava-se o enfrentamento de dois campeões profissionais, que, aliás, evitavam envolver-se plenamente para não perderem suas vidas com seu ganha-pão. Esse desvio – escandaloso, pois imaginemos as relações de todos os tipos exercidas com esses mercenários da justiça – ocasionou oficialmente seu abandono no tempo de São Luís, na França, e se esvazia, um pouco mais tarde, dos usos judiciários. Até o século XVI, existiria somente casos de honra que não determinam o escrito.

5.2.3 O escriba

Os contratos para a criação de animais, os códigos mineiros, os regulamentos de tecelagem, os livros contábeis dos mercadores, os costumes, é preciso escrevê-los; essa banalidade só ressalta as evidências. Pois, como para Carlos Magno e também outros, escrever é diferente de ler. Não se encontrará aqui uma história da escrita, nem mesmo considerações sobre a introdução, para que ela fosse praticada, de uma pena de ave no lugar do cálamo de madeira a partir do século XIII; tampouco considerações sobre os suportes, principalmente o triunfo definitivo do livro, do *codex*, do registro, sobre o rolo, o *rotulus*, o *roll* herdado dos antigos; nem sobre a disposição do texto, as ilustrações, as margens, a tinta. Tudo isso é de interesse e, aliás, possibilitava a intervenção de inúmeros ofícios menores. Mas, aqui, é o homem que tem por profissão a pena, o que me interessa. E o vejo com três perfis.

O primeiro é aquele que a tradição já valoriza: o monge. Ou, ao menos, aquele que é *litteratus*, capaz de copiar, sob o lento ditado de um irmão, um texto latino que lhe solicitavam e, se necessário, ornar de letras coloridas, de arabescos na margem e mesmo de figuras, se ele fosse miniaturista. Cada vez mais de procedência aristocrática a partir do século XI, os beneditinos de obediência cluniacense ocupavam, em seus *scriptoria,* o primeiro lugar. Os cistercienses apenas se alinharam a essa forma refinada da *opus manuum* em torno de 1200, e as ordens mendicantes, em princípio voltadas à pastoral, os alcançaram facilmente cinquenta anos mais tarde. É preciso igualmente mencionar que, para o monge copista, o trabalho consistia mais em estabelecer os atos da prática cotidiana, copiando-os nos registros, esses "cartulários" que foram admitidos como prova na justiça após 1250-1255. Hoje estamos mais meticulosos e é fácil perscrutar os erros de leitura ou de compreensão em muitos desses registros – desatenção ou intenção de falsificar?

Encontramos uma segunda figura: o copista profissional, seja agregado como capelão – e era, assim, um clérigo – à domesticidade de um poderoso, seja trabalhando sob ordens mediante salário. Esta categoria de trabalhadores continua difícil de identificar, eles nunca endossam sua redação. Pedia-se a eles somente que registrassem por escrito uma súplica, um arrendamento, um testamento – e é provável que a qualidade de sua obra fosse muito deficiente. Isto porque, a fim de garantir um valor qualquer a seus contratos, seus testamentos, seus textos de regulamentação, pessoas da cidade ou senhores locais recorriam ao notário, o terceiro tipo de copista.

O notariado conservou até nossos dias a originalidade de sua estrutura: o homem da pena, frequentemente especialista na lei, abre um *studium*, um "estudo", do qual permanece o proprietário e que ele dirige com alguns "clérigos", mediando seus serviços. Esta instituição é conhecida da baixa Antiguidade, especialmente na Itália onde os *tabelliones* são amplamente utilizados. É a reintrodução do Direito Romano no Vale do Pó, por volta de 1050 e, em seguida, o desenvolvimento das companhias mercantis um pouco mais tarde, que serviram de base para uma prodigiosa extensão do notariado. Em torno de 1100 ou 1120, próximo ao Mediterrâneo, o ato notarial reveste sua forma definitiva: o esboço redigido em pequena escrita resumida, que fará nascer a "minuta" redigida a mão *in extenso* e a letra bastarda. Os dois são "autênticos" e valiam na justiça porque o notário assinala publicamente uma marca própria de seu *studium* e que serve de assinatura legal no rodapé de um contrato. A Provença, desde 1120-1150, depois toda a Europa Meridional, adota esses gabinetes públicos de escrita. Contam-se mais de uma centena deles por cidade importante no século XIV. É verdade que, mais ao norte, a instituição tarda a se impor porque os atos que se queria duráveis eram redigidos e autenticados pelo capítulo da catedral, especificamente pelo oficial, o cônego responsável pelo tribunal do bispo – e tornado, assim, instrumento profano. Não há notário, em Paris por exemplo, antes das últimas décadas do século XV. Naturalmente, os notários não eram todos competentes e herméticos a todo tipo de pressão; são os artesãos da pena. Mas podemos adiantar que o progresso comercial – ou o reforço das estruturas familiares, ou ainda o desenvolvimento das práticas contáveis – devem muito ao notariado.

Um *scriptorium* monástico não podia multiplicar as cópias ao infinito, ademais, elas eram muito dispendiosas. O notário não pode repetir sem parar as cláusulas consideradas automáticas, que seus "etc." podem ainda ocultar. Quanto ao escrivão público, os lentos progressos da alfabetização diminuem sua clientela. Vistos sob essa luz, as práticas de impressão por caracteres móveis e reutilizáveis surgem mais como uma necessidade aguardada do que como uma vertiginosa descoberta. Sob toda uma série de protótipos mais ou menos satisfatórios, a tipografia e a imprensa remontam a 1335 ou 1380, aproximadamente um século antes de se fixarem os procedimentos devidos a Gutemberg e a alguns outros ao longo do Reno. Pelo menos uma vez, a Itália não foi rápida o suficiente. Entre 1453 – uma data simbólica – e 1500, os impressos abraçaram uma luta, gradativamente triunfante, com o manuscrito. No mundo do trabalho, somente o notário, pode resistir ao impresso (mas o aderindo em outros contextos). Os outros sucumbiram.

É um jogo fácil e de fino interesse pesquisar o momento no qual uma sociedade muda, quando passa de um mundo a outro. A *Bible* impressa de Gutemberg e a viagem de Colombo não tiveram, entre 1453 e 1492, efeitos imediatamente perceptíveis. Todavia, são marcos significativos, mas elas são mais resultados do que pontos de partida. No espaço que percorro, seria preciso esperar quase o meio do século XVI para constatar o bloqueio dos ofícios, a preponderância da regulamentação pública, as insurreições da produção. Que significa, então, a ideia de um Renascimento, quando se trata de um ponto de chegada?

Conclusão

Esta longa galeria de perfis de trabalhadores, a descrição de seus estatutos, de suas ferramentas e de seus gestos não satisfazem inteiramente. Não tanto em razão dos esquecimentos que se poderia atribuir ao autor desta obra, mas devido a uma dificuldade de exposição da qual este tem consciência. Esses trabalhadores da aldeia e da cidade, esses homens da ferramenta ou da língua, manifestam sua atividade em contextos econômicos bem reais; não é possível evocar o lavrador sem descrever os trigos ou o tecelão sem falar da lã. Eu me esforcei para evitar o obstáculo de uma exposição sobre história econômica que não seria mais do que superficial. Desejo que o leitor esteja consciente dos esforços feitos para tratar aqui apenas dos elementos necessários à compreensão do lugar que tem o ofício por si só e daquele que o exerce num conjunto mais vasto. É verdade que este problema desaparece quando se trata – e para concluir – de evocar esta parte da vida social que é o não trabalho.

Este livro iniciou por uma apresentação da ociosidade, hoje apontada como um signo de preguiça ou de egoísmo social quando ela não provém de um acidente econômico. A época medieval – apoiando-se na parábola evangélica – a julga de outra forma: prosternado diante da Divindade, ou cruzando sem esforço como o lírio do campo, o ocioso é antes digno de estima, até de admiração. Porque trabalhar é o contrário da ociosidade, o *negotium* se opõe ao *otium* e o "negócio" é mesmo o emblema da atividade vulgar e ímpia, o que nada faz é sinônimo de nobreza e de fé. Ao menos, é o que afirmam os homens "de qualidade", as "pessoas de bem".

No referente aos períodos de repouso, de lazer, de ociosidade, convém fazer uma classificação. O repouso é uma interrupção necessária e breve em uma atividade. Fiel à tradição bíblica, a Igreja parece ter triunfado, mas dificilmente antes do século IX, dos usos antigos que apenas conheciam os ritmos festivos irregulares e a natureza familiar; ela impôs o repouso dominical, no qual não há nenhum trabalho manual, nenhuma atividade produtiva, nenhum excesso pessoal. Ela ainda associou ou tolerou as festas litúrgicas, das quais muitas ainda resistem, e a dos regozijos que acompanham as celebrações devotas ou familiares. Podemos assim adiantar que, com cinquenta e dois domingos, dez festas patronais anuais e as festividades que marcam batismos, casamentos, comboios fúnebres, uma aldeia de duzentas almas, no século XII, descansava um a cada três dias. E como esse "repouso" era acompanhado de orações, vigílias e certos excessos, o zelo do trabalhador, ao sair desses intervalos, não devia ser muito aguçado. Essa tolerância, que favorecia o abuso, era inspirada na Igreja pela preocupação de melhor vigiar suas ovelhas? Ou ela teve aqui que acomodar os ritos de fiéis ainda grosseiros? Em todo caso, a observância desses repousos parecia ter sido muito anárquica; é somente no século XV – mas, na Itália, desde o XIII – que as municipalidades se preocuparam em regulamentar os desfiles na cidade, muito mais para limitar os custos do que para evitar os excessos.

É o lazer que forma o segundo item da "inatividade". Este tema me leva muito longe, mas só posso abordar seus grandes traços. Pode-se considerar mais do que manifestações meramente lúdicas os jogos de bola – o *jeu de paume*[37] e o *soule*[38] – as justas sobre a terra ou sobre a água, as danças camponesas amigáveis, mas, às vezes, sensuais, as fantasias acompanhadas de desfiles, de gritos, de cantos, os *charivaris* e os "comportamentos escandalosos"? Todos esses "descontados", como se dizia entre os senhores, são o contrário do trabalho; mas eles são voluntários e provisórios. Além disso, atualmente estamos convencidos de que é preciso considerar nesse âmbito, sejam as ressurgências "primitivas", catarses sexuais ou não, gestos rituais e clânicos, sejam as marcas de conflitos internos à sociedade. Como nos tempos antigos dos *circenses*, afrontam-se os clãs, os partidos, as clientelas. O esporte como válvula de escape das pulsões íntimas ou das rivalidades de grupos nos é bem familiar neste fim do século XX[39]. E mesmo os esportes pacíficos como o xadrez ou o boliche não escapam à regra. Não importa, afinal, mesmo "profissionais", nossos jogadores não são "trabalhadores" – mas, por outro lado, não se saberia ver neles somente ociosos.

---

37. Espécie de antecessor do jogo de tênis. Em português, pode ser denominado "tênis real". Preferiu-se aqui manter o original em francês.

38. Jogo de bola ao ar livre, espécie de antecessor do futebol.

39. A primeira edição deste livro data do ano de 2000; portanto, do último ano do século XX.

Estes últimos são aqueles que, por vocação ou por vontade, baniram de sua vida todo esforço produtivo. E porque um monge é copista, um nobre é combatente, um universitário é estudante, eles teriam mérito, no esquema trinitário das ordens, de também serem qualificados de *laboratores*. Onde então buscar os ociosos, aqueles que voluntariamente não fazem nada? Através de uma estranha conciliação, os encontramos somente no topo ou abaixo das hierarquias sociais. Uns, ascetas sedentários, eremitas que nem sequer confeccionam cestos, estão à margem do mundo; e mesmo do mundo cristão, pois a Igreja estabelecida não ama esses iluminados que não vivem de nada, que ficam em contemplação "beatífica", que oram e que pensam. Ora, não se pode deixar uma alma forte pensar sozinha. Existe um risco grande em recear a ordem. Os outros são os rendeiros, os que esperam a entrada de benefícios decorrentes de bons investimentos, sem agir objetivamente, fazendo com que o tempo trabalhasse para eles. E como o tempo só pertence a Deus, esses homens são, em princípio, os rebeldes e excluídos. Evidentemente, a dificuldade provém do fato de que eles também são, de fato e frequentemente, os mais ricos e os mais poderosos.

Repousos e lazeres voluntários, outros homens queriam tê-los escolhido; mas, quando eles os conhecem, é pela força, porque estão excluídos do mundo do trabalho, privados de recursos e de atividades produtivas: são os desempregados, aqueles que os textos chamam os "mendicantes" que pouco possuem, os "miseráveis" que nada tem. Essa orla de marginais foi iluminada neste fim de século tão duro com os pobres. Pensa-se que no século XV, ao menos na cidade (pois no campo os víveres naturais continuam acolhedores), de 5 a 10% da população vive apenas de esmolas, de recompensas e de roubo – eu falei acima desses homens que vivem "de pouco". Infelizmente, não é sempre fácil descortinar quando e porque um homem cai da indigência à miséria, da miséria à decadência, da decadência à abjeção, da abjeção à exclusão, da exclusão ao crime. Considerando tudo, eu poderia até dizer que se trata de um ofício de roubar, até de matar, que temos a certeza de um crime organizado, de regras muito rígidas que regem os bandos, com batedores e "líderes" – e uma hierarquia quase feroz. Nos países distantes, como no Extremo-Oriente, os textos oficiais se responsabilizaram em enquadrar essas atividades. Se não foi assim na Europa cristã, a imagem romântica do tribunal dos Milagres responde bem à ideia de uma margem perigosa da população urbana. Perigosa para os abonados, certamente, mas abrigo para os excluídos de todo tipo, enfermos, desenraizados, fugitivos, condenados, rebeldes ou criminosos de vocação – eles "trabalham"?

No entanto, sabemos muito bem a respeito da atitude dos outros, face aos seus falsos trabalhadores, pois ela se exprime amplamente nos sermões, nas fábulas ou nos perdões. Ela é ambígua. De compaixão e de resignação, em primeiro lugar, como convida a Igreja, ou magnificente, como nos franciscanos, espelhando-se na humildade de Jesus (é provável que essa "caridade", mais da mão do que do coração, fosse sincera). A outra face desse sentimento é a desconfiança, sobretudo após 1150 ou 1200, quando os progressos da produção a projetam sobre o amor ao próximo, quando não se sabe mais se o homem que bate à porta é Jesus ou o maligno (e que, no fim das contas, convence-se de que é apenas um mendicante inoportuno). Isto porque o que tem, mesmo o de posses modestas – mas dificilmente adquiridas e custosamente proibidas –, suspeita rapidamente que aquele que nada tem é responsável pela sua preguiça, até pela sua maldade – é um "mal pobre", indigno de piedade.

Entretanto, subsistem os homens e as mulheres ociosos sem o querer, mas que não protestam nem roubam. São aqueles que, com a idade avançada, cessaram toda atividade produtiva e se recolheram nos conselhos, às vigílias e aos cuidados familiares. Os "aposentados" ocupam em nosso século envelhecido um tal lugar que a assistência a eles e suas ocupações tornaram-se uma preocupação primordial da sociedade. Ora, sabemos quase nada sobre o que ocorreu com eles na Idade Média após terem cedido lugar aos mais jovens. Aqui ou ali, chega-nos a informação que um oficial real recebeu, no fim de seu ministério, uma soma modesta e o montante de custos lhe permitia recuperar seu paço; ou que um mercador italiano, afastado dos negócios, viveu em seu pomar a cuidar de suas flores; ou que uma viúva correu de processo em processo para escapar da rapacidade de seus próprios filhos; ou ainda que, privada de recursos pela morte de um cônjuge, uma mulher da plebe viveu das esmolas de uma confraria. O sucesso no fim do século XIII das beguinarias para damas ricas, ou as rendas vertidas para a Igreja aos servidores que viam morrer o padre que eles ajudavam, demonstram que se tinha, assim, alguma consciência do problema. Mas nenhum organismo, mesmo religioso, parece ter erigido o que chamaríamos de "estruturas de acolhimento". Aliás, é inútil alongar-se muito sobre isso. 60 ou 65 anos constituíam a bela idade dessa época; a maioria dos homens morria antes disso, ainda em atividade na véspera de sua morte. Se ultrapassassem essas idades, os hospitais podiam lhes albergar – ou o sótão do filho para o avô da *Housse partie*.

Concluindo com certo recuo no fim desta série de perfis, eu me permitirei algumas reflexões. Se apenas muito raramente localizei em um tempo preciso um aspecto ou outro de um trabalho qualquer, pode ser, é verdade, porque a documentação que o esclarece seja de importância desigual no tempo ou no espaço. Mas é também porque os mil e poucos anos da Idade Média não viram revoluções nas condições do trabalho humano, que as "inovações" técnicas ou estruturais desse trabalho – das quais falei frequentemente – foram apenas ajustes, melhor ainda, simples epifenômenos. Alguns esclarecimentos são aqui necessários.

Desde que o ser humano se pôs a trabalhar ou, antes, desde que ele nos deixou traços de sua atividade produtiva – digamos, na época neolítica ou, melhor, há cinquenta ou sessenta mil anos em nossas regiões – as condições materiais desses esforços permaneceram idênticas apesar de uma provável sucessão de tipos humanoides novos. A constituição muscular e óssea permitindo ficar de pé, a oposição do polegar em relação aos outros dedos da mão permitindo segurar e fabricar uma ferramenta, permaneceram as mesmas; e são um tipo de "base de dados" da superioridade humana sobre os outros animais. A adaptação às condições climáticas, vegetais ou do solo, moldou a vida dos grupos e levou ao estabelecimento de restrições, de ritos ou de usos, dos quais muitos se manifestam claramente durante os tempos medievais – e ainda hoje – por exemplo, nas relações sexuais, nas preocupações de propriedade, nos laços de família. O desenvolvimento das faculdades de imitação e a tendência a rivalizar com outros seres foram incluídos nesse conjunto de aspirações e de práticas milenárias – e são sempre os mesmos, que condicionam o trabalho humano.

O único domínio onde os tempos "históricos" parecem ser indiferentes à base neolítica – mas ele não tem mais de três mil anos – é aquele da finalidade desse trabalho. No lugar de continuar uma forma sempre irregular e exclusivamente de necessidade alimentar, o trabalho deslocou, talvez, seu objetivo "primário" que era o de sobrevivência da espécie. Fazer melhor, fazer mais, fazer sem objetivo imediato uma obra, talvez esteja aí um corte primordial na história do trabalho, a raiz do que se tornou hoje nosso pessimista adágio "perder a vida para ganhá-la".

Entramos, assim, na parte "histórica" da vida social; e, nesse período, a Idade Média ocupa um bom terço do tempo decorrido. Quanto a nós, continuamos nele. Porque nossa época, embriagada, como tantas outras antes dela, com suas proezas técnicas, praticamente não realizou nenhum progresso capital sobre esses tempos distantes: ela se envaidece de ter pisado na Lua, mas continua sempre incapaz de controlar os climas; ela domina a eletrônica, mas não consegue domesticar nenhuma espécie animal há mil anos; ela se inclina sobre as modificações biológicas de sua espécie ou de suas plantas, mas deixa morrer de fome um a cada dois homens; ela não para de falar em "juventude" e de "beleza", mas espalha por toda parte sua fealdade e seu envelhecimento. Terminemos aqui. Sem dúvida, outros tempos conheceram fraquezas semelhantes, pode-se mesmo dizer que elas são inerentes à espécie humana. Olhando apenas o imediato, nós tememos o átomo, a poluição marinha e as epidemias, como se a Natureza – ou Deus, se alguns o querem – já não houvesse triunfado desses medíocres alertas. Cabe ao leitor julgar se essas resoluções moralizantes são marcadas por um pessimismo deformador ou, ao contrário, como eu o desejo, por um otimismo a longo prazo.

Referências

Ao invés de notas de rodapé, forçosamente pontuais e inutilmente precisas, preferiu-se indicações de leituras capazes de completar e prolongar o texto anterior. Essas indicações estão agrupadas por capítulos e foram escolhidas, quando possível, de modo a trazer textos recentes, obras gerais e em língua francesa (nesse caso, à exceção dos casos excepcionais, o lugar de publicação é Paris).

Parte I – O trabalho

1 A ideia de trabalho

a) Trabalhos de síntese

FAVIER, J. *La France médiévale*. Fayard, 1983.

FOSSIER, R. *La société médiévale*. 2. ed. Colin, 1994.

The Cambridge economic history of Europe, III: Economic Organization and Policies in the Middle Ages. Cambridge, 1963.

b) Apresentação de conjunto sobre o tema

BOISSONNADE, P. *Le travail dans l'Europe chrétienne au Moyen Âge (V^e-XIVe)*, 1921.

HAMESSE, J. & SAMARAN, C.M. (eds.) *Le travail au Moyen Âge* – Une approche interdisciplinaire. Louvain-la-Neuve, 1990 [Colloque de Louvain-la-Neuve, 1987].

HEERS, J. *Le travail au Moyen Âge*. 2. ed. PUF [Que sais-jais, n. 186] [Trad. port.: *O trabalho na Idade Média*. Lisboa: Europa América, 1965].

JACCARD, P. *Histoire sociale du travail de l'Antiquité à nos jours*. Payot, 1960 [Trad. port.: *História social do trabalho das origens até nossos dias*. 2 vols. Lisboa: Horizonte, 1974].

Lavorare nel medioevo. Pérouse, 1983 [Colloque de Todi, 1980 – Centro di Studi Sulla Spiritualità].

LE GOFF, J. Travail. In: *Dictionnaire Raisonné de l'Occident Médiévale.* Fayard, 1999, p. 1.137-1.149 [A mais recente publicação sobre este tema] [Trad. bras.: *Dicionário Temático do Ocidente Medieval.* 2 vols. Bauru/São Paulo: Edusc/Imprensa Oficial. 2002].

_____. Le travail au Moyen Âge. In: *Cahiers de l'École des Sciences Philosophiques et Religieuses*, n. 6, 1989, p. 2-28.

STAHLEDER, H. *Arbeit in der mittelalterlichen Gesellschaft.* Munique, 1972.

Travail et travailleurs en Europe au Moyen Âge et au début des temps modernes. Toronto, 1991.

c) Resumos teóricos

BALDWIN, J.W. *The Medieval Theories of the Just Price in the XIIth and XIIIth cent.* Filadélfia, 1959.

CAPITANI, G. *L'etica economica medievale.* Bolonha, 1974.

CHENU, M.D. *Pour une théologie du travail.* Vrin, 1955 [Trad. port.: *Teologia e Trabalho.* Braga, 1962].

DELHAYE, P. Quelques aspects de la doctrine thomiste et néothomiste du travail. In: *Le travail...* Lovaina, 1990, p. 157-176.

DE ROOVER, R. *La pensée économique des scolastiques*: doctrines et méthodes. Montreal, 1971.

HAMESSE, J. Le travail chez les auteurs philosophiques des XIIe et XIIIe s. In: *Le travail...* Lovaina, 1990, p. 115-128.

IBANÈS, J. *Les doctrines de l'Église et les réalités économiques au XIIIe s.*: l'intérêt, les prix et la monnaie. PUF, 1967.

LE GOFF, J. Travail, technique et artisanat dans les systèmes de valeur du haut Moyen Âge (V^e-Xe s.). In: *Pour une autre Moyen Âge.* Gallimard, 1978, p. 108-130 [Trad. bras.: *Para um outra Idade Média*: tempo, trabalho e cultura no Ocidente. Petrópolis: Vozes, 2013].

_____. *La bourse et la vie* – Economie et religion au Moyen Âge. Hachette, 1986 [Trad. port.: *A bolsa e a vida* – Economia e religião na Idade Média. São Paulo: Brasiliense, 1989].

OEXLE, O.G. Le travail au XIIe s.: réalités et mentalités. In: *Le travail...* Lovaina, 1990, p. 49-60.

THOMAS, K. Work and Leisure in Preindustrial Society. In: *Past and Present*, 29, 1964, p. 50-62.

d) Noções de "ordens"

DAVID, M. Les laboratores, du renouveau économique du XIIe s. à la fin du XIVe s. In: *Revue d'Histoire du droit fr. et étr.*, XXXVII, 1959, p. 174-195 e 295-331.

_____. Les laboratores jusqu'au renouveau économique des XIe et XIIe s. In: *Mélanges P. Petot*, 1959, p. 107-119.

DUBY, G. *Les trois ordres et l'imaginaire du féodalisme*. Gallimard, 1978 [Trad. port.: *As três ordens ou o imaginário do feudalismo*. Lisboa: Estampa, 1982].

FRANSEN, G. La notion d'œuvre servile dans le droit canonique. In: *Le travail...* Lovaina, 1990, p. 177-184.

LE GOFF, J. Les métiers et l'organisation du travail dans la France médiévale. In: FRANÇOIS, M. (ed.). *La France et les français*. Gallimard, 1972, p. 296-347.

Ordres et classes. Saint-Cloud, 1973 [Colloque de Saint-Cloud, 1971].

2 Os tipos de trabalho

a) A não liberdade

BARTHÉLEMY, D. Qu'est-ce que le servage en France au XIe s.? In: *Revue historique*, 587, 1992, p. 233-284.

BESSMERTNY, Y. Le servage dans la France du Nord. In: *Srednie Veka*, XXXIII, 1971, p. 90-115 [resumo em francês].

BONNASSIE, P. Liberté et servitude. In: *Dicionnaire Raisoné...* 1999, p. 595-609 [Trad. bras.: *Dicionário Temático do Ocidente Medieval*. 2 vols. Bauru/São Paulo: Edusc/Imprensa Oficial. 2002].

_____. Survie et extinction du régime esclavagiste dans l'Occident du haut Moyen Âge. In: *Cahiers de civilisation médiévale*, 28, 1985, p. 30-43.

BOSL, K. Freiheit und Unfreiheit – Zur Entwicklung des Unterschichten in Deutschland und Frankreich während der Mittelalter. *Vierteljahr für sozial und wirtschaft Geschichte*, XLIV, 1957, p. 193-219.

HILTON, R. The *Decline of Serfdom in Medieval England*. Londres, 1983.

Le servage. Bruxelas, 1959 [Recueils de la Société Jean Bodin, VI].

PATAULT, A.M. *Hommes et femmes de corps en Champagne méridionale à la fin du Moyen Âge*. Nanci, 1978 [Annales de l'Est, 58].

VERLINDEN, C. *L'Esclavage dans l'Europe médiévale* – T. I: Péninsule Ibérique, France; T. II: Italie. Bruges, 1955-1957.

b) O lugar da família no trabalho

BURGUIERE, A. & KLAPISCH, C. (dir). *Histoire de la famille* – T. I: Mondes lointains, mondes anciens. Colin, 1986.

Famille et parenté dans l'Occident médiéval. Roma, 1977 [Colloque Paris-Rome, 1974].

GAUDEMET, J. *Les communautés familiales.* Sirey, 1967.

GUERREAU-JALABERT, A. Sur les structures de parentés dans l'Occident médiéval. In: *Annales ESC*, 1981, p. 1.028-1.049.

HEERS, J. *Le clan familial au Moyen Âge.* PUF, 1974.

c) O salário na cidade e no campo

GEREMEK, B. *Le salariat dans l'artisanat parisien aux XIIIe-XIVe s.*: Étude sur le marché de la main-d'œuvre au Moye Âge. Mouton, 1962.

_____. Les salariés et le salariat dans les villes au cours du bas Moyen Âge. In: *IIIe confér. Internationale d'Histoire Économique.* Munique, 1965, p. 560-576 [Mouton, 1967].

ROUX, S. *Le monde des villes au Moyen Âge.* Hachette, 1994.

SOSSON, J.P. Corporations et paupérisme aux XIVe et XVe s. – Le salariat du bâtiment en Flandre et Brabant et notamment à Bruges. In: *Tijdschrift voor Geschiedenis*, 92, 1979, p. 550-567.

Villes et sociétés urbaines au Moyen Âge. Sorbonne, 1994 [Mélanges J. Heers].

d) O trabalho no senhorio

BARTHÉLEMY, D. *L'Ordre seigneurial, XIe-XIIIe s.* Seuil, 1990.

CHERUBINI, C. Le paysan et le travail des champs. In: *L'homme médiéval.* Seuil, 1989, p. 129-158.

FOURQUIN, G. *Seigneurie et féodalité au Moyen Âge.* 2. ed. PUF, 1977 [Trad. port.: *Senhorio e feudalidade na Idade Média.* Lisboa: Ed. 70, 1978].

IMBERCIADORI, I. *Mezzadria classica toscana con documentazione inedita dal IX al XIV sec.* Florença, 1951.

JONES, P. Per la storia agraria italiana nel medioevo. In: *Economia e Società nell'Italia Medievale.* Turim, 1980.

La tenure. Bruxelas, 1938 [Recueils de la Société Jean Bodin, IV].

Les revenus de la terre: complant, champart, métayage en Europe Occidentale, IXe-XVIIIe s. [7es Journées de Flaran, 1985. Auch, 1987. • Contributions de M. Le Mené. Ouest, p. 9-26. • G. Piccinni. Italie Centrale et Septentrionale, p. 93-106. • G. Sicard. Sud-Ouest, p. 61-74. • G. Sivery. France du Nord et Pays-Bas, p. 27-42. • P.M. Sopena. Péninsule Ibérique, p. 43-60. • L. Stouff. Provence, p. 75-92].

RÖSENER, W. *Les paysans dans l'histoire de l'Europe*. Seuil, 1994.

Seigneurs et seigneuries au Moyen Âge. Clermont-Ferrand, 1993 [117e Congrès des Sociétés Savants. Clermont-Ferrand, 1992].

SICARD, G. *Le métayage dans le Midi toulousain à la fin du Moyen Âge*. Toulouse, 1957.

e) O artesanato

Artigianate e tecnica nella società nell'alto medioevo occidentale. Espoleto, 1980 [XVIIa Settimana di studio... Espoleto, 1979].

BLAIR, J. & RAMSEY, N. *English medieval industries*. Londres, 1991.

BONNASSIE, P. L'organisation du travail à Barcelone à la fin du XIVe s. In: *Estudios de Historia Moderna*, 1960, p. 56-75.

BRAUNSTEIN, P. Artisans. In: *Dictionnaire Raisonné...*, 1999, p. 67-75 [Trad. bras: *Dicionário Temático do Ocidente Medieval*. 2 vols. Bauru/São Paulo: Edusc/Imprensa Oficial, 2002].

DE ROOVER, R. Labour conditions in Florence about 1400: theory, policies and reality. In: *Florentine Studies*. Londres, 1968, p. 277-313.

LEICHT, P.S. *Operai, artigianati, agricoltori in Italia del secolo VI al XVI*. Milão, 1946.

MENJOT, J.P. L'artisan dans la péninsule Ibérique au Moyen Âge. In: *Razo*, 14, 1993, p. 3-34.

SOSSON, J.P. L'entrepreneur médiéval. In: *L'impresa, industria, commercio, banca sec. XIII-XVIII*. Prato, 1991, p. 275-293 [22a Settimana di studi... Istituto... Dantini].

_____. L'artisanat bruxellois du métal: hiérarchie sociale, salaires et puissance économique, 1360-1500. In: *Cahiers Bruxellois*, VII, 1962, p. 255-258.

SWANSON, H. *Medieval artisans* – An urbans class in late medieval England. Oxford, 1989.

f) Aspectos do mercador

BAUTIER, R. Le marchand lombard en France aux XIIIe et XIVe s. In: *Le marchand au Moyen Âge*. Nantes, 1992, p. 63-80 [XIXe Congrès de la SHMESP. Reims, 1988].

GOURÉVITCH, A.J. Le marchand. In: *L'homme médiéval*. Seuil, 1989, p. 267-352.

LE GOFF, J. Au Moyen Âge: temps de l'Église, temps du marchand. In: *Annales ESC*, 1960, p. 417-433.

RACINE, P. Le marchand, un type de la société médiévale. In: *Le marchand au Moyen Âge*. Nantes, 1992, p. 1-10 [XIXe Congrès de la SHMESP. Reims, 1988].

SAPORI, A. *Le marchand italien au Moyen Âge*. Colin, 1952.

THRUPP, S.L. *The merchant class of Medieval London, 1300-1500*. Chicago, 1950.

Sobre os casos particulares

BLUMENKRANZ, B. *Histoire des juifs en France*. Toulouse, 1973.

KRIEGEL, M. *Les juifs à la fin du Moyen Âge*. Hachette, 1988.

ROSSIAUD, J. *La prostitution médiévale*. Flammarion. 1990.

3 Os instrumentos do trabalho

a) O meio natural e humano

ALEXANDRE, P. *Le climat en Europe au Moyen Âge* – Contribution à l'histoire des variations climatiques de 1000 à 1420 d'après les sources narratives de l'Europe Occidentale. Ehess, 1957.

DELORT, R. *Les animaux ont une histoire*. Seuil, 1984.

DION, R. *La part de la géographie et celle de l'histoire dans l'explication de l'habitat rural du Bassin parisien*. Lille, 1946.

DUCOS, J. & THOMASSET, C. (dir.). *Le temps qu'il fait au Moyen Âge*: phénomènes atmosphériques dans la littérature, la pensée scientifique et religieuse. Paris/Sorbonne, 1998.

GONON, M. *La vie familiale en Forez d'après les testaments*. Belles Lettres, 1961.

HEERS, J. *Clan familial au Moyen Âge*. PUF, 1974.

Le cheval dans le monde médiéval – Senefiance. Aix, 1992 [Cahiers du Cuerma].

Les communautes villageoises en Europe Occidentale du Moyen Âge aux temps modernes. Auch, 1984 [4es Journées de Flaran, 1982].

LE GOFF, J. & BECK, C. (dir.). *L'homme et la nature au Moyen Âge*. Grenoble, 1993.

Le paysage rural: réalités et représentations. In: *Revue du Nord*, n. 244, 1980 [Xe Congrès de la SHMESP. Lille, 1979].

LEROY, B. *Pouvoirs et sociétés politiques en péninsule Ibérique, XIVe-XVe s.* Sedes, 1991.

TOULGOUAT, P. *Voisinages et communautés rurales dans l'Europe du Moyen Âge*. Maisonneuve-Larose, 1981.

Villages et villageois au Moyen Âge. Sorbonne, 1992 [XXIe Congrès de la SHMESP. Caen, 1990].

b) Direito, contratos e regulamentos

ALLARD, G. & LUSIGNAN, S. *Les arts mécaniques au Moyen Âge*. Montréal, 1982.

BILLIOUD, J. De la confrérie à la corporation: les classes industrielles en Provence aux XIVe, XVe et XVIe s. In: *Mémoires de l'Institut Historique de Provence*, 6, 1929, p. 235-271; 9, 1930, p. 5-35.

BLACK, A. *Guilds and civil society in european political thought from the XIth cent. to the present*. Nova York/Ithaca, 1984.

BOSL, K. *Frühformen der Gesellschaft im mittelalterliche Europe*. Munique, 1964.

BOUVIER-AGAM, M. *Recherche sur la genèse et la date d'apparition des corporations médiévales en France*, 1978.

CASTAING-SICARD, M. *Les contrats dans le très ancien droit toulousain, Xe-XIIIe s*. Toulouse, 1959.

CAUCHIES, J.M. Règlements de métiers et rapports de pouvoir en Hainaut à la fin du Moyen Âge. In: *Les Métiers...* Lovaina, 1994, p. 35-54.

CHAPUIS, A.V. Les anciennes corporations dijonnaises: statuts, règlements et ordonnances. In: *Mémoire de la soc. bourguignonne de Géog. Et d'Hist.*, 22, 1906.

CONRARD, H. *Deutsche Rechtsgeschichte*: Frühzei und Mittelalter. Karlsruhe, 1962.

COORNAERT, E. *Les corporations en France avant 1789*. 2. ed. Ouvrières, 1968.

_____. Les ghildes médiévales, V^e-XIVe s. In: *Revue Historique*, 172, 1948.

COULET, N. Les confréries de métiers à Aix au bas Moyen Âge. In: *Les Métiers...* Lovaina, 1994, p. 55-74.

DES MAREZ, G. *L'organisation du travail à Bruxelles au XVe s*. Bruxelas, 1904.

DIDIER, P. Les contrats de travail en Bourgogne aux XIVe et XVe s. In: *Revue Historique de Droit Français et Etranger*, 1972, p. 13-70.

GOURON, A. *La réglementation des métiers en Languedoc au Moyen Âge*. Genebra, 1958.

La manufactura urbana i els menestrals (XIIIe-XVe s.). Palma, 1991 [IX Jornadas de Palma, 1990].

LE GOFF, J. Les métiers et l'organisation du travail dans la France médiévale. In: FRANÇOIS, M. (dir.). Gallimard, 1972, p. 296-331.

245

Les métiers au Moyen Âge – Aspects économiques et sociaux. Louvain-la-Neuve, 1994 [Colloque de Louvain-la-Neuve, 1993].

MONTICOLO, G. *I capitolari delle arti veneziane*. Roma, 1914.

OEXLE, O.G. Guilde. In: *Dictionnaire Raisoné...*, 1999, p. 450-463 [Trad. bras.: *Dicionário Temático do Ocidente Medieval*. 2 vols. Bauru/São Paulo: Edusc/Imprensa Oficial. 2002].

REININGHAUS, W. Handwerk und Zünfte in Westfalen (12-16 Jahr.). In: *Les métiers...* Lovaina, 1994, p. 265-282.

SCHWINEKÖPER, B. *Gilden und Zünfte*. Sigmaringen, 1983.

SOSSON, J.P. Les métiers: norme et réalité – L'exemple des anciens Pays-Bas méridionaux aux XIVe et XVe s. In: *Travail...* Lovaina, 1990, p. 339-348.

_____. La structure sociale de la corporation médiévale. In: *Revue Belge de Philologie et d'Histoire*, 49, 1966, p. 470-490.

STALEY, E. *The guilds of Florence*. Nova York, 1967.

VINCENT, C. *Les confréries médiévales dans le royaume de France, XIIIe-XVe s.* Albin Michel, 1994.

c) Os instrumentos

AMOURETTI, M.C. & COMET, G. *Hommes et techniques de l'antiquité à la renaissance*. Colin, 1993.

BECK, P. (dir.). *L'innovation technique au Moyen Âge*. Errance, 1998 [VIe Congrès International d'Archéologie Médiévale. Dijon, 1966].

COMET, G. *Le paysan et son outil* – Essai d'histoire technique des céréales (France VIIIe-XVe s.). Rome, 1987.

DAVID, J. L'outil, objet mort ou vivant? In: *Le travail...* Lovaina, 1990, p. 322-328.

_____. La normalisation de la terminologie pour l'histoire de l'outillage. In: *Techniques et Culture*, 9, 1987, p. 27-48.

DERRY, T.K. *A short history of technology from the Earliest Time to AD 1900*. Nova York/Oxford, 1962.

FAUCHER, D. A propos de l'araire. In: *Annales de la Faculté des Lettres de Toulouse*, 1956.

FORBES, R.J. *Studies in Ancient Technology*. 3 vols. Leiden, 1955-1958.

GILLE, B. Recherche sur les instruments de labour au Moyen Âge. In: *Bibliothèque de l'Ec. des Chartes*, CXX, 1962, p. 5-38.

_____. Les développements techniques en Europe de 1100 à 1400. In: *Cahiers d'Histoire Mondiale*, 1956.

_____. La naissance du système bielle-manivelle. In: *Techniques et civilisations*, 1952, p. 42-46.

GIMPEL, J. *La révolution industrielle au Moyen Âge*. Seuil, 1975 [Trad. bras.: *A Revolução Industrial na Idade Média*. Rio de Janeiro: Zahar, 1977].

HAUDRICOURT, A.G. & BRUNHES-DELAMARRE, M. *L'homme et la charrue*. 2, ed. Lion, 1986.

MANE, P. *Calendriers et techniques agricoles (France-Italie XIIe-XIIIe s.)*. Sycomore, 1983.

Produttivita e tecnologie nei secoli XII-XVII, 1972 [3ª Settimana di studi... Istituto... Datini. Prato, 1971].

SINGER, C.; HOLYMARD, E.J. & HALL, A.R. (dir.). *A history of technology –* T. II: The mediterranean civilizations and the Middle Ages (700 BC-1500 AD). Oxford, 1958.

THOEN, E. *Techniques agricoles, cultures nouvelles et économie rurale en Flandre au bas Moyen Âge*. Auch, 1992, p. 32-56 [12es Journées de Flaran, 1990].

d) A política do trabalho

CHIFFOLEAU, J. *Les justices du pape*: délinquance et criminalité dans la région d'Avignon au XIVe. Sorbonne, 1984.

FOURQUIN, G. *Les soulèvements populaires au Moyen Âge*. PUF, 1972.

GONTHIER, N. *Délinquance, justice et société dans le Lyonnais médiévale*. Arguments, 1993.

HÉBERT, M. *Travail et vie urbaine*: Manosque à la fin du Moyen Âge. Aix-en--Provence, 1990.

HILTON, R. *Class conflict and the crisis of feudalism*. Londres, 1985.

_____. *Les mouvements paysans du Moyen Âge*. Flamarion, 1979.

LEGUAY, J.P. *La rue au Moyen Âge*. Rennes, 1984.

MOLLAT, M. & WOLFF, P. *Ongles bleus, Jacques et Ciompi –* Les révoltes populaires en Europe aux XIVe et XVe s. Calmann-Lévy, 1970.

RAYNAUD, C. *La violence au Moyen Âge*. Léopard d'or, 1990.

VERRIEST, L. *Les luttes sociales et le contrat d'apprentissage à Tournai jusqu'en 1424*. Bruxelas, 1912.

Parte II – Os trabalhadores

1 Todos os homens

Alimentazione e nutrizione, sec. XIII-XVIII. Prato, 1997 [28ª Settimana di studi... Istituto.. Datini. Prato, 1996].

Education, apprentissage, initiation au Moyen Âge. Montpellier, 1993 [Colloque de Montpellier, 1992] [Cahiers du Crisima, I].

HAMMONDS, C. *Teaching agriculture*. [s.l.], 1950.

LAURIOUX, B. *Le Moyen Âge à table*. Biro, 1989.

LE GOFF, J. *L'homme medieval*. Seuil. 1987 [Trad. port.: *O homem medieval*. Lisboa: Presença, 1989].

_____. Le temps du travail dans la "crise" du XIIIᵉ s.: du temps médiéval au temps moderne. In: *Le Moyen Âge*, 9, 1963, p. 597-613.

Les entrées dans la vie: initiations et apprentissages. Nanci, 1982 [XIIᵉ Congrès de la SHMESP. Nancy, 1981].

LORCIN, M.T. *Vivre et mourir en Lyonnais à la fin du Moyen Âge*. CNRS, 1981.

Maladies, médicine et société – Approche historique pour le présent. 2 vol. L'Harmattan, 1993.

Manger et boire au Moyen Âge. Nice, 1984 [Colloque de Nice, 1982].

MARTIN, H. *Mentalités médiévales, XIᵉ-XVᵉ*. PUF, 1996.

MARTINEZ, M.M. *La industria del vestido en Murcia* (siglos XIII-XV). Murcie, 1970.

PIPONNIER, F. *Costume et vie sociale à la cour d'Anjou, XIVᵉ-XVᵉ s*. Mouton, 1970.

SCHMITT, J.C. *La raison des gestes dans l'Occident médiévale*. Gallimard, 1990.

2 O homem dos bosques e o homem dos campos

a) A floresta e a caça

Actes du colloque sur la forêt. Besançon, 1966 [1968].

BECHMANN, R. *Des arbres et des hommes* – La forêt au Moyen Âge. Flammarion, 1984.

CORVOL, A. L'aménagement des édifices: la part du bois. In: *Cahiers d'Histoire*, 9, 1999.

DEVEZE, M. *La vie des forêts françaises au XVIᵉ s*. Sevpen, 1961.

GUERREAU, A. Chasse. In: *Dictionnaire Raisonné...*, 1999, p. 166-178 [Trad. bras.: *Dicionário Temático do Ocidente Medieval*. 2 vols. Bauru/São Paulo: Edusc/ Imprensa Oficial, 2002].

JANUT, J. Die frühmittelalterliche Jagd unter rechts- und sozialgeschichtlichen Aspekten. Espoleto, 1985, p. 765-808 [31ª Settimana di studio... Espoleto, 1984].

La chasse au Moyen Âge. Nice, 1980 [Colloque de Nice, 1979].

La forêt. CTHS, 1991 [113ᵉ Congrès des Sociétés Savantes. Estrasburgo, 1988].

RAMANO, R. Histoire des forêts et histoire économique. In: *Actes du colloque sur la forêt...* Besançon, 1966, p. 59-66.

RÖSENER, W. *Jagd und höfische Kultur im Mittelalter.* Göttingen, 1997.

b) A criação

AUDOIN-ROUZEAU, F. Les modifications du bétail et de sa consommation en Europe médiévale et moderne – Le témoignage des ossements animaux archéologique. In: *L'homme, l'animal domestique...* Nantes, 1993, p. 106-126.

DIGARD, J.P. Perspectives anthropologiques sur la relation homme-animal domestique et son évolution. In: *L'homme, l'animal...* Nantes, 1993, p. 21-30.

DURANT, R. (dir.). *L'homme, l'animal domestique et l'environnement du Moyen Âge au XVIIᵉ s.* Nantes, 1993 [Colloque de Nantes, 1992].

GERBET, M.C. *L'Elevage dans le royaume de Castille sous les rois catholiques, 1454-1516.* Madri, 1991.

KAISER-GUYOT, M.T. *Le berger en France aux XIVᵉ et XVᵉ s.* Klinchsieck, 1974.

KLEIN, J. The Mesta. In: *A study in Spanish Economic History, 1273-1836.* Cambridge, 1920.

L'Elevage. Museum, 1998 [Congrès d'Ethozoologie, 1997].

L'Elevage en méditerranée occidentale. CNRS, 1977 [Colloque de Paris, 1976].

L'Elevage et la vie pastorale dans les montagnes de l'Europe. Clermont-Ferrand, 1984 [Colloque de Clermont-Ferrand, 1984].

PRÉVOT, B. & RIBÉMEONT, B. *Le cheval en France au Moyen Âge.* Orléans, 1994.

SCLAFERT, T. *Cultures en Haute-Provence:* déboisements et pâturage. Sevpen, 1959.

c) Trabalhos nos campos e nos jardins

BLOCH, M. Avènement et conquête du moulin à eau. In: *Mélanges historiques.* T. II. Sevpen, 1963, p. 810-818.

BRESC, H. Mûriers et vers à soie en Italie (Xᵉ-XVᵉ s.). In: *L'homme, l'animal domestique...*, 1993, p. 323-354.

CHERUBINI, G. Le paysan et le travail des champs. In: *L'homme médiéval...* Seuil, 1989, p. 129-158.

DERVILLE, A. *L'agriculture du Nord au Moyen Âge*: Artois, Cambrésis, Flandre Wallonne. Lille, 1999.

DYER, C. Jardins et vergers en Angleterre au Moyen Âge. In: *Jardins et vergers...*, 1989, p. 145-152.

Jardins et vergers en Europe occidentale au Moyen Âge et aux temps modernes (VIIIᵉ-XVIIIᵉ s.). Auch, 1989 [9ᵉˢ Journées de Flaran, 1987].

KEALEY, E.J. *Harvesting the Air* – Windmill pioneers in Twelft Century England. Boydell Press, 1987.

LOHRMANN, D. Travail manuel et machines hydrauliques avant l'an mil. In: *Le travail...* Lovaina, 1990, p. 35-48.

_____. Le moulin à eau dans de cadre de l'économie rurale de Neutrie. In: ATSMA, H. *Les pays au nord de la Lire de 650 à 850*. Sigmaringen, 1989, p. 364-404.

Plantes et cultures nouvelles en Europe occidentale au Moyen Âge et à l'époque moderne. Auch, 1992 [12ᵉˢ Journées de Flaran, 1990].

Vergers et jardins dans l'univers médiéval – Senéfiance. Aix, 1990 [Cahiers du Cuerma, 1989].

d) Vinha e vinho

CHAINEUX, M.C. *Culture de la vigne et commerce du vin dans la région de Liège au Moyen Âge*. Liège, 1981.

DELAFOSSE, M. Les vignerons d'Auxerrois (XIᵉ-XVIᵉ s.). In: *Annales de Bourgogne*, 20, 1948, p. 8-14.

DION, R. *Histoire de la vigne et du vin en France*. Doullens, 1959.

LACHIVER, M. *Vins, vignes et vignerons* – Histoire du vignoble français. Sorbonne, 1988.

Le vigneron, la viticulture et la vinification en Europe occidentale au Moyen Âge et à l'époque moderne. Auch, 1991 [11ᵉˢ Journées de Flaran, 1989] [Communications de J.L. Gaulin (Italie, p. 93-118), F. Irsigler (Allemagne de l'Ouest, p. 49-66), A.I. Pini (Italie, p. 67-92)].

Le vin au Moyen Âge – Production et producteurs. Grenoble, 1976 [IIᵉ Congrès de la SHMESP. Grenoble, 1971].

Le vin des historiens. Suze-la-Rousse, 1991 [Iᵉʳ Symposium Vin et histoire. Suze-la-Rousse, 1989].

LORCIN, M.T. Le vignoble et les vignerons du Lyonnais aux XIVe et XVe s. In: *Le vin...* Grenoble, 1976, p. 35-46.

MAGUIN, M. *La vigne et le vin en Lorraine, XIVe-XVe s.* Nanci, 1982.

MELIS, F. *I vini italiani nel medioevo.* Florença, 1984.

PINI, A.I. *Vite e vino nel medioevo.* Bolonha, 1989.

3 O homem das minas e o homem da água

a) O metal

ARNOUX, M. *Mineurs, ferons et maîtres de forge* – Étude sur la production du fer dans la Normandie du Moyen Âge (XIe-XVe s.). CTHS, 1993.

_____. *La métallurgie normande (XIIIe-XIIe s.)* – La révolution du haut-fourneau. Alençon, 1991.

BAILLY-MAITRE, M.C. Les mines d'argent de la France médiévale. In: *L'argent au Moyen Âge...*, 1997, p. 17-48.

BECK, C.; BRAUNSTEIN, P. & PHILIPPE, M. *Le bois, le fer et l'eau en forêt d'Othe à la fin du Moyen Âge.* CNRS, 1992.

BENOIT, P. *L'image des mines et de la métallurgie du Moyen Âge à nos jours.* CNRS, 1998.

_____. *La mine de Pampailly, XVe-XVIIIe s.* Lion, 1997.

BENOIT, P. & BRAUNSTEIN, P. (eds.). *Mines, carrières et métallurgie dans la France médiévale.* CNRS, 1983.

BENOIT, P. & CAILLEAUX, D. (eds.). *Moines et métallurgie dans la France médiévale.* Picard, 1991.

_____. *Hommes et travail du métal dans les villes médiévales.* Picard, 1988.

BRAUNSTEIN, P. Les métiers du métal – Travail et entreprise à la fin du Moyen Âge. In: *Métiers...* Lovaina, 1994, p. 23-34.

_____. Le travail minier au Moyen Âge d'après les sources réglementaires. In: *Travail...* Lovaina, 1990, p. 329-338.

_____. Le fer et la production du fer en Europe de 500 à 1500. In: *Annales ESC*, 1972, p. 404-414.

Dal basso forno all'alto forno. Bréscia, 1991 [Colloque du Val Cammica, 1991].

GILLARD, A. *L'industrie du fer dans les localités du comté de Namur et de l'entre-Sambre-et-Meuse de 1345 à 1400.* Bruxelas, 1971.

L'argent au Moyen Âge. Sorbonne, 1998 [XXVIIIe Congrès de la SHMESP. Clermont-Ferrand, 1997].

Le fer à travers les âges – Hommes et techniques. Nanci, 1956 [Colloque de Nancy, 1955].

Les techniques minières de l'Antiquité au XVIIIe s. CTHS, 1991 [113e Congrès des Sociétés Savantes. Estrasburgo, 1988].

LOMBARD, M. *Les métaux dans l'ancien monde du Ve au XIe s.* Mouton, 1974.

Mines et métallurgie (XIIe-XVIe s.). CTHS, 1975 [98e Congrès des Sociétés Savantes. Saint-Etienne, 1973].

NEF, J.W. Mining and metallurgy in Medieval Civilization. In: *The Cambridge Economic History*, t. II, 1987, p. 691-761.

RENDU, A.T. La main-d'œuvre d'une grande exploitation minière au milieu du XVe s. – La mine de Pampailly en Lyonnais 1455-1457. In: *Cahiers d'Histoire*, 28, 1983, p. 59-95.

SCLAFERT, T. *L'industrie du fer dans la région d'Allevard.* [s.l.], 1926.

SPRANDEL, T. *Das Eisengewerbe im Mittelalter.* Stuttgart, 1968.

VERNA, C. *Les mines et les forges des cisterciens en Champagne méridionale et en Bourgogne du Nord.* Vulcain, 1955.

b) A água e o sal

BENOIT, C. *Les Etangs de la Dombes au Moyen Âge (XIIIe-XVe s.).* CTHS, 1992.

DUBOIS, H. L'activité de la saunerie de Salins au milieu du XVe. In: *Le Moyen Âge*, 1964, p. 43-67.

DUPONT, A. L'exploitation du sel sur les étangs languedociens, IXe-XIIIe s. In: *Annales du Midi*, LXX, 1958, p. 7-24.

FOSSIER, R. Les eaux du Marquenterre. In: *Horizons lointains…*, 1987. Sorbonne, p. 147-154 [Mélanges Mollat].

HOCQUET, J.C. Vivre et travailler aux marais de Guérande. In: *L'Europe et l'Océan…* Nantes, 1988, p. 181-200.

_____. *Le roi, le marchand et le sel.* Lille, 1987.

_____. *Le sel et le pouvoir* – De l'an mil à la Révolution Française. Albin Michel, 1985.

KAPFERER, A.D. *Fracas et murmures* – Le bruit de l'eau dans un Moyen Âge picard et boulonnais. Amiens, 1991.

L'eau au Moyen Âge. Aix, 1994 [Senefiance 15] [Colloque du Cuerma].

L'eau dans la société médiévale – Fonctions, jeux et images. Roma, 1992.

LE MENÉ, M. Etangs et viviers médiévaux dans l'ouest de la France. In: *L'homme, l'animal domestique…*, 1993, p. 315-326.

SARRAZIN, J.L. Le littoral poitevin, XIe-XIIIe s. – Conquête et aménagement. In: *Annales de Bretagne et des Pays de l'Ouest*, 1992, p. 13-31, 117-130.

_____. *Les Salines de Salins* – Un millénaire d'exploitation du sel en France-Comté. Besançon, 1981.

c) O navio

DUBOIS, H.; HOCQUET, J.C. & VAUCHEZ, A. (eds.). *Marins, navires, affaires* – T. II: Horizons marins, itinéraires spirituels (Ve-XVIIIe s.). Sorbonne, 1987.

La navigazione mediterranea nell'alto medioevo. Espoleto, 1978 [XXV[a] Settimana di studio... Espoleto, 1977].

LANE, F.C. *Navires et constructions à Venise pendant la Renaissance*. Baltimore, 1965.

Le navire et l'économie maritime du nord de l'Europe du Moyen Âge au XVIIIe s. 1960.

L'Europe et l'océan au Moyen Âge – Contribution à l'histoire de la navigation. Nantes, 1988 [XVIIe Congrès de la SHMESP. Nantes, 1986].

LEWIS, A. *The sea and Medieval civilization*. Londres, 1978.

MOLLAT, M. *Histoires des pêches maritimes en France*. Toulouse, 1987.

RIETH, E. Bilan des recherches d'archéologie navale dans le domaine atlantique au Moyen Âge. In: *L'Europe et l'Océan...* Nantes, 1988, p. 201-210.

ROSSIAUD, J. Les haleurs du Rhône au XVe s. In: *Les transports...* In: *Annales de Bretagne*, 85, 1980, p. 283-304.

UNGER, R.W. *The ship in the Medieval Economy*, 600-1500. Londres/Montréal, 1980.

4 O homem da oficina e o homem do mercado

a) O tecido

ARNOULD, M.A. L'industrie drapière dans le comté de Hainaut au Moyen Âge. In: *Villes et campagnes du Moyen Âge*. Liège, 1991, p. 51-69.

BRIDBURY, A.R. *Medieval English Cloth Making*. Londres, 1982.

CARUS-WILSON, E.M. The English Cloth Industry in the Late XIIth and Early XIIIth Centuries. In: *The English Economic Historical Review*, XIV, 1941-1945, p. 32-50.

COORNAERT, E. Drapiers rurales, drapiers urbaines – L'évolution de l'industrie flamande au Moyen Âge et au XVIe s. In: *Revue Belge de Philologie et d'Histoire*, 28, 1950, p. 549-596.

DE POERCK, G. *La draperie médiévale en Flandre et en Artois*: technique et terminologie. 3 vols. Bruges, 1951.

ENDREI, W. *L'évolution des techniques de filage et de tissage*. La Haye, 1968.

ESPINAS, G. L'organisation corporative des métiers de la draperie à Valenciennes dans la seconde moitié du XIVe. In: *Annales de la Société Scientifique de Bruxelles*, 52, 1932, p. 117-128.

_____. *La draperie dans la Flandre française au Moyen Âge*. 3 vols. Lille, 1923.

GUEMARA, P. *Les arts de la laine à Vérone aux XIVe et XVe s*. Tunis, 1987.

La lana come materia prima – I fenomeni della sua produzione e circulazione nei secoli XIII-XVIIII. Prato, 1971 [1ª Setimana di studio... Istituto... Datini. Prato, 1969].

PASTOUREAU, M. *Jésus chez le teinturier* – Couleurs et teintures dans l'Occident médiéval. Léopard d'or, 1997.

PERROY, E. *Le travail (celui de la laine) dans les régions du Nord du XIe au début du XIVe s*. CDU, 1962.

Produzione, comercio e consumo dei panni di lanna nei secoli XII-XVIII. Prato, 1971 [2ª Setimana di studio... Istituto... Datini, 1970].

VERRIEST, L. *La draperie d'Ath des origines aux XVIIIe s*. Liège, 1943.

b) Circulação e mercados

AMMANN, H. Die deutschen und schweizerischen Messen des Mittelalters. In: *La foire*. Bruxelas, 1953, p. 149-174 [Recueil de la Société Jean Bodin, V].

ARNOUX, M. Le commerce du minerai de fer dans le bocage normand à la fin du Moyen Âge. *Le marchand...* Reims, 1988 [Nantes, 1990, p. 95-104].

AYMARD, M. Autoconsommation et marchés: trois modèles. *Annales Esc*, 1983, p. 55ss.

BRÉSART, E. *Les foires de Lyon aux XIVe et XVe s.*, 1914.

CHAPIN, E. *Les villes de foire de Champagne des origines au début du XIVe s*. Champion, 1932.

COMBES, J. *Les foires en Languedoc*. Toulouse, 1958.

DAY, J. *Monnaies et marchés au Moyen Âge*. Comité d'hist. écon., 1995.

DELORT, R. *Le commerce des fourrures en Occident à la fin du Moyen Âge*. 2 vols. Roma, 1978.

DOLLINGER, P. *La Hanse, XIIe-XVIIe s*. Aubier, 1964.

DUBOIS, H. *Les foires de Chalon-sur-Saône et le commerce dans la vallée de la Saône à la fin du Moyen Âge*. Sorbonne, 1972.

DUVAL, H. *Foires et marchés en Bretagne à travers les siècles*. Elven, 1982.

Foires et marchés dans les campagnes d'Europe médiévale et moderne. Toulouse, 1996 [14es Journées de Flaran, 1992] [Communications de R. Britnell. Îles Britanniques, p. 27-46. • C. Cherubini. Italie, p. 71-84. • R. Fossier. Picardie, p. 15-26. • J. Sopena. Espagne, p. 47-70].

HUBERT, J. Les routes du Moyen Âge. In: *Les routes de France depuis les origines jusqu'à nos jours*, 1959, p. 25-56.

JOHANEK, P. & STOOB, H. *Europaïsche Messen und Märktesystem in Mittelalter un Neuzeit*. Colônia/Weimar, 1996.

La foire. Bruxelas, 1953 [Recueil de la Société Jean Bodin, V].

LEBECQ, S. *Marchands et navigateurs frisons du haut Moyen Âge*. Lille, 1983.

Les transports au Moyen Âge. In: Annales de Bretagne et des pays de l'Ouest, 67, 1978 [VIIIe Congrès de la SHMESP, Rennes, 1976].

L'homme et la route en Europe occidentale au Moyen Âge et aux temps modernes. Auch, 1982 [2es Journées de Flaran, 1980].

LOPEZ, R.S. *La révolution commerciale dans l'Europe médiévale*. Aubier, 1974 [Trad. port.: *A revolução comercial da Idade Média 950-1350*. Lisboa: Presença, 1980].

MOORE, E.W. *The fairs of Medieval England* – An introductory study. Toronto, 1985.

MUSSET, L. Foire et marchés en Normandie à l'époque ducale. In: *Annales de Normandie*, XXVI, 1976, p. 3-23.

POWER, E. *Medieval English Wooltrade*. Londres, 1941.

RACINE, P. Aperçus sur les transports fluviaux sur le Pô au bas Moyen Âge. In: *Transports…* Rennes, 1978, p. 261-272.

Tonlieux, foires et marchés avant 1300 en Lotharingie. Luxemburgo, 1988.

c) Os "negócios"

BALARD, M. Assurance et commerce maritimes à Gênes dans la seconde moitié du XIVe. In: *Transports…* Rennes, 1978, p. 273-282.

BAUTIER, R.H. *Commerce méditerranéen et banquiers italiens au Moyen Âge*. Londres, 1992.

BOITUEX, L.A. *La fortune de mer, le besoin de sécurité et les débuts de l'assurance maritime*. Colin, 1968.

CARUS-WILSON, E. *Mediaval merchant Venturers*. Londres, 1967.

CHÉDEVILLE, A. Le rôle de la monnaie et l'apparition du crédit dans les pays de l'ouest de la France, XIIIe-XVe s. In: *Cahiers de civilisation médiévale*, XVIII, 1974, p. 305-325.

CIPOLLA, C.M. *Money, Prices and civilization in the Mediterranean World*. Princeton, 1956.

Credito, banchi e investimenti, sec. XIII-XV [4ª Settimana di studio Istituto... Datini, Prato, 1972], Prato, 1973.

Crédit rural et endettement paysan dans l'Europe médiévale et moderne. Toulouse, 1998. [17es Journées de Flaran, 1996] [Communications de R. Fossier. Picardie, p. 23-34. • J.L. Gaulin. Italie communale, p. 35-58. • H.J. Giolemen. Empire, p. 99-138. • P.R Schofield. Angleterre, p. 69-98].

CROSSLEY, D.W. *Medieval industry*. Londres. 1982.

DE ROOVER, R. *The rise and decline of the Medici Bank, 1397-1494*. Cambridge, Mass., 1963.

_____. *L'évolution de la lettre de change, XIVᵉ-XVIIIᵉ s*. Colin, 1953.

_____. *Money, Banking and credit in Mediaeval Bruges*. Cambridge, Mass., 1948.

DUBAR, L. Le mort gage au monastère de Saint-Riquier. In: *Bull. de la Soc. des antiquaires de Picardie*, 1959, p. 36-62.

FAVIER, J. *De l'or et des épices* : naissance de l'homme d'affaires au Moyen Âge. Fayard, 1987.

LANE, F.C. & MÜLLER, R. *Money and banking in Medieval and Renaissance Venice*. Baltimore, 1985.

LE GOFF, J. *Marchands et banquiers au Moyen Âge*. PUF: 1956 [Trad. bras.: *Mercadores e banqueiros da Idade Média*. São Paulo: Gradiva, 1979].

MELIS, F. *La banca pisana e le origini della banca moderna*. Florença, 1987.

_____. *I primi secoli delle assicurazione (secoli XIII-XVI)*. Roma, 1965.

ORIGO, I. *Le marchand de Prato*. Albin Michel, 1959.

RENOUARD, Y. *Les hommes d'affaires italiens au Moyen Âge*. 3. ed. Colin, 1968.

Sociétés et compagnies de commerce. Beyrouth, 1971 [8ᵉ Colloque d'Histoire Maritime].

5 O homem da espada e o homem da pena

a) Os homens de guerra

BARBER, R. & BARKER, J. *Le Tournai*. Woodbridge, 1989.

BOUSSARD, J. Services féodaux, milices et mercenaires dans les armées en France aux Xᵉ et XIᵉ s. Espoleto, p. 131-168, 221-228 [XV Settimana di studio... Espoleto, 1967].

BRADBURY, J. *The medieval siege*. Boydell, 1922.

CARDINI, F. Le guerrier et le chevalier. In: *L'homme médiéval*, 1987, p. 87-128.

CONTAMINE, P. *La guerre au Moyen Âge*. PUF, 1980.

_____. *Guerre, État et société à la fin du Moyen Âge*. Mouton, 1972.

CONTAMINE, P.; GIRY-DELOISON, C. & KEEN, M.H. (dir.). *Guerre et société en France, en Angleterre et en Bourgogne, XIVᵉ-XVᵉ s*. Lille, 1991.

Das ritterliche Turnier im Mittelalter. Göttingen, 1985.

FINO, J.F. *Forteresse dans la France médiévale*. Picard, 1970.

FLORI, J. *Chevaliers et chevalerie au Moyen Âge*. Hachette, 1998.

GAIER, C. *L'industrie et le commerce des armes dans les anciennes principautés belges du XIIIᵉ à la fin du XIVᵉ s*. Turnhout, 1973.

Le combattant au Moyen Âge. Nantes, 1991 [XVIIIᵉ Congrès de la SHMESP. Montpellier, 1998].

b) Os "intelectuais"

BÉRIOU, N. La prédication de Ranulphe de la Houblonnière – Sermons aux clercs et aux simples gens à Paris au XIIIᵉ s. In: *Études Augustiniennes*, 1987.

FÉDOU, R. *Les hommes de loi lyonnais à la fin du Moyen Âge*. Sorbonne, 1977.

GENET, J.P. *La mutation de l'éducation et de la culture médiéval*. 2 vols. Seli Arslan, 1999.

GUENÉE, B. *Le métier d'historien au Moyen Âge*. Sorbonne, 1977.

LE GOFF, J. *Les intellectuels au Moyen Âge*. 3. ed. Seuil, 1985 [Trad. port.: *Os intelectuais da Idade Média*. Lisboa: Gradiva, 1983].

LOBRICHON, G. *La religion des laïcs en Occident au Moyen Âge*. Hachette, 1994.

MARTIN, H. La prédication comme travail reconnu et rétribué à la fin du Moyen Âge. In: *Le travail…* Lovaina, 1990, p. 395-412.

_____. *Le métier de prédicateur à la fin du Moyen Âge, 1350-1520*. Cerf, 1988.

RICHÉ, P. *Écoles et enseignement dans le haut Moyen Âge*. Aubier, 1979.

ROUCHE, M. *Histoire générale de l'enseignement et de l'éducation en France –* T. I: Des origines à la Renaissance. Nouv. Librairie de France, 1981.

VERGER, J. *Les gens de savoir en Europe à la fin du Moyen Âge*. PUF, 1997.

_____. *Histoire des universités en France*. Toulouse, 1986.

_____. *Les universités au Moyen Âge*. PUF, 1970.

VERGER, J. (dir.). Educations médiévales – L'enfance, l'école, l'Eglise en Occident, VIᵉ-XVᵉ s. In: *Hist. de l'éducation*. INRP, 1991.

c) Escribas e oficiais

AUTRAND, F. *Naissance d'un grand corps de l'État* – Les gens du Parlement de Paris, 1345-1454. Sorbonne, 1981.

BARRAL I ALTET, X. (dir.). *Artistes, artisans et production artistique au Moyen Âge*. 3 vols. Picard, 1990 [Colloque de Rennes, 1986].

COULET, N. *La confrérie des notaires de Marseille*. Nice, 1994.

GUENÉE, B. *Tribunaux et gens de justice dans le bailliage de Senlis à la fin du Moyen Âge*. Estrasburgo, 1963.

GUILLOT, O.; RIGAUDIÈRE, A. & SASSIER, Y. *Pouvoirs et institutions dans la France médiévale*. 2 vols. Colin, 1994.

JACQUART, D. *Le milieu médical en France du XIIe au XVe s.* Genebra, 1981.

Les élites urbaines au Moyen Âge. Roma, 1997 [XXVIIe Congrès de la SHMESP. Roma, 1996].

L'État moderne et les Elites. Sorbonne, 1996 [Articles de N. Bult: les officiers royaux, XVe s., p. 111-122. • A. Demurger: les vicomtes normands, p. 123-145].

TOUBERT, P. Techniques notariales et société aux XIIe et XIIIe s. – Les origines du minutier romain. In: *Economies et sociétés*, 1974, p. 297-308 [Mélanges Ed. Perroy].

Conclusão

a) Os excluídos e os "sem trabalho"

Aspects de la marginalité au Moyen Âge. L'aurore, 1975.

Exclus et systèmes d'exclusion dans la littérature et la civilisation médiévales. Aix, 1978.

FARAL, A. *Les "jongleurs" en France au Moyen Âge*. Sorbonne, 1910.

GARRATY, J.A. *Unemployment in History.* Nova York, 1978.

GAUVARD, C. *"De grâce especial"* – Crime, État et société en France à la fin du Moyen Âge. 2 vols. Sorbonne, 1991.

GAUVARD, C. & GOKALP, A. Les conduites de bruit et leur signification à la fin du Moyen Âge: le charivari. In: *Annales ESC*, 1974, p. 693-704.

GUEREMEK, B. Le refus du travail dans la société urbaine du bas Moyen Âge. In: *Le travail...* Lovaina, 1990, p. 379-394.

_____. *Les marginaux parisiens aux XIVe et XVe s.* Flammarion, 1976.

GOGLIN, M. *Les misérables dans l'Occident médiéval.* Seuil, 1976.

GUGUELMI, M. *Marginalidad en la Edad Media.* Buenos Aires, 1986.

MOLLAT, M. *Études sur l'histoire de la pauvreté.* 2 vols. Sorbonne, 1974.

PHILIPPART, G. Temps sacré, temps chômé – Jours chômés en Occident de Caton l'Ancien à Louis le Pieux. In: *Le travail...* Lovaina, 1990, p. 23-34.

b) Lazer e contemplação

DUBOIS, J. Le travail des moines au Moyen Âge. In: *Le travail...* Lovaina, 1990, p. 61-100.

HEERS, J. Les métiers et les fêtes médiévales en France du Nord et en Angleterre. In: *Revue du Nord,* 55, 1973, p. 37-64.

_____. *Fêtes, jeux et joutes dans les sociétés d'Occident à la fin du Moyen Âge.* Montreal, 1971.

LECLERCQ, J. *Otia monastica* – Étude sur le vocabulaire de la contemplation au Moyen Âge. Roma, 1963.

MEHL, J.M. *Les jeux au royaume de France du XIIIe au début du XVIe s.* Fayard, 1990.

VERDON, J. *Les loisirs au Moyen Âge.* Tallandier, 1980.

Índice

Sumário, 5

Prefácio, 7

Parte I – O trabalho, 11

1 A ideia de trabalho, 13

   1.1 As palavras, 13

   1.2 As fontes, 15

   1.3 O trabalho maldito, 17

   1.4 O trabalho salvo, 19

   1.5 O trabalho preservado, 21

2 Os tipos de trabalho, 23

   2.1 O trabalho gratuito, 25

      2.1.1 Os escravos, 26

      2.1.2 A família, 28

      2.1.3 O verbo e a espada, 31

   2.2 O trabalho dominial, 34

      2.2.1 O ministerial, 35

      2.2.2 O assalariado, 39

   2.3 O trabalho senhorial, 43

      2.3.1 A "renda" senhorial, 45

      2.3.2 Do colono ao *coq du village*, 50

   2.4 O trabalho capitalista, 54

      2.4.1 O proprietário alodial e o artesão, 57

      2.4.2 O mercador e o banqueiro, 60

3 Os instrumentos do trabalho, 65

   3.1 O contexto do trabalho, 65

      3.1.1 O meio natural, 66

      3.1.2 O meio humano, 72

3.2 O instrumento de trabalho, 77

   3.2.1 A inovação técnica, 78

   3.2.2 O homem e sua ferramenta, 82

3.3 O direito do trabalho, 86

   3.3.1 A ajuda mútua e o contrato, 88

   3.3.2 Estatutos e regulamentos, 91

   3.3.3 E o fora da lei, 96

3.4 A política do trabalho, 100

   3.4.1 As condições do trabalho, 102

   3.4.2 Os terrores, 105

   3.4.3 As comoções, 110

Parte II – Os trabalhadores, 117

1 Todos os homens, 119

   1.1 O corpo, 119

   1.2 O viver, 122

   1.3 As vestes, 124

   1.4 O conhecimento, 125

2 O homem dos bosques e o homem dos campos, 128

   2.1 O lenhador e o caçador, 129

      2.1.1 A colheita, 130

      2.1.2 A caça, 131

      2.1.3 O ataque à floresta, 133

   2.2 O vaqueiro e o pastor, 137

      2.2.1 O animal domesticado, 138

      2.2.2 A criação, 142

   2.3 O lavrador e o moleiro, 146

      2.3.1 O império do grão, 147

      2.3.2 Os procedimentos, 150

      2.3.3 A máquina, 155

   2.4 O viticultor, 158

      2.4.1 A videira rainha, 158

      2.4.2 ...e o rei vinho, 161

3 O homem das minas e o homem da água, 164

   3.1 O ceramista e o mineiro, 164

      3.1.1 Extrair a pedra, 165

3.1.2 Utilizar e transformar, 168

3.1.3 Cavar o solo, 172

3.1.4 Trabalhar o metal, 174

3.2 O pescador e o marinheiro, 176

3.2.1 Buscar a água, 177

3.2.2 A água corrente, 179

3.2.3 O homem e o litoral, 181

3.2.4 Navegar, 184

4 O homem da oficina e o homem do mercado, 188

4.1 O ferreiro e o tecelão, 189

4.1.1 O "mecânico" da aldeia, 189

4.1.2 Da ovelha ao tear, 192

4.1.3 Do tecelão ao comerciante, 195

4.2 O mercador e o banqueiro, 197

4.2.1 Circular, 197

4.2.2 Vender, 200

4.2.3 Contar, 204

5 O homem da espada e o homem da pena, 209

5.1 O guerreiro e o soldado, 210

5.1.1 O cavaleiro, 210

5.1.2 O peão, 214

5.1.3 O mercenário, 216

5.1.4 Os especialistas, 218

5.2 O orador e o escriba, 220

5.2.1 O mestre de escola e o professor, 222

5.2.2 O pregador e o juiz, 226

5.2.3 O escriba, 230

Conclusão, 233

Referências, 239

CULTURAL

Administração
Antropologia
Biografias
Comunicação
Dinâmicas e Jogos
Ecologia e Meio Ambiente
Educação e Pedagogia
Filosofia
História
Letras e Literatura
Obras de referência
Política
Psicologia
Saúde e Nutrição
Serviço Social e Trabalho
Sociologia

CATEQUÉTICO PASTORAL

Catequese
Geral
Crisma
Primeira Eucaristia

Pastoral
Geral
Sacramental
Familiar
Social
Ensino Religioso Escolar

TEOLÓGICO ESPIRITUAL

Biografias
Devocionários
Espiritualidade e Mística
Espiritualidade Mariana
Franciscanismo
Autoconhecimento
Liturgia
Obras de referência
Sagrada Escritura e Livros Apócrifos

Teologia
Bíblica
Histórica
Prática
Sistemática

REVISTAS

Concilium
Estudos Bíblicos
Grande Sinal
REB (Revista Eclesiástica Brasileira)
SEDOC (Serviço de Documentação)

VOZES NOBILIS

Uma linha editorial especial, com importantes autores, alto valor agregado e qualidade superior.

PRODUTOS SAZONAIS

Folhinha do Sagrado Coração de Jesus
Calendário de mesa do Sagrado Coração de Jesus
Agenda do Sagrado Coração de Jesus
Almanaque Santo Antônio
Agendinha
Diário Vozes
Meditações para o dia a dia
Encontro diário com Deus
Guia Litúrgico

VOZES DE BOLSO

Obras clássicas de Ciências Humanas em formato de bolso.

CADASTRE-SE
www.vozes.com.br

EDITORA VOZES LTDA.
Rua Frei Luís, 100 – Centro – Cep 25689-900 – Petrópolis, RJ
Tel.: (24) 2233-9000 – Fax: (24) 2231-4676 – E-mail: vendas@vozes.com.br

UNIDADES NO BRASIL: Belo Horizonte, MG – Brasília, DF – Campinas, SP – Cuiabá, MT
Curitiba, PR – Fortaleza, CE – Goiânia, GO – Juiz de Fora, MG
Manaus, AM – Petrópolis, RJ – Porto Alegre, RS – Recife, PE – Rio de Janeiro, RJ
Salvador, BA – São Paulo, SP